Edith Fiore

Besessenheit und Heilung

Besessenheit und Heilung

Die Befreiung der Seele

Edith Fiore

Mit einem Vorwort von
Raymond A. Moody jr., M.D.

Aus dem Amerikanischen von
Gisela Bongart

//////////////////// SILBERSCHNUR ////////////////////

Orginaltitel: The Unquiet Dead
© der Originalausgabe 1987 Edith Fiore
© des Vorwortes 1988 Dr. Raymond Moody

ISBN 3-931 652-08-4

1. Auflage 1997   3. Auflage 2002
2. Auflage 1999   4. Auflage 2005

Aus dem Amerikanischen von Gisela Bongart
Coverbild: Christiane Huff, Koblenz
Gestaltung: d t p XPresentation, Boppard
Druck: Finidr, s.r.o. Cesky Tesin

Verlag »Die Silberschnur« GmbH · Steinstraße 1 · D-56593 Güllesheim

www.silberschnur.de
e-mail: info@silberschnur.de

Dieses Buch ist den sieben wichtigsten Frauen
in meinem Leben gewidmet

Edith Holbert, meiner Mutter

Gail Nava, meiner ältesten Tochter

Dana Plays, meiner mittleren Tochter

Leslie Strong, meiner jüngsten Tochter

Cynthia Nava, meiner Enkelin

Madeleine Fiore, meiner Stiefmutter

Ilah LeMoss, meiner Schwiegermutter

Dieses Buch soll kein Ersatz für medizinische oder psychologische Hilfe sein. Ich empfehle meinen Patienten immer, bei physischen Probleme einen qualifizierten Arzt aufzusuchen. Wenn Sie emotionale oder mentale Probleme haben, sollten Sie die Hilfe eines professionellen Therapeuten oder Beraters in Anspruch nehmen.

Inhaltsverzeichnis

Die 10 auffälligsten Anzeichen für Besessenheit

1. Niedriges Energieniveau
2. Charakterveränderungen oder Stimmungsschwankungen
3. Innere Stimme(n)
4. Mißbrauch von Drogen (einschließlich Alkohol)
5. Impulsives Verhalten
6. Gedächtnisprobleme
7. Schlechte Konzentration
8. Plötzliches Auftreten von Angst oder Depressionen
9. Plötzliches Auftreten physischer Probleme ohne offensichtlichen Grund
10. Gefühlsmäßige und/oder physische Reaktionen auf die Lektüre von »Die Befreiung der Seele«

Vorwort

von Raymond A. Moody jr., M.D.
Autor von »Leben nach dem Leben«

Ist es möglich, daß ein körperloser »Geist« oder ein »Wesen« aus dem Jenseits in der Weise Kontrolle über den Geist eines lebenden Menschen gewinnen kann, daß dies bei dem Betroffenen Leiden in Form von Bewußtseins- und Verhaltensstörungen hervorruft? Obwohl die westliche Psychologie und Medizin diese Möglichkeit im großen und ganzen verworfen und der ernsthaften Betrachtung für unwürdig erklärt hat, behaupten Menschen aus vielen Kulturen und seit Tausenden von Jahren, daß dies eine Realität sei. Außerdem sind in diesen Kulturen vielfältige Methoden der »Geisteraustreibung« oder des »Exorzismus« bei angeblichen Besessenheits-Erkrankungen angewendet worden, häufig mit sichtbaren Heilwirkungen bei den Kranken.

Ehrlich gesagt, habe ich keine Ahnung, ob »Besessenheit« letztendlich »real« ist oder nicht, doch ich weiß zwei Dinge: Erstens, daß ich - wie viele andere Psychiater - in meiner Praxis einigen sehr schwierigen Fällen begegnet bin, bei denen die betroffene Person an einer besonderen Bewußtseinsveränderung zu leiden schien, die in keine mir bekannte Kategorie von Geisteskrankheit zu passen scheint, jedoch der Beschreibung von »Besessenheit« glich, die ich in mittelalterlicher Literatur fand. Zweitens ist es ziemlich deutlich, daß Menschen, die behandelt werden, als ob sie unter einem »Besessenheitswesen« leiden würden, manchmal berichten, wie ihre Symptome nach diesen Prozeduren plötzlich verschwunden sind. Offensichtlich bedeutet keiner dieser Fakten notwendigerweise, daß Besessenheit »real« ist, dennoch liegt die Idee nahe, daß wir es hier vielleicht mit einer ungewöhnlichen Vielseitigkeit menschlichen Bewußtseins zu tun haben, die sich von Geisteskrankheit unterscheidet und es wert ist, untersucht zu werden.

Seltsamerweise ist es seit dem frühen zwanzigsten Jahrhundert unter Profis auf dem Gebiet der Psychologie unmodern geworden, die vielen ungewöhnlichen und manchmal spektakulären Veränderungen, zu denen das menschliche Bewußtsein neigt, sorgfältig zu erforschen. Kein Wunder, daß die frühe Pionierarbeit von Gelehrten wie William James abgelehnt und von all denen mit Verachtung behandelt wurde, die ernsthaft behaupteten, das Studium des Geistes sei ebenso wie das des Bewußtseins unmöglich, und das einzige, was man unter der Rubrik »Psychologie« studieren könne, sei »objektiv beobachtbares Verhalten«.

Gegenwärtig erleben wir einen Wandel in dieser Haltung, und heute beschäftigt sich eine große Zahl seriöser, gut ausgebildeter professioneller Psychologen und Mediziner aktiv mit dem Studium veränderter Bewußtseinszustände. Meine Kollegin und Freundin Dr. Edith Fiore hat über einen der kontroversesten dieser Zustände - das alte Rätsel der Besessenheit - eine höchst interessante Studie erstellt. Ob Sie nun, wie ich, Zweifel an der letztendlichen »Realität« der Besessenheit haben oder nicht - eines ist sicher: Dieser lebendige und fesselnde Bericht ihrer Untersuchungen an den Grenzen des menschlichen Verstandes und Geistes wird Sie faszinieren.

Vorwort der Autorin

In »Besessenheit und Heilung« versuche ich weder zu beweisen, daß Geister existieren, noch daß meine Patienten besessen waren. Ich will Ihnen nur zeigen, was täglich in meiner Praxis vor sich geht, und Ihnen eine Therapie vorstellen, die - wenn auch kein Allheilmittel - wirksam ist und alte Konzepte im Rahmen der Hypnosetherapie des zwanzigsten Jahrhunderts vereint.

Meine Patienten und ich gehen bei unserer Arbeit von der Hypothese aus, daß die Persönlichkeit den Tod des Körpers überlebt. Im Laufe der Jahre haben mir viele Menschen berichtet, daß sie den Geist ihrer Angehörigen wahrgenommen haben, manchmal unmittelbar nach deren Tod. Häufig war es nur das *Wissen*, daß sie da waren. Andere Male wurden sie gesehen oder gehört, oder ein für sie typischer Geruch wurde bemerkt: ihr Parfüm oder ihr Lieblings-Pfeifentabak etc. Diese Geister waren nicht erdgebunden, kamen aber, um »Auf Wiedersehen« zu sagen, oder es waren »Besucher« aus der geistigen Welt da, um Unterstützung oder Hilfe zu leisten. Probleme bereiteten die Wesen, die den Übergang ins Jenseits nicht erfolgreich vollzogen hatten, indem sie Menschen besessen machten und sie auf schädliche oder zerstörerische Weise beeinflußten.

Ich half diesen Geistern, ins Licht zu gehen, was ihre zerstörerische Wirkung beendete und oft zu dramatischen Lebensveränderungen ihrer Angehörigen führte.

Weil diese Befreiung, die Heilung von Besessenheit, funktioniert, empfand ich das Bedürfnis, dieses Buch zu schreiben. Was Sie lesen werden, wird Sie vielleicht beunruhigen, doch ich hoffe, es wird Ihnen helfen zu erklären, was Sie an sich oder bei anderen erlebt haben. Es wird Hoffnung anbieten, daß Probleme, die bis jetzt als unlösbar erschienen, gelöst werden und Techniken gefunden werden können, um dieses Ziel zu erreichen. Zumindest haben Sie die Chance, eine neue Sichtweise zum Verständnis menschlichen Verhaltens zu erlangen.

Dieses Buch lädt Sie auch dazu ein, sich für die Möglichkeit zu öffnen, daß das Leben nach dem Tod wirklich weitergeht, und dieser Glaube allein kann Sie tiefgehend und weitreichend beeinflussen.

Ich teile meine therapeutischen Techniken sowohl mit Laien als auch mit Therapeuten, die sie vielleicht in ihre Arbeitsmethode integrieren wollen. Daher könnte man bestimmte Kapitel als Übungshandbuch für professionelle Heiler betrachten.

Das Fallmaterial, das in »Besessenheit und Heilung« verwendet wurde, ist so persönlich und so delikat, daß es wichtig und nötig war, die Privatsphäre meiner Patienten zu schützen. Aus diesem Grund habe ich zwar ihre Identität verschleiert, die wesentlichen Merkmale jedoch beibehalten.

Viele der wörtlichen Mitschriften, die die Fallstudien veranschaulichen, ebenso wie einige Kapitel dieses Buches wiederholten sich ständig oder waren zu weitschweifig. Darum habe ich sie zugunsten von Klarheit und Genauigkeit verändert.

Die meisten Fälle waren in ihren Lösungen einfach und unkompliziert. In einem Fall reichten jedoch die Verbindungen zwischen den beiden »Hauptakteuren« - dem Patienten und dem Geist - bis in ein früheres Leben zurück. Um aus den Erkenntnissen oder Techniken, die ich beschreiben werde, Nutzen zu ziehen, brauchen Sie jedoch nicht an Wiedergeburt zu glauben.

Nun lassen Sie uns die Rolle der Besessenheit im menschlichen Leben untersuchen. Kapitel 1 wird Sie in dieses faszinierende und überraschende Thema einführen.

Eine Einführung
in das Phänomen der Besessenheit

Die Krankenschwester sagte: »Er stirbt.« Ich befand mich über meinem Körper in der Notaufnahme und schaute hinunter. Er war voller Blut, ich wollte nicht, daß er gerettet würde ... ein schlimmer Unfall. Ich hörte diesen schrecklichen Schrei um Hilfe. Ich dachte, vielleicht kann ich jemandem helfen, mir können sie hier nicht helfen. Ich ging, um zu helfen. Da war ein kleiner Junge ..., der gerade operiert wurde. Es war der Geist, der schrie, nicht der Körper. Der Körper lag auf einem Tisch, ein Meter achtzig darüber schwebte der Junge ..., doch er war wie ich. Er war voller Panik, deshalb sprach ich als Freund zu ihm ..., und bat ihn, mit mir zu sprechen. Er beruhigte sich wieder ..., und wir sind seitdem immer Freunde gewesen.

Diese Begegnung fand vor sechsundvierzig Jahren statt. Albert war seitdem jeden Tag bei meinem Patienten Howard gewesen, in dessen Körper - als Geist.

Albert kam nach drei Jahren Hypnose-Therapie aus seinem Versteck. Er sagte: »Ich werde nicht mit dir reden! Ich brauche deine Hilfe nicht.«

Er tauchte auf, als ich Howard auf einen Verdacht hin zu seiner Mandeloperation im Alter von vier zurückführte, um zu sehen, ob er ein erdgebundenes Wesen aufgelesen hatte. Bestimmte Anzeichen hatten in diese Richtung gedeutet.

Ich wurde während meiner Hypnoseeinleitung von einer aufgebrachten, ungewohnt gutturalen Stimme, die von Howard kam, grob unterbrochen. »Er braucht deine Hilfe nicht!« Nach dieser Äußerung begann ich eine intensive Therapie mit dem Geist, der sich später als Albert identifizierte. Nach drei Sitzungen schien er widerwillig in Begleitung von zwei alten Freunden aus der geistigen Welt den Körper zu verlassen.

Zwei Wochen später stürmte Howard mit einem breiten Grinsen im Gesicht in meine Praxis. Ehe er sich in den Entspannungssessel niederließ, berichtete er aufgeregt:

»Ich habe kein Verlangen zu essen! Zum ersten Mal in meinem Leben habe ich überhaupt kein Interesse am Essen. Glauben Sie es oder nicht, es ist mir schwer gefallen, überhaupt etwas zu finden, das mir zusagt. Und das habe ich noch nicht einmal aufgegessen! Das ist eine völlig neue Erfahrung. Und in den ersten vier Tagen habe ich sieben Pfund verloren!«

Als er sich ein wenig in seinem Sessel zurücklehnte, fuhr er fort:

»Ich bin wirklich zuversichtlich, daß ich diese letzten neunzig Pfund auch noch verliere und ein für alle Mal meinen Kampf mit dem Übergewicht beenden werde.«

Brenda, eine große, phantastisch aussehende Schwarze Ende zwanzig suchte Hilfe gegen ihre Schmerzen, die sie fast überall im Körper verspürte und gegen die medizinische Spezialisten jahrelang machtlos gewesen waren. Unter Hypnose zu der Ursache ihrer Schmerzen zurückgeführt, durchlebte sie noch einmal ihre Qual, als sie erfuhr, daß Ann, die kleine Tochter ihrer engsten Freundin, bei einem schrecklichen Autounfall entstellt worden war. Sie sprach ehrfürchtig von ihrer tiefen Liebe und Verbundenheit zu Ann.

Dann erzählte sie, wie sie Ann, die über ein Beatmungsgerät am Leben gehalten wurde, im Krankenhaus besuchte:

»Ich möchte selbst hineingehen. Ich gehe hinein ..., ich sehe sie an ..., sie sieht nicht aus wie Ann, sieht überhaupt nicht aus wie sie ... so zerquetscht und übel zugerichtet. Ihr Kopf ist so groß - doch sie ist so winzig, so klein. Die Krankenschwester sagt: ›Wir können nichts für sie tun.‹ Ich sehe sie nur an. Ich wünschte, ich könnte etwas tun. (Weint.) Sie ist so hübsch - sie *war* so hübsch, so süß. Irgend etwas muß für sie getan werden! Ich weiß nicht, was. Ich sehe sie nur an ... Ich bete ... Ich bin so aufgeregt! Vielleicht ... vielleicht kann ich sie zu ... bringen Ich könnte sie am Leben erhalten. Ich *kann* etwas für sie tun! Ich führe die Aufsicht. Und ich werde für alles sorgen. Ich werde die erste sein, die ihren Körper sieht ... Ich werde einkaufen gehen ... und sie wirklich hübsch anziehen ..., und ich werde das Begräbnis arrangieren ... und alles für sie besorgen ... den Sarg ... die Blumen ... sie wieder hübsch aussehen lassen. (Lange Pause.) Sie ist jetzt bei mir ..., sie ist bei mir, und es gefällt mir!«

Brendas Körper hatte sich während der Rückführung gekrümmt und verrenkt. Ich führte sie in die Gegenwart zurück und erklärte ihr - während sie noch immer in tiefer Hypnose war: »Ann muß erlöst werden, Brenda. Ihr spiritueller Fortschritt und ihr Glück hängen davon ab, daß sie in die geistige Welt geht. Sie ist hier eine Gefangene. Ich bin sicher, das willst du nicht für sie. Laß sie jetzt gehen.«

»Es wird schwer, doch ich werde es tun«, willigte sie ein, während sie sich die Tränen von der Wange wischte. Dann sagte sie »Auf Wiedersehen« zu Ann. Innerhalb von Minuten war die Befreiung abgeschlossen.

Howard und Brenda sind zwei von mehr als fünfhundert besessenen Patienten, die ich während der letzten sieben Jahre behandelt habe. Sie kamen in meine Praxis, weil sie an der ganzen Bandbreite psychologischer und psychosomatischer Symptome und Beschwerden litten.

Nachdem mir dieses Phänomens bewußt wurde, habe ich herausgefunden, daß mindestens siebzig Prozent meiner Patienten besessen waren und es dieser Zustand war, der ihre Krankheit verursacht hat. Die meisten dieser Menschen wurden durch Befreiungs-Techniken von mehr als einem Wesen befreit. Gelegentlich waren Patienten ahnungslose Wirte für fünfzig oder mehr!

Besessenheit ist ein relativer Zustand. Wenn sie vollständig ist - was selten ist, scheint die ursprüngliche Persönlichkeit verschwunden und durch die des erdgebundenen Wesens ersetzt worden zu sein. Gewöhnlich gibt es ein schwankendes Gleichgewicht zwischen den beiden; manchmal übt der Geist nur einen leichten Einfluß aus, während er oder sie andere Male extrem dominant sein kann. In einigen Fällen gibt es einen anhaltenden inneren Kampf um die Herrschaft, voller mentaler Dialoge - sogar mit Beleidigungen und Befehlen!

Die Geister, die meine Patienten besetzten, waren einst Menschen aus allen Bereichen des Lebens, die nach dem Tod in der physischen Welt blieben und »heimatlose Seelen« wurden. Sie hatten beim Tod den Übergang zwischen der irdischen Ebene und der »anderen Seite« nicht richtig vollzogen. Manchmal hefteten sie sich Jahre später ohne eigene Körper zufällig oder absichtlich an Menschen, deren Leben danach nie wieder dasselbe war. Für diese Geister gab es kein schlimmeres Schicksal, als sich selbst dazu zu verurteilen, in den Körpern anderer Individuen zu leben, weil sie sich dadurch ihrer Chance beraubten, die geistige Welt zu betreten, zu der sie gehörten.

Von anderen Geistern - Dämonen oder Teufel genannt - glaubt man, daß sie nie Menschen waren. Es gibt dokumentierte Fälle über ihre verheerenden, und in einigen Beispielen fatalen Einwirkungen. Die katholische Kirche hat diese Form der Besessenheit sehr ernst genommen, und sie benutzt besonders erfahrene Priester, die - nach ausgiebigen Untersuchungen und Vorbereitungen - einen im höchsten Maße strukturierten Exorzismus durchführen, das römische Ritual. Viele Exorzisten haben als Resultat dieser Begegnungen schwere physische, geistige und emotionale Verletzungen davongetragen oder sogar ihr Leben verloren.

Glücklicherweise habe ich meines Wissens nie einen Patienten behandelt, der von Dämonen geplagt wurde. Dämonische oder satanische Besessenheit sprengt den Rahmen dieses Buches. Für diejenigen, die das Thema weiterverfolgen möchten, gibt es einschlägige Quellenangaben in der Bibliographie.

Mit meinen Fallbeispielen werde ich Ihnen zeigen, wie Menschen anfällig für Wesenheiten werden, und was passiert, wenn Geister sich mit ihren Persönlichkeiten vermischen.

Sie werden sich vielleicht fragen, wie ich als klinische Psychologin zu dieser unorthodoxen Psychotherapie kam.

Das folgende Kapitel wird meinen Werdegang beschreiben und aufzeigen, wie sich meine Therapieform entwickelte, die meine Lebensanschauung veränderte.

2
Vom Natürlichen zum Übernatürlichen

Der Unterschied zwischen einem Psychoneurotiker und einem Neurotiker war das Thema einer einstündigen Radiosendung. Heimlich hörte ich im Alter von dreizehn Jahren eines späten Abends in meinem Bett zu. Dies eröffnete eine ganze neue Welt - die Welt des abnormen Verhaltens. Ich war fasziniert! Damals, um 23 Uhr, beschloß ich, Psychologin zu werden und Menschen mit diesen Erkrankungen zu behandeln.

Die Unterscheidungen bestehen nicht mehr, doch mein Interesse am Abnormen, an der Psychologie und der Arbeitsweise des Geistes ist bis heute ungebrochen. Wenn ich zurückschaue, fällt mir auf, daß das, was mich wirklich faszinierte, der Begriff des Unbewußten war, der anhand seiner Auswüchse - Phobien, Obsessionen, Zwänge etc. - erörtert und veranschaulicht wurde. Heute glaube ich, daß der innere Geist unsere größte Herausforderung und der Erforschung ebenso wert ist wie der Weltraum.

Meine Neugier wird durch die Untersuchungen meiner Patienten unterhalb der Oberfläche ihres bewußten Geistes ständig angestachelt. Aufgrund meiner Erfahrungen, die von mehr als zwanzigtausend Hypnoserückführungen mit über eintausend Patienten herrühren, bin ich oft in der Lage, (mir selbst) vorherzusagen, was wir bei dieser Untersuchung finden werden. Doch immer noch ist jeder Fall wie ein kniffliges Puzzle, das wir zusammensetzen, indem wir hier ein beliebiges Stück und dort ein anderes nehmen. Wenn das letzte wichtige Stück eingesetzt wird, findet sofort Heilung statt. Manchmal geht der Prozeß zügig und glatt vonstatten. Wenn verborgene Aspekte zum Vorschein kommen, ist er langsam und ermüdend.

Ich wuchs an der Ostküste auf, in einer sehr angenehmen Umgebung, mit intensiver Anregung durch meine kreativen und tatkräftigen Eltern. Mein Vater, ein Porträtmaler und Cartoonist, war ein liebevoller, warmherziger

Mensch, der mich während unserer letzten gemeinsamen Zeit vor seinem Tod ermutigte, meine Anlagen aus der Kindheit weiterzuentwickeln. Er gab mir den Mut, Zuversicht und Vertrauen in mich selbst zu haben. Mit seiner emotionalen Unterstützung und Anteilnahme lernte ich, Risiken auf mich zu nehmen und Dimensionen der Therapie zu erforschen, die weit über meine Ausbildung hinausgingen.

Die Lebensfreude meiner Mutter, gepaart mit ihrem streng deutschen Ansatz zur Kindererziehung, entwickelte in mir eine mühelose Selbstdisziplin, Liebe zu harter Arbeit und nachhaltigen Optimismus. All diese Qualitäten waren während der letzten siebzehn Jahre von unschätzbarem Wert bei der Behandlung gestörter Menschen.

Nach zwei Jahren College heiratete ich mit zwanzig und wurde bald darauf Mutter. Jahre später machte ich meinen Collegeabschluß, studierte an der Universität von Maryland und bekam schließlich 1969 an der Universität Miami meinen Doktortitel in klinischer Psychologie. Meine Ausbildung in Psychologie hielt sich streng an Verhaltensmethoden, mit dem Schwerpunkt auf Forschung und geringerem Gewicht auf Therapie.

Interessanterweise wurde am College und an den Universitäten, die ich besuchte, Freud kaum für seine Beiträge zu unserem Verständnis des menschlichen Geistes und des menschlichen Verhaltens anerkannt. Und ich erinnere mich genau an einen Absatz in all meinen College- und Universitätstexten oder -seminaren, in dem die Hypnose erwähnt wurde.

Während meiner ersten Jahre als Therapeutin beschäftigte ich mich mit emotional gestörten Kindern. Nach meiner Tätigkeit an einer psychiatrischen Kinderklinik baute ich eine eigene Praxis auf und arbeitete mit Kindern, Paaren und Erwachsenen. Ich begann über neue therapeutische Ansätze zu lesen und integrierte einige dieser Techniken und Gesichtspunkte in meine Arbeit.

Nachdem ich nach Kalifornien umgezogen war, besuchte ich einen Workshop für Selbsthypnose am Esalen Institut und begann, Entspannung und hypnotische Suggestion in meine Therapie einzubauen. Wegen meines starken Interesses an den inneren Beweggründen hinter den Symptomen sah ich die Hypnose als einen der kürzesten Wege an, das Unterbewußtsein zu erreichen, wo alle Erinnerungen gespeichert werden. Als ich mich in der Praxis der Hypnose sicherer fühlte, begann ich einen hypnoanalytischen Ansatz anzuwenden, den ich in den letzten elf Jahren praktiziert habe.

Zuerst fanden meine Patienten die Ursachen einiger ihrer Probleme in Ereignissen aus der frühen Kindheit, die sie total verdrängt hatten. Häufiger noch ließen sich ihre Symptome auf das Erlebnis der Geburt zurückführen. Oft hatten Traumata bei der Geburt und Dinge, die zur Zeit der Entbindung gesag wurden, eine tiefe und dauerhafte Wirkung. Erstaunlicherweise gelang es einigen meiner Patienten sogar, verlorene Erinnerungen aus der Phase zwischen Empfängnis und Geburt zurückzuholen. Ein Fall von Depression löste sich mit der Erinnerung an eine versuchte Abtreibung dramatisch auf. Das Bewußtsein meiner Patientin als Fötus in der Entwicklungsphase registrierte, daß sie nicht liebenswert und ihre Existenz bedroht war. Nach der Rückführung verschwand ihre lebenslange Depression vollständig.

Eines Nachmittags geschah etwas, das die Richtung meines beruflichen Lebens verändern sollte: Einer meiner Patienten, der sexuelle Probleme hatte, fand sich unter Hypnose als katholischer Priester im siebzehnten Jahrhundert wieder. Als wir, bevor er ging, über die Rückführung sprachen, machte er deutlich, daß er fest an Reinkarnation glaubte.

Da mich die Vorstellung von früheren Leben bisher zwar fasziniert, ich sie aber nur einem archaischen östlichen Standpunkt zugeschrieben hatte, war meine Neugierde geweckt. Um so mehr, als mein Patient bei seinem Erscheinen zur nächsten Sitzung von einer vollständigen Heilung berichtete! Ehe ich all dies richtig einordnen konnte, ging eine andere Patientin spontan in ein »früheres Leben« zurück, und auch sie behauptete danach, völlig frei von ihren Symptomen zu sein.

Der dritte und entscheidende Anstoß kam jedoch von einer jungen Frau mit einer Schlangenphobie, die mindestens zweimal in der Woche Alpträume von Schlangen hatte, aus denen sie schreiend erwachte. Weil unsere Suche unter Hypnose ergab, daß ihre Phobie nicht von etwas herrührte, das sie in ihrem jetzigen Leben erlebt hatte, sondern aus einer früheren Inkarnation stammte, führte ich sie zu einer Zeit vor ihrer Geburt zurück, wobei ich mir ein wenig lächerlich vorkam.

Sie war ein ausgezeichnetes Medium und erreichte eine besonders tiefe Ebene. Innerhalb von Sekunden beschrieb sie lebhaft eine alte Zeremonie, wahrscheinlich in Mittelamerika, bei der eingeborene Priester mit giftigen Schlangen im Mund vor einer Pyramide tanzten. Die Schlangen repräsentierten alles, was böse und schrecklich war, und an dem Punkt, als die Priester sie zu Boden warfen, schüttelte sich meine Patientin heftig und entspannte sich dann mit einem glorreichen Lächeln, als die Priester die Reptilien köpften.

Noch immer unter Hypnose, doch wieder in der Gegenwart, bestritt sie, »all das Zeugs zu glauben«, und war ziemlich aufgeregt. Ich gab ihr eine posthypnotische Suggestion, um das zu vergessen, was sie gerade erlebt hatte.

Hier hatten wir es also sowohl mit einer ungläubigen Patientin als auch einer ungläubigen Therapeutin zu tun! Doch auch diese Patientin kam in der nächsten Zeit in Hochstimmung zurück, weil sie frei von all ihren Ängsten war. Ihr Gesicht strahlte, als sie mir erzählte, daß sie und ihr Mann zum ersten Mal zum Camping gefahren waren, und sie fühlte sich entspannt und völlig angstfrei. Sie fügte hinzu: »Am allerbesten ist, daß meine Alpträume verschwunden sind! In zwei Wochen habe ich keinen einzigen mehr gehabt!« Und sie blieb frei von ihren Symptomen, auch in Zukunft.

Ich glaubte immer noch nicht an Reinkarnation, sah aber den Wert dieser Therapieform, die ich definitiv als Phantasie betrachtete. Ich begann, sie häufiger einzusetzen, bis ich schließlich eine Technik entwickelte, die ich regelmäßig mit ausgezeichneten Ergebnissen anwandte. Mein Buch »You Have Been Here Before: A Psychologist Looks at Past Lives« [Du warst schon einmal hier: Eine Psychologin über vergangene Leben] geht ausführlich darauf ein.

In den ersten Jahren stellte ich fest, daß viele Patienten in andere Persönlichkeiten schlüpften, während sie in hypnotischer Trance waren. Ich vermutete, daß dies multiple Persönlichkeiten seien, und behandelte sie entsprechend. Es schien eigenartig, daß manche Patienten so viele »Persönlichkeiten« hatten, von denen einige nur vorbeihuschten. Ich erinnere mich an eine solche »Person«, die mit kindlicher Stimme zu sprechen begann, sich selbst als »Susie« bezeichnete und mich fragte, ob ich mit ihr Seilspringen wolle! Ich hörte nie wieder von ihr.

Es war für mich schwer zu verstehen, was mit diesen Patienten los war, und mehr noch, ihren Zustand in einen annehmbaren, theoretischen Bezugsrahmen einzuordnen. Keiner dieser Patienten schien aus der Untersuchung dieser »Persönlichkeiten« einen Nutzen zu ziehen, außer daß sie sich mit den verschiedenen Aspekten ihrer Persönlichkeiten wohler fühlten, die manchmal aus ihrem Leben ein Chaos machten.

Statt zu fühlen, daß sie nicht ihrem Charakter entsprechend handelten, fingen sie an, diesen Teil als zu ihnen gehörig zu akzeptieren. So bekamen sie ihr seltsames Verhalten besser in den Griff. Doch es gab wenig Veränderung in diesem Verhalten!

Als ich mich aufgrund meiner Erfahrungen mit der Reinkarnationstherapie stärker für Esoterik zu interessieren begann, legte ich mir eine umfangreiche Bibliothek zu. Viele der Bücher, einschließlich des Tibetanischen Totenbuchs, schilderten die typische Todeserfahrung als sehr schön, wobei der Geist ins Licht geht und den Körper zurückläßt. Das Licht, auch als »Weißes Licht« und »Strahlendes Licht« bezeichnet, schien die Gegenwart Gottes zu repräsentieren. Einige Bücher beschrieben Fälle, in denen Geister oder körperlose Wesen erdgebunden blieben und sich häufig lebenden Menschen »anschlossen«, die sich deren Gegenwart nicht bewußt waren. Sie existierten dann auf der physischen Ebene weiter, indem sie durch diese Menschen lebten, wobei sie häufig großes Elend und manchmal sogar den Tod brachten!

Als ich von diesen Fällen las, dachte ich über meine bisherige Arbeit mit Patienten nach, von denen ich annahm, daß sie multiple Persönlichkeiten hatten, und fragte mich, ob ich es mit Geistern zu tun gehabt hatte. Vielleicht hatten Wesen durch meine Patienten gesprochen, die unfreiwillig »Medien« waren. Diese Vorstellung - Besessenheit - erklärte auch, warum sich einige Rückführungen chronologisch zu überlappen schienen. Vielleicht waren es gar nicht die vergangenen Leben der Patienten, sondern die der Geister, oder, falls noch nicht lange zurückliegend, die letzten Leben der Wesenheiten.

Mit diesen neuen Gedanken begann ich sorgfältig zuzuhören, wenn meine Patienten ihre Probleme und Verhaltensweisen beschrieben, um herauszufinden, ob jemand anders ihr Leiden verursacht haben könnte.

Viele meiner Patienten klagten tatsächlich darüber, jemand anderen in sich zu haben. »Mein Mann sagt, ich sei zwei völlig verschiedene Personen, besonders bevor ich meine Periode bekomme«, war ein häufiger Kommentar. Ebenso häufig war: »Das bin ich einfach nicht!«

Andere vertrauten mir an, daß »jemand« in ihnen ihren Entschluß zur Diät oder den, das Rauchen oder Trinken aufzugeben, untergrabe. »Jemand sagt zu mir: ›Du wirst dich nicht an die Diät halten. Am Mittag wirst du wieder essen.‹« Diese Patienten sprachen sehr offen über ihre Konflikte, weil sie vermuteten, daß sie über zwei verschiedene Teile ihrer Persönlichkeit redeten, die sich im Inneren bekämpften. Doch ich begann diese Äußerungen als mögliche Anhaltspunkte für Besessenheit zu deuten.

Häufig benutzte ich Fingerzeichen als Anhaltspunkte, wenn ich den hypnotisierten Patienten fragte, ob ein Geist anwesend sei. Viele Male wurde der »Ja«-Finger gehoben. Manchmal wurde nach einem aufschlußreichen Zögern der »Nein«-Finger gehoben, doch wenn ich dann fragte, ob jemand nicht wolle, daß ich von seiner oder ihrer Gegenwart erfahre, offenbarte der »Ja«-Finger den »Übeltäter«. Ich erfuhr auch, daß Geister die Fingerzeichen manipulieren konnten, um mich in die Irre zu leiten!

Ich machte einen Quantensprung und führte Befreiungen durch, indem ich die »verirrten Seelen« erlöste, und ich war überrascht, wenn die Patienten später von einem plötzlichen Verschwinden ihrer Symptome berichteten, vielfach für viele Jahre. Besonders sensitive Menschen beschrieben oft, diese Wesen und sogar deren Angehörige zu sehen, die da waren, um sie in die geistige Welt zu geleiten. Manchmal waren die Gesichter meiner Patienten tränenüberströmt, wenn sie sich auf die Gefühle der Wesen einstimmten. Sie bekamen Angstzustände, wenn die Geister dachten, sie würden hinausgeworfen, und waren froh und erleichtert, wenn sie sahen, daß ihre geistigen Verwandten kamen, um sie abzuholen. Viele berichteten, gespürt zu haben, wie »etwas wegging« und aus ihnen aufstieg. Einige bemerkten: »Es ist jetzt weniger überfüllt«, »Ich fühle mich ein wenig leer«, »Ein großes Gewicht ist von mir abgefallen«, »Jetzt ist es möglich, ich selbst zu sein, ich wußte nicht, daß da in all diesen Jahren ein Ich war, das frei sein könnte.«

Wieder befand ich mich in derselben Position wie mehrere Jahre zuvor bei meinen ersten Fällen spontaner Rückführungen in frühere Leben: Eine Ungläubige hatte mit einem Phänomen zu tun, das Wunder zu wirken schien!

Während dieser Zeit wurde ich an einen Artikel erinnert, den ich vor Jahren in meinen Studententagen in der *Baltimore Sun* gelesen hatte. Darin wurde von der ziemlich schockierenden Geschichte einer hoffnungslos schizophrenen Patientin in einer der angesehensten privaten Psychiatriekliniken im Osten berichtet. Soweit ich mich erinnere, besuchte ihre Familie sie eines Sonntags pflichtgemäß und nahm sie zu einer Fahrt aufs Land mit. *Glücklicherweise* gab es einen sehr schweren Unfall, bei dem sie stark durchgerüttelt wurde. Innerhalb von Minuten war sie völlig normal - zum ersten Mal seit Jahren - und schien es zu bleiben!

Dieses Erlebnis und meine Erfahrungen in der Praxis brachten mich zu der Vermutung, daß sie vielleicht besessen gewesen war, was zu der Diagnose von Geisteskrankheit geführt hatte. Später war der Geist dann gewaltsam aus ihrem durchgerüttelten Körper herausgeschleudert worden.

Ich fragte mich, ob der Grund für die Erfolge der Elektroschock-Therapie bei schwer depressiven Patienten manchmal nicht auf demselben Prozeß basierte: Der erdgebundene Geist wurde aus dem Körper des Patienten herauskatapultiert. Das schien dem zunehmenden Wissen zu entsprechen, daß unser Körper von einem elektromagnetischen Kraftfeld umgeben ist. Und vielleicht ging bei Rückfällen, von denen berichtet wurde, der Geist nicht in die geistige Welt, sondern war erdgebunden und blieb in der Nähe seines früheren Wirts, des Patienten. Wurden die Schwingungen des Patienten wieder normal, konnte der Geist wieder eindringen.

Während ich versuchte, diese Dinge zu verstehen, las ich in einer Tageszeitung den bemerkenswerten Bericht über eine Italienerin, die nach einer Operation aufwachte und eine fremde Sprache sprach, die keiner aus ihrer Familie verstand. Außerdem erkannte sie niemanden und legte eine völlig andere Persönlichkeit an den Tag! Während ich darüber nachdachte, stellte ich die Theorie auf, daß ein Geist, der ursprüngliche Bewohner des Körpers, gegangen und durch einen anderen ersetzt worden war. Für mich waren und sind dies faszinierende Fragen.

Meine Arbeit mit Besessenheit hat mein Interesse am Leben nach dem Tod und dem Überleben des Bewußtseins neu geweckt. Im Laufe der Jahre hat sich mein Nichtglauben an das »Übernatürliche« - trotz einer gewissen Faszination - in eine zumindest verstandesmäßige Akzeptanz der Vorstellung von Reinkarnation und dem Weiterbestehen der Persönlichkeit gewandelt. Auf gefühlsmäßiger Ebene bin ich immer noch nicht völlig davon überzeugt, und manchmal ertappe ich mich beim Grübeln und der Frage, ob dies nicht alles Phantasie ist. Aber: Die Therapie funktioniert! Warum? Und dann muß ich die Theorie verstandesmäßig wieder als im Bereich des Möglichen anerkennen. Und so geht das dauernd hin und her!

Heute setze ich Hypnose ein, um zu der Ursache eines Problems vorzustoßen, ob sie nun in einer verdrängten Erinnerung an ein Ereignis in diesem Leben, in früheren Leben oder in der Gegenwart einer oder mehrerer erdgebundener Geister begründet ist.

Meinen Patienten erkläre ich, daß ich nicht versuche zu beweisen, daß Geister existieren oder sie besessen machen, sondern daß diese Technik funktioniert. Ich füge sogar hinzu, daß ich selbst nicht ganz daran glaube. Wir verständigen uns darauf, sie als eine »Arbeitshypothese« zu benutzen.

Die Mehrzahl meiner Patienten ist sehr aufgeschlossen oder sogar von der Existenz von Geistern und ihrer Besessenheit überzeugt. Manchmal akzeptieren sie die Vorstellung mehr als ich, so wie viele Leute im Publikum, wenn ich einen Vortrag über Besessenheit halte. Häufig geben sie unaufgefordert »Beweise« aus ihrem Leben oder von anderen zum besten.

Ich betrachte diese erdgebundenen Seelen als die wahren Patienten. Sie leiden sehr, vielleicht sogar, ohne es zu merken. Sie sind praktisch Gefangene der irdischen Ebene und fühlen sich genauso wie kurz vor ihrem Tod, der sich vielleicht vor Jahrzehnten ereignete. Sie scheinen von keinerlei positiver Aktivität oder Ausbildung zu profitieren, die ihre Wirte seit der Besetzung unternommen oder erfahren haben, und verweigern sich ein wunderschönes Leben in der geistigen Welt und die Möglichkeit, spirituell geistige Fortschritte zu machen.

Mein therapeutisches Ziel ist es, diesen Wesen zu helfen, da sie die stärksten Schmerzen haben, selbst wenn es bedeutet, daß meine Patienten ein wenig länger belastet werden müssen, während wir daran arbeiten, den Besetzer davon zu überzeugen, seinen Wirt aufzugeben. Wenn ich in der Lage wäre, »sie hinauszuwerfen«, würde ich ein neues Problem schaffen, weil sie dann wieder herumirren und sich möglicherweise an andere nichtsahnende Menschen heften würden, die vielleicht keine Hilfe aufsuchen. Das könnte im schlimmsten Fall zu Selbstmord oder Mord führen, mindestens aber für die Besessenen großes Unglück mit sich bringen.

Befreiung kann sofort und dauerhaft wirksam sein, indem sie den Betroffenen von den Symptomen befreit. In leichten Fällen funktioniert die Technik schnell und gut. Glücklicherweise ist dazu keine psychologische Ausbildung wie die Hypnoseanalyse (Rückführung) notwendig.

Manchmal jedoch kann es bei eigensinnigen Wesen, die sehr hartnäckig sind und sich weigern, sehr mühsam sein. In Kapitel 14 werde ich Ihnen zeigen, wie Sie bei sich und anderen eine Befreiung durchführen können, und Ihnen die Texte geben, mit denen ich meine Patienten heile.

Lassen Sie uns nun einen Blick zurück auf die Geschichte und die verschiedenen Standpunkte zum Thema Besessenheit und ihre Heilung werfen.

3

Historische Beobachtungen zum Thema Besessenheit

Im ausgehenden zwanzigsten Jahrhundert mag der Gedanke, daß die Seelen Verstorbener Ursache für Leid und Elend unter den Lebenden sind, für viele Menschen in den Bereichen des Aberglaubens fallen. Besonders in einer Zeit, in der die meisten Wissenschaftler sich darauf festgelegt haben, biologische Ursachen für fast alle menschlichen Krankheiten zu finden, geistige und physische. Doch ein kurzer Blick auf die Literatur zeigt, daß die Menschen seit jeher die Ursachen vieler Krankheiten mit Besessenheit in Verbindung gebracht haben, und es gab viele verschiedene Rituale, um sie zu heilen.

Von Jesus selbst wurde berichtet, daß er bei vielen Gelegenheiten Geister austrieb.

Und er predigte und trieb die Teufel aus *(Markus 1,39)*.

... begegnete ihm ein Mann, der hatte Teufel von langer Zeit her ... Denn er gebot dem unsaubern Geist, daß er von dem Menschen ausführe. Da fuhren die Teufel aus von dem Menschen. *(Lukas 8,27-33)*

Meister, ich habe meinen Sohn hergebracht zu dir, der hat einen sprachlosen Geist. ... Und er fragte seinen Vater: Wie lange ist es her, seit ihm dies widerfährt? Und er sagte: Von Kindheit an ... Jesus herrschte den unreinen Geist an und sagte zu ihm: Du stummer und tauber Geist, ich befehle dir, fahre aus ihm heraus und kehre nie mehr in ihn zurück. Und der Geist schrie und zerrte heftig an ihm und fuhr aus ihm heraus; und er war wie tot; so sehr, daß viele sagten: Er ist tot. Aber Jesus nahm ihn bei der Hand und richtete ihn auf; und er stand auf. *(Markus 9,17-27)*

Dies sind nur drei der mehr als sechsundzwanzig Beispiele, die ich in der Bibel fand, in denen Jesus Geister austrieb.

Im frühen Christentum wurde die Fähigkeit, Geister auszutreiben, als ein Zeichen treuer Nachfolge betrachtet.

Jesus gab seinen zwölf Jüngern Macht über unreine Geister, um sie auszutreiben. *(Matthäus 10,1)*

Sogar vor der Geburt des Christentums hatten die alten Griechen und Römer einen tief verwurzelten Glauben an » Tote« und ihre Wirkung auf Menschen.

Ein Kranker, der dahinsiecht, ist einer, den ein böser Geist angeblickt hat. *(Homer).*

Gewisse tyrannische Dämonen brauchen zu ihrem Vergnügen Seelen, die noch inkarniert sind; da sie unfähig sind, ihre Leidenschaften auf irgendeine andere Weise zu befriedigen, stiften sie Aufruhr, Eroberungskriege, erregen Wollust und bekommen so, wonach es sie gelüstet. *(Plutarch)*

Dämonen sind die Geister böser Menschen. *(Josephus)*

Seit jeher gab es unterschiedliche Meinungen zum Thema Besessenheit und Geister. Manche Menschen glaubten, es wären wirklich die Verstorbenen, andere vermuteten, Geister hätten nie eine menschliche Form gehabt, sondern wären Diener Satans oder sogar Satan selbst. In diesem Kapitel werden wir ersteres untersuchen.

Bestimmte Kulturen hatten sehr klare Vorstellungen darüber, woher diese Wesen stammten und warum sie lebende Menschen belästigten. Die Chinesen kennen eine Tradition der Ahnenverehrung, die mehr als zehntausend Jahre zurückgeht. Nach ihrer Auffassung durchläuft ein Mensch viele Zyklen oder Leben. Man muß sich mit seinen Vorfahren gut stellen, denn sie leben in einer anderen Welt fort und können zurückkehren, wenn sie erzürnt oder aufgebracht sind, um bösen Einfluß auf den Lebenden auszuüben.

Auch die Japaner praktizieren die Ahnenverehrung und glauben an erd-gebundene Geister. Vielleicht erklärt dies die Beliebtheit der schnell wach-senden Exorzistensekte Mahikari, die 1970 vierhunderttausend Mitglieder in der ganzen Welt zählte. Als »Überreligion des Wahren Lichtes« behauptet sie, Geister würden mehr als achtzig Prozent der menschlichen Krankhei-ten verursachen, sowohl der physischen als auch der emotionalen. Von ihrem Exorzismus wird behauptet, er sei in der Lage, die Gesundheit und das Wohlbefinden der besessenen Personen wiederherzustellen, und täg-lich werden Tausende mit dieser Technik behandelt.

Die alten Ägypter glaubten ebenfalls, daß die Toten die Lebenden beein-flussen, vor allem die Seelen der Menschen, die nach dem Tod schlecht be-handelt oder entehrt wurden. Die alten Grabstätten sind Zeugnisse des kom-plizierten Glaubenssystems des alten Ägypten, das darauf basiert, daß das Le-ben nach dem Tod weitergeht. Körper wurden mumifiziert, da eine Seele nur in einem unversehrten Körper wieder inkarnieren konnte. Zu demselben Zweck wurden die inneren Organe in Grabgefäßen sorgfältig mit Kräutern und Ölen konserviert. Die Gräber waren ausgestattet mit Haushaltsartikeln, Speisen, Sa-men, Tieren und Dienern, damit sie ihren Lebensstil fortsetzen konnten. Selbst Ehefrauen wurden in den Gräbern lebendig eingemauert, um die Verstorbe-nen auf ihren Reisen in die Unterwelt zu begleiten.

Mehrere meiner Patienten haben die Ursache aktueller Probleme wie Klaustrophobie und Angst vor Dunkelheit in Hypnoserückführungen darin erkannt, daß sie lebendig in diesen Gräbern begraben worden waren. Sie erinnerten sich an ihr Entsetzen, als sie sahen, wie die Fackeln verloschen, und verspürten entsetzliche Atemnot, ehe sie erstickten.

Eine der höchst entwickelten Philosophien über die Geisterwelt und ihre Beziehung zu den Lebenden kommt aus Asien. Die alte Religion Indiens, die auf den Veden, heiligen Schriften, basiert, war der Vorläufer des Hin-duismus und Buddhismus, die Millionen noch heute praktizieren.

Indische Gelehrte gingen davon aus, daß der Mensch mindestens sieben verschiedene »Körper« oder »Fahrzeuge« hat, von denen der physische nur der niedrigste ist. Die übrigen sind nicht physisch und für das gewöhnli-che menschliche Auge unsichtbar. Diese Körper entsprechen verschiede-nen Ebenen oder Realitätsstufen, und der nächste ist jeweils feiner und schwingt in einer höheren Frequenz als der darunterliegende.

Der dem physischen Körper am nächsten liegende ist der ätherische, und bezüglich seiner Schwingungen ist er der dichteste der unsichtbaren Körper. Gelegentlich kann er von medial Begabten, Hellsichtigen, gesehen werden. Er ist genauso geformt wie der physische Körper und somit ein Duplikat von ihm. Er durchdringt den physischen Körper, überwacht seine Gesundheit und reicht ein paar Zentimeter über ihn hinaus.

Das nächst höhere Fahrzeug ist der Astral- oder Emotionalkörper, der sowohl den physischen als auch den ätherischen Körper durchdringt, mehrere Zentimter über ihn hinausreicht und ein Oval aus farbigem Licht bildet. Da er die emotionalen Aspekte des Menschen zum Ausdruck bringt, verändert er sich ständig, je nachdem, wie sich die Gefühle des betreffenden Menschen ändern.

Der Mentalkörper ist in seinen Schwingungen noch feiner als der astrale. Auch er durchdringt die anderen Körper und trägt zu der ausgedehnten Aura bei.

Ein noch feineres Fahrzeug ist der spirituelle Körper. Obwohl er außerhalb des Individuums auf der spirituelle Ebene angesiedelt ist, ist er dennoch Teil unseres Seins.

In esoterischen Lehren wird von noch höheren Körpern als dem Kausalkörper (einem der am schnellsten schwingenden geistigen Fahrzeuge) gesprochen.

Nach der indischen Lehre, die auf alten Schriften beruht, gibt es eine ganze Welt, die Astralebene, die zwischen der physischen und den höchsten geistigen Bereichen existiert. Sie ist kein Ort, sondern besteht aus unzähligen Ebenen, Unterebenen und Untergruppen von Unterebenen, die aufgrund der zunehmenden Schwingungsfrequenz stufenweise immer mehr ansteigt.

Die untere Astralebene ist die Welt der erdgebundenen Geister. In den höheren Ebenen wohnen die spirituell entwickelten Wesenheiten, die als Führer, Meister oder Lehrer dienen.

Manche Menschen können in ihren Astralkörpern häufig zur Astralebene »reisen« - während des Schlafs, in bestimmten Trancezuständen, oder sogar willentlich, indem sie einen Teil von sich dazu bringen, den physischen Körper zu verlassen. Letzteres wird als »Astralprojektion« oder »außerkörperliche Erfahrung« bezeichnet.

Die Veden beschreiben den Tod als das Abstreifen des physischen Körpers. Das Individuum besteht weiter fort, reist zu höheren Seinsebenen und bringt Erinnerungen mit. Nach einem Aufenthalt in der Astralwelt steigt die Seele weiter auf zur Mentalebene, indem sie wieder einen Körper hinter sich läßt - die astrale Hülle. Später geht das Individuum zu einer noch höheren Stufe der Astralebene und wartet auf die Wiedergeburt in einem physischen Körper.

Dieses »Recycling« des wahren Wesens einer Person von einem physischen Körper zu einem anderen, und die Lehre vom Karma, dem Gesetz von Ursache und Wirkung, sind nach dem vedischen System für die geistige Entwicklung von Bedeutung. Durch Reinkarnation können die Individuen sich selbst läutern, um in die höchste Ebene einzutreten und sich wieder mit Gott zu vereinen.

Doch diese entscheidenden Zyklen können blockiert werden, wenn Menschen nach ihrem Tod noch immer von irdischen Wünschen besessen sind. Dann sind sie in den Schwingungen der physischen Ebene gefangen und bleiben dort. Da sie sich in der unteren Astralebene aufhalten, sind sie der irdischen Ebene so nahe wie möglich und versuchen vergeblich, ihre Süchte und Wünsche zu befriedigen. In diesem Zustand sind keine geistigen Fortschritte möglich. Sie können aus ihren niederen Fahrzeugen nicht erlöst werden und sich zu höheren Zuständen aufschwingen.

Nach der vedischen Lehre besetzen unwissende oder böswillige Seelen lebende Menschen, um ihr irdisches Leben in ihnen fortzusetzen. Sie finden Zugang, weil der Astralkörper, der für sie in der Aura der Person sichtbar ist, einige »Löcher« hat. Nachdem sie den Körper besetzt haben, üben sie ihre Macht aus, die immer negativ ist.

Diese Auffassung von Besessenheit wurde in Indien und Tibet überliefert und ist heute Teil der berühmten tibetischen Medizintradition, die von den Tibetern, die im nördlichen Indien leben, praktiziert wird.

Einiges aus den Lehren der alten vedischen Tradition tauchte im Westen im neunzehnten Jahrhundert in zwei Bewegungen wieder auf: der Theosophie und dem Spiritualismus. Trotz zahlreicher widersprüchlicher Glaubenssätze hielten beide Lehren an dem Glauben an das Weiterbestehen der individuellen Persönlichkeit nach dem Tod fest.

Da unsere Untersuchung mit Besessenheit durch erdgebundene Geister zu tun hat, ist der Einfluß dieser beiden Bewegungen auf Heiler in verschiedenen Teilen der Welt von besonderem Interesse.

Der Spiritualismus hatte durch die Bücher des französischen Schriftstellers Alan Kardec eine tiefe und katalytische Wirkung auf den Mystizismus in Südamerika. Kardec schrieb über die Unsterblichkeit der Seele, die Eigenschaften von Geistern und ihre Beziehungen zu Menschen. Er behauptete, seine Bücher seien ihm von Geistern höheren Grades diktiert und durch Medien übermittelt worden.

Heute hat der Einfluß des Spiritualismus in Südamerika zu Geisteraustreibungsritualen geführt, die von Heilern, Medien und sogar einigen modernen Ärzten und Psychologen angewendet werden.

Während meines Vortrages auf dem Ersten Internationalen Kongreß über Alternative Therapien 1985 in Sao Paulo lud mich die Spiritistische Vereinigung von Sao Paulo zu einem Besuch ein, eine Organisation, die in einem großen, schulähnlichen Gebäude untergebracht ist. Dreitausendfünfhundert Medien aus allen Lebensbereichen - vom ungebildeten Dienstboten bis zum Rechtsanwalt - behandeln kostenlos fünfzehntausend Patienten pro Woche! Da die Medien glauben, daß sie von Heilern aus der geistigen Welt benutzt werden, ist es für sie eine Sache des Glaubens, keine Honorare zu verlangen. Ihre Arbeit besteht hauptsächlich darin, Geister auszutreiben.

Von der Vereinigung erfuhr ich, daß einer von fünf Einwohnern in Sao Paulo ein Medium ist. In Sao Paulo leben zwölf Millionen Menschen! Sao Paulo ist keine Ausnahme; Medien sind in ganz Brasilien weit verbreitet.

In den Vereinigten Staaten arbeitete ein ehemals spiritualistischer Psychiater, Carl Wickland, M.D., dreißig Jahre lang mit schwer gestörten Patienten, bei denen er Besessenheit vermutete. Seine Frau Anna, ein Trancemedium, ermöglichte es diesen Geistern, durch ihren Stimmapparat zu sprechen. Dr. Wickland unterhielt sich dann mit ihnen und überzeugte sie von ihrem Zustand. Indem er ihnen von dem Leben erzählte, das auf sie wartete, überzeugte er sie zu gehen. Bei einigen widerspenstigen Geistern mußte er auf eine Art Elektroschocktherapie zurückgreifen, um sie gewaltsam aus seinen Patienten auszutreiben. Er glaubte, daß eine Gruppe von hilfreichen Geistern - »der Barmherigkeits-Bund« - ihm dabei half, die Wesen auszutreiben, und ihnen beim Übergang ins Jenseits beistand.

Sein Buch *Dreißig Jahre unter den Toten*, 1924 erstmals veröffentlicht, ist ein Klassiker auf dem Gebiet dieser Therapie. Darin legt er seine Theorie der Geisteskrankheit aufgrund von Besessenheit durch Geister dar und fügt ausführliche Abschriften der Beratungssitzungen bei, die er mit den Geistern abhielt, die durch seine Frau als Medium sprachen. Sir Arthur Conan Doyle, ein spiritistischer Gelehrter, sagte über ihn und sein Buch: »Nie zuvor habe ich jemanden getroffen, der eine so große Erfahrung mit unsichtbaren Wesen hat. Dieses Buch ist ein Muß für alle, die sich für Obsession oder die Heilung von Geisteskrankheit durch spirituelle Mittel interessieren.«

Ein weiterer bemerkenswerter Mann, Edgar Cayce, machte die Öffentlichkeit auf das Thema der Besessenheit als eine Ursache für Krankheit aufmerksam. Als ungebildeter junger Mann, auf einer Farm in Kentucky aufgewachsen, konnte sich Cayce in hypnotische Trance versetzen und Fragen zu jedem Thema beantworten. Zwischen 1900 und seinem Tod 1945 gab er mehr als vierzehntausend Trance-»Readings«, die meisten davon für kranke Menschen, denen die Schulmedizin nicht geholfen hatte.

Obwohl er im Wachzustand ein fundamentalistischer Christ und Bibelexperte aus dem Süden war, channelte Cayce in Trance Readings über frühere Leben, die sich mit Begriffen wie Karma, Reinkarnation, Meditation, der Lehre von den aufsteigenden Ebenen, den mehrfachen Körpern, Geisterbesessenheit und vielem mehr beschäftigten.

In seinen Abhandlungen über erdgebundene Seelen und Geisterbesessenheit als Ursache von Geisteskrankheit ging Cayce über die meisten Autoren hinaus, die über dieses Thema schrieben, indem er komplizierte physisch-emotional-mentale und spirituelle Gründe für die Besessenheit vorbrachte.

Die Heilverfahren, die er in Trance für Besessenheit verschrieb, umfaßten die innere Anwendung von Gold, spezielle elektrische Geräte mit Niedrigspannung, chiropraktische Handgriffe, um den Zugang zum Nervensystem zu blockieren, Massage, Umstellung der Ernährung und eine Reihe anderer naturheilkundlicher und spiritueller Techniken.

In jüngerer Zeit, 1982, berichtete Arthur Guirdham, M.D., ein britischer Psychiater, in seinem Buch *The Psychic Dimensions of Mental Health* [Die spirituellen Dimensionen der geistigen Gesundheit] von seinen Erkenntnissen aus mehr als vierzig Jahren Praxis. Demnach kann jede Form schwerer Geisteskrankheit durch erdgebundene Geister verursacht werden. Der Heilung von Patienten tief verpflichtet, ähneln seine Techniken denen von Wickland. Auch er setzt die Elektroschock-Therapie ein, um hartnäckige Geister zu vertreiben.

Adam Crabtree, ein praktizierender Therapeut und Anhänger des Mesmerismus, arbeitet ebenfalls mit diesen Wesen. In *Multiple Man: Explorations in Possession and Multiple Personality* [Vielfältiger Mensch: Untersuchungen über Besessenheit und multiple Persönlichkeit] beschreibt er sein Verständnis der Zustände seiner Patienten. In seinen Augen handelt es sich sowohl um Besessenheit durch erdgebundene Seelen als auch um multiple Aspekte der eigenen Persönlichkeit eines Menschen. Seine Techniken bestehen eher aus Überzeugungsarbeit, da er keine Elektroschocks einsetzt. Auch er arbeitet therapeutisch mit den Geistern.

Von einer anderen Art Heiler, den Schamanen, gibt es Tausende in der Welt. Die schamanistische Tradition - mündlich überlieferte Medizin und Religion - hat eine Geschichte, die vierzigtausend Jahre zurückverfolgt werden kann und auf allen Kontintenten zu Hause ist. In den Vereinigten Staaten ist sie am bekanntesten unter den Medizinmännern und Medizinfrauen der amerikanischen Indianer. Diese Schamanen gründen ihre Kraft hauptsächlich auf den Glauben an Geister vieler Art und benutzen Rituale, um die negativen Geister auszutreiben.

Da der Wert dieser Therapieform zunehmend anerkannt wird, haben diese Heiler kürzlich begonnen, Ärzte und Psychologen in schamanistischen Heiltechniken auszubilden. Eine aufgeschlossene Akzeptanz des geistheilenden Glaubens der Indianer hat sogar die Hochburg akademischen Skeptizismus erreicht: die amerikanische anthropologische Gemeinde. Michael Harner, einer der bekanntesten anthropologischen Experten für Schamanismus, schockierte seine Kollegen und begeisterte seine Studenten, indem er eine schamanistische Heilungs-Gesellschaft gründete. Heute reist er durch die ganze Welt und lehrt schamanistische Heilungstechniken.

Die Zahl der Geistheiler, die eine Vielfalt von Geistbefreiungs-Techniken anwenden, wächst ständig. Da ihre Arbeit bekannt wird, wollen sich viele ausbilden lassen.

Außer den oben erwähnten Autoren gibt es zahlreiche andere, ausgezeichnete Therapeuten, die täglich Patienten von lähmenden Emotionen, von geistigen, physischen und spirituellen Problemen und Symptomen befreien, indem sie arme, unwissende Seelen erlösen, die die wahren Empfänger der Therapie sind.

Seit es Geschichte gibt - und wahrscheinlich noch viel früher - haben Menschen an Besessenheit durch erdgebundene Seelen geglaubt. Dieser Glaube geht über alle Grenzen hinaus - sowohl im zeitlichen Sinne als auch hinsichtlich sozialer Strukturen. Einfache Menschen haben diesen Standpunkt ebenso angenommen wie Gebildete, Gelehrte und große Philosophen, was natürlich nicht seine Gültigkeit beweist. Wie Reinkarnation, Leben nach dem Tod, die Seele und viele andere Begriffe läßt sich Geisterbesessenheit höchstwahrscheinlich nicht beweisen.

Für mich als Therapeutin, die mit gestörten unglücklichen Menschen voller Schmerzen - sowohl emotionalen als auch physischen - arbeitet, ist die Frage des Beweises nicht vorrangig. Die Ergebnisse sind es! Da diese Therapie Schmerzen und Leid besiegt, ist ihr weiterer Einsatz gerechtfertigt.

Den Sterbevorgang zu verstehen, ist für unsere weitere Erforschung der Beweggründe hinter der Besessenheit und auch für ihre Lösung grundlegend. Im folgenden Kapitel werden wir sehen, wie Patienten unter Hypnose ihren Zustand während des Sterbens und danach erleben.

4
Was beim Sterben geschieht

Fragen Sie sich, was mit Ihnen geschieht, wenn Sie sterben? Meine klinischen Erkenntnisse deuten darauf hin, daß das Leben nach dem biologischen Tod weitergeht. Hypnotisierte Patienten, die in frühere Leben zurückgehen, stellen fest, daß sie unmittelbar nach dem Tod des Körpers genauso »lebendig« sind wie zuvor. Die Erinnerungen, die Persönlichkeit, die Wahrnehmungen, die Gefühle und das Denken bestehen ohne Unterbrechung weiter. In der Tat scheint die Unsterblichkeit der Seele durch Rückführungen in frühere Leben bestätigt zu werden.

Erforscher des »klinischen Todes« oder des »Nahtoderlebnisses« haben von Erkenntnissen berichtet, die grundsätzlich identisch mit denen der von mir zurückgeführten Patienten sind. Ihr Material stammte aus Interviews mit Hunderten von Menschen, die gestorben waren und später wiederbelebt wurden. Seit Dr. Raymond Moodys Buch *Leben nach dem Leben*, das 1975 erschien, ist das Forschungsfeld der klinischen Erfahrungen und Nahtoderlebnisse rapide gewachsen, wobei sich die Forscher im wesentlichen einig sind.

Die meisten meiner Patienten, die sich unter Hypnose an frühere Inkarnationen erinnerten, berichteten von Todeserfahrungen, die einander bemerkenswert ähnlich waren.

Es scheint, daß der Tod ohne Verlust des Bewußtseins mit einem sanften, natürlichen Übergang in ein geistiges Reich verbunden ist. Meine Patienten verspürten eine sofortige Erlösung von Schmerzen, Beschwerden und Ängsten, die sie empfunden hatten, ehe sie ihre Körper verließen. Fast alle berichteten von einem Gefühl des Aufsteigens und Schwebens. Sie konnten ihre Körper deutlich unter sich sehen und alles, was um sie herum geschah. Häufig versuchten sie, sich ihren Familien bemerkbar zu machen und ihnen mitzuteilen, daß es ihnen gut gehe und sie lebten. Mit einem wunderbaren Gefühl von Freiheit stiegen sie weiter auf, von einem hellen weißen Licht angezogen. Sie wurden von geliebten Menschen begleitet, die bereits gestorben waren, und oft von einem weisen und hilfreichen, hoch entwickelten Geist oder Führer. Sie fanden sich in perfekten Körpern wieder; alle Mängel waren verschwunden. Waren sie blind gewesen, konnten sie perfekt sehen, falls taub, hatten sie jetzt ein scharfes Gehör. War ihr Körper bei Autounfällen entstellt worden, war er jetzt ganz und unversehrt. Erstaunlicherweise erschien ihnen ihr geistiger Körper genauso real und fest wie einst ihr physischer Körper.

Wurde die Rückführung fortgesetzt, berichteten sie von Erfahrungen einer erfüllten Existenz in einer anderen Welt. An einem Punkt blickten sie zusammen mit weisen Ratgebern auf das Leben zurück, das sie verlassen hatten, und betrachteten es wie einen Film. (Menschen, die fast ertrunken wären oder dem Tod knapp entkamen, berichten häufig von einem ähnlichen Erlebnis, bei dem ihr ganzes Leben vor ihnen Augen vorbeizieht.) Es war ihnen klar, daß dieser Rückblick ihnen vor Augen führen sollte, wo sie wichtige Herausforderungen übergangen oder wo sie versagt hatten. Geistige Ratgeber zeigten ihnen, was sie noch lernen mußten, um den nötigen geistigen Fortschritt zu machen. Die nächste Inkarnation wurde auf der Grundlage dieses Wissens geplant.

Meine Patientenakten sind voll mit Protokollen von Rückführungen, die die typische Todeserfahrung verdeutlichen. Die folgende stammt von einem sechsundzwanzigjährigen männlichen Patienten namens Joe, der unter Depressionen, chronischer Bronchitis und einer seltsamen Allergie litt: Immer wenn er Milch trank oder Nüsse aß, bildete sich in seinem Rachen dicker Schleim, der seinen ohnehin schon hartnäckigen Husten weiter verschlimmerte.

Nach der Anweisung, zu dem Ereignis zurückzugehen, das für seine Allergien verantwortlich ist, fand er sich als junger Mann im neunzehnten Jahrhundert in Georgia wieder. Er beschrieb eine frustrierende und stürmische Kindheit. Damals ließ er seiner angestauten Wut in Kämpfen, die er anzettelte und aufgrund seiner überragenden Große leicht gewann, freien Lauf. Als Jugendlicher tötete er einen Mann und lief fort, um sich im Bürgerkrieg der Armee anzuschließen. Weitere Suggestionen, sich direkt zu dem Ereignis zu begeben, das seine Allergien verursacht hätte, brachten folgendes zutage:

Ich lehne an einem Baum, und der Trommlerjunge schüttet geronnene Milch in meine zerschlagene Tasse. Sie hat ein Loch, so daß ich sie ganz schnell trinken muß, ehe alles ausläuft. Ich esse die Pekannüsse vom Boden ..., wir haben seit Wochen keine richtige Mahlzeit gehabt. Ich sehe in der Nähe der Bäume einen trüben, langsam fließenden Fluß. Die anderen Männer liegen in der Sonne oder sitzen unter den Bäumen und verzehren Pekannüsse, und wir sind alle in zerlumpte graue Uniformen gekleidet. Ich bin sehr müde ..., und ich überlege zu desertieren. Mein ganzes Leben lang habe ich gekämpft, doch nun kämpfe ich gegen Menschen, die bereit und in der Lage sind zurückzuschlagen ..., und ich habe Angst. Ich sehe nicht viele Gewehre, und die, die ich sehe, sind nicht geladen ... seit Wochen keine Munition. Das Messer, das ich habe, ist mein einziger verbliebener Schutz - die einzige Waffe, mit der ich zurückschlagen kann. Ich höre Geräusche von trampelnden Füßen und Pferdehufen ... jetzt Schreie und Signalhörner ..., wir werden aus dem Hinterhalt überfallen!

Wir springen auf und rennen, versuchen über den Bach zu kommen. Meine Füße bleiben dauernd zwischen den Steinen stecken. »Sie« kommen hinter uns her, feuern mit ihren Gewehren auf uns, und wir drehen uns um und kämpfen, obwohl die meisten von uns keine Gewehre haben. Zwei Soldaten springen auf mich drauf und drücken mich unter Wasser, drehen mir die Arme nach hinten, bis meine Schultern schmerzen. Ich recke meinen Kopf aus dem Wasser, und ein Junge, mit einem haßerfüllten Ausdruck im Gesicht, beginnt mich mit dem Kolben seines Gewehrs zu schlagen, während er mich als Flußratte beschimpft.

Ich würge und schlucke Wasser. (Lange Pause.) Jetzt habe ich ein schwebendes Gefühl, als ob ich aus meinem Körper aufsteigen würde, und zur selben Zeit beobachte ich, wie mein Körper zusammen mit anderen Körpern Jugendlicher, die ich kenne, den Fluß hinunterschwimmt. Ich sehe mich um: Auch sie sind aus ihren Körpern aufgestiegen. Ich drehe mich um und erkenne meinen Großvater, der in goldenes Licht gebadet ist. Er sagt: »Komm Junge, der Krieg ist vorbei.« Mehrere andere Jungen, die ich

kenne, kommen auch; die Leute in unserer Stadt mochten meinen Großva-
ter. Er ruft ihnen zu: »Kommt her! Der Krieg ist vorbei!«
Ich verspüre große Erleichterung. Ich höre Stimmen, eine leise, eine an-
dere sehr klar. Die Stimme ist wie ein Funke, ich höre sie, doch nicht ganz.
Ich bin selbst wie ein Funke, und das ist alles. Ich kann die Welt klar se-
hen, doch sie bewegt sich sehr schnell, wie mit großer Geschwindigkeit .
Ich erkenne die Dinge, die ich falsch gemacht habe. Man zeigt mir mei-
ne Fehler, und ich verstehe sie, ohne mich schlecht zu fühlen. Ich weiß,
daß ich Wut und Haß überwinden und lernen muß, weniger selbstsüchtig
zu sein. Ich glaube, ich habe eine Vereinbarung mit der Stimme in dem
goldenen Licht getroffen.

Die meisten Todeserlebnisse, an die sich meine hypnotisierten Patienten erinnerten, waren so unkompliziert und vorhersehbar wie das von
Joe. Andere waren anders. Anstelle eines sanften Übergangs von einer
Welt zur anderen erinnerten sich einige tatsächlich, voller Angst vor dem
Licht geflohen zu sein oder sich von ihren verschiedenen Verwandten (im
Geiste) oder Führern abgewendet zu haben. Viele waren sich ihres Todes
nicht bewußt, da sie sich lebendig fühlten, und sie waren total verwirrt
oder verängstigt, besonders, wenn sie sich bei den Lebenden nicht bemerkbar machen konnten. Diese Individuen blieben erdgebunden - gebunden an die physische Ebene - trotz der Tatsache, daß sie gestorben
waren.

Einige dieser Geister schienen tatsächlich mit lebenden Menschen zu ver-
schmelzen oder sie zu besetzen. Dieser Vorgang wurde bei der Rückführung
von Linda deutlich, einer jungen Patientin, die wegen einer schweren Depression behandelt wurde und hochgradig selbstmordgefährdet war. In der
Hypnose fand sie sich als einen dieser »heimatlosen« Geister wieder, einem depressiven männlichen Wesen. Das Protokoll beginnt ein paar Minuten vor seinem Tod:

Ich fühle mich sehr niedergeschlagen. Ich bin bestürzt, wütend und ver-
wirrt. Es ist wegen meiner Frau. Sie war mir nicht treu. (Weint.) Sie ist schön,
und sie ist ein sehr glücklicher Mensch ..., und ich bin es nicht ..., aber sie
ist in der Lage, mich glücklich zu machen. Es verletzt mich, daß sie untreu

war. Ich brauche sie! Ich habe mich stark bemüht, das zu sein, was sie will, aber sie liebt mich nicht. (Lange Pause.)

Ich sehe einen Fluß, der praktisch ausgetrocknet ist, und da ist eine Brücke. (Pause.) Jetzt bin ich auf der Brücke ... Ich will hier nicht mehr bleiben. Es ist einfach zu schmerzvoll. Alles wäre besser als dies. Es gibt nichts, das mich hier noch länger halten könnte ... überhaupt nichts . Ich glaube, ich verliere den Verstand. (Pause.) Ich klettere auf das Geländer ... Ich springe.

Ich liege auf dem Flußbett. (Lange Pause.) Ich fühle mich sehr seltsam ..., mein Körper fühlt sich komisch an. Ich kann aufstehen und meinen Körper auf dem Sand sehen. Doch ich bin immer noch hier! Verdammt, das ist nicht fair! Ich bin so wahnsinnig ..., es hat nicht funktioniert. Es ist nicht fair! Ich habe große Angst. Da ist ein sehr helles Licht um mich herum, sehr hell ..., und ich hasse es! (Pause.) Ich will weg. Ich laufe das Flußbett hinunter, weg von meinem Körper. Ich laufe in Büsche und Bäume, weil es jetzt dunkler ist. Aber irgend etwas stimmt nicht - irgend etwas stimmt nicht! Ich verstehe es nicht. Ich stoße gegen einen Baum und gehe durch ihn hindurch. Ich fürchte mich und bin verwirrt. Ich mag das überhaupt nicht! Es ist, wie blind zu sein, herumzutappen und gegen Dinge zu stoßen. Ich werde einfach eine Weile hier liegen bleiben ...

Während derselben Sitzung ging der Mann, jetzt ein Geist, dazu über, sich daran zu erinnern, wie er von einem jungen Mädchen angezogen wurde und sie danach besetzte:

Ich fühle mich so allein. Lange bin ich in diesem Zustand gewesen. Es ist einsam, und ich fürchte mich und bin wütend. Es ist, als ob ich hier schon immer gewesen wäre. Ich höre ein paar Leute; sie haben Spaß. Sie sind am Strand, spielen. Ich gehe zu ihnen, doch sie ignorieren mich. Warum können sie mir nicht helfen? Warum wollen sie mir nicht helfen? Es geht mir so elend, und sie sind so glücklich. Das macht mich wütend!

Da ist ein wunderschönes junges Mädchen, das glücklich und reizend ist, aber sie hält nicht einmal inne und sieht mich an, sie bemerkt mich nicht einmal. (Linda schüttelt ihre Fäuste und sieht dann verwirrt aus.) Ich habe versucht, sie anzustoßen; ich verstehe es nicht; ich weiß nicht, was passiert ist.

Es ist, als ob ich jetzt bei ihr wäre; ich bin irgendwie ein Teil von ihr. Es ist jetzt viel besser. Mir ist jetzt wärmer. Sie ist sehr glücklich, und ich fühle mich noch immer sehr traurig, aber ich kann fühlen, was sie fühlt. Ich mag es, wenn sie sich gut fühlt. Doch sie ist diejenige, die all den Spaß hat - und das macht mich auch wütend. (Lange Pause.) Jetzt hat sie nicht mehr soviel Spaß wie sonst.

Es scheint, daß alle Geister schließlich ins Licht gehen, selbst wenn sie jahrzehntelang auf der physischen Ebene kleben blieben. Bei Selbstmorden habe ich festgestellt, daß viele als körperlose Wesen zurückblieben und sich ebenso deprimiert fühlten wie vor ihrem Tod - bis sie von Geisthelfern »gerettet« wurden, oder sie besetzten ahnungslose Lebende. Hingegen gingen andere, die sich umbrachten, sofort ins Licht.

Eine interessante Beschreibung der Reise ins Licht kam von einer depressiven Patientin, die ihren Selbstmord in einem früheren Leben noch einmal durchlebte. Nach ihrem Tod blieb sie für ein paar Jahre auf der irdischen Ebene. Als sie sich an diese Erlebnisse erinnert hatte, führte ich sie in die Zeit zurück, in der der Geist ins Licht ging.

Es ist eine lange Zeit. Ich bin verwirrt ... streife umher. Ich versuche meinen Bewußtseinsgrad zu erhöhen. Ich versuche es, aber ich kann es nicht. Ich sehe Erinnerungen an das Licht, doch ich kann es nicht finden. Das Licht blitzt auf, aber es ist nicht hier. Es erscheint und verschwindet. Ich ziehe umher ... Ich suche. Ich weiß, das Licht bedeutet etwas. Wenn es kommt, fühle ich mich besser. Ich empfinde Frieden. Ich weiß, ich muß näher an das Licht herankommen. Ich weiß, ich muß ..., ich muß es finden. Ich muß diesen Frieden in mir erlangen.

Es kommt ..., es kommt. Jemand hilft mir. Jemand führt mich. Jemand hilft mir, meinen Frieden zu finden ..., mich selbst zu finden ..., mein inneres Wesen zu finden ..., meine Bestimmung zu finden ..., mein Schicksal.

Ich schließe mich dem Licht an. Ich entstehe im Licht; doch das Licht ist nicht das Ende. Das Licht ist der Anfang. Es gibt für mich mehr als das Licht. Da sind Geister jenseits des Lichts. Da sind weitere Geister wie ich.

Ich gehe in das Licht. Einige Geister gehen leicht. Einige Geister überholen mich so schnell! Einige haben Schwierigkeiten, mit mir mitzuhalten.

Ich versuche, mehr über das Licht herauszufinden. Was ist auf der anderen Seite? Was ist es, das diese Leute ... diese Geister anzieht? Warum? Was ist es?

Es fühlt sich gut hier an. Die Kälte geht ..., sie ist weg. Hier ist Hitze. Hier ist Wärme ..., hier ist Frieden, doch nicht totaler Frieden. Es gibt mehr Frieden und Glück jenseits des Lichts. Ich kann das sehen. Ich kann das fühlen. Ich weiß, daß es da ist. Trotzdem ist es nicht leicht hindurchzugehen.

Jemand hilft mir. Ich stolpere und falle. Oh! Mein Führer hilft mir. Hier sind eine Menge Geister. Ich kommuniziere mit all diesen Geistern. Jetzt ist hier eine Menge Glück. Ich fühle mich glücklich. Ich fühle mich besser als je zuvor. Ich empfinde Freude. Ich fühle mich nicht mehr allein. Ich gehöre dazu.

Das Licht ist hinter mir. Es ist blau ..., es ist jetzt kristallblau. Das Licht strahlt immer noch hinter mir, doch alles ist blau. Es ist ..., es ist eine Einheit. Es ist ein Anfang, den ich nie erkennen konnte. Es ist ein Zusammensein ..., es ist ein Teilhaben. Ich weiß nicht, warum sie alle ein Teil von mir sind. Und ich fange an, ein Teil von ihnen zu sein.

Ich lasse meinen Schmerz zurück. Sie machen mich glücklich. Sie geben mir Stärke und lassen meine Verwirrung verschwinden, führen mich, durch ihre Sinne - ihre Gedanken - ihre Erfahrung. Jetzt ist es vorbei .., es ist vorbei!

Die Rückführungen meiner Patienten haben gezeigt, daß es eine universelle Erfahrung ist, ins Licht zu gehen. Das Licht selbst wird verschiedenartig als »Gott«, »bedingungslose Liebe«, »ein wunderschönes Licht - wie die Sonne« und von den meisten als unbeschreiblich schön und wunderbar beschrieben. Die typische Erfahrung ist: »Es ist warm, und ich fühle mich beschützt. Es muß Gott sein. Ich spüre Vergebung für alles, was ich getan habe.«

Ein Beispiel für eine andere häufige Schilderung ist das folgende:

Ich bin nicht bereit zu gehen. Nein! Ich will bei meinem Freund bleiben. Mein Führer hat gesagt, es wäre nicht gut für mich. Ich muß ihn segnen und weitergehen. Wir haben uns getrennt. Das Licht ist großartig! Einfach wunderschön. Und es ist warm. Plötzlich fühle ich mich wirklich gut. Ich fühle mich wirklich glücklich! Mein Führer lacht mit mir. Ich sage, ich muß zu meinem Freund zurückgehen. Es sagt, es sei nicht möglich, ich hätte einiges zu tun. Alles ist gut. Es spielt keine Rolle, was du getan oder gesagt hast. Es ist in Ordnung. Ich fühle mich so gut!

Sie haben gesehen, wie schön die Todeserfahrung ist, wenn das Individuum den Übergang ins Licht macht. Jetzt ist es an der Zeit, die Gründe zu untersuchen, warum viele sich gegen dieses Erlebnis sperren, ohne eigenen Körper in der physischen Welt bleiben und sich in ihrer Unwissenheit zu einer miserablen erdgebundenen Existenz verdammen.

5
Warum Seelen sich nicht lösen können

Aus meinen klinischen Erfahrungen habe ich mehrere grundlegende Erklärungen dafür gewonnen, warum bestimmte Wesen an die materielle Ebene gebunden bleiben, anstatt ihren Übergang zur geistigen Welt zu vollziehen. Die häufigsten Gründe sind Unwissenheit, Verwirrung, Angst (besonders die, in die Hölle zu kommen), zwanghafte Bindung an lebende Personen oder Orte oder die Sucht nach Drogen, Alkohol, Rauchen, Essen oder Sex. Auch ein fehlgeleiteter Sinn für unvollendete Geschäfte zwingt Seelen häufig, in der physischen Welt zu bleiben. Einige bleiben zurück, entschlossen, Rache zu nehmen.

Andere waren während ihres Lebens so überzeugt davon, daß es nach dem Tod nichts gibt, daß sie sich weigerten, die Familienangehörigen oder geistigen Führer zu sehen, die sie empfangen kamen. Statt dessen trieben sie ziellos in einem Zustand von Verwirrung und Unwissenheit umher, der oft jahrelang anhielt.

Wenn sie befragt wurden, leugneten sie, überhaupt tot zu sein, und sagten etwas wie: »Wenn man tot ist, ist man tot! Ich bin jetzt hier, deshalb bin ich nicht mehr tot als Sie!« Wenn ich sie unter Hypnose zum Zeitpunkt ihres Todes zurückführte und sie dann bat, ihr eigenes Leben, ihren physischen Körper zu betrachten, weigerten sie sich oder behaupteten, daß sie schliefen oder zu jemand anderem gehörten.

Um eine besonders hartnäckige Wesenheit zu überzeugen, daß ihr Körper gestorben sei, führte ich sie zum Moment ihres Todes zurück. Sie behauptete vehement: »Ich schlafe ..., ich schlafe auf einem Satinbett. Ich bin nicht tot, wie Sie wissen! Ich bin es nicht! Ich kann - will - nichts mehr sehen!« Augenblicke später erkannte sie einige geistige Verwandte, einschließlich ihres verstorbenen Mannes und ihrer engsten Freundin. Sie sagte: »Ihr werdet mir nicht sagen, daß ich tot bin. *Ich bin nicht tot!* Da ist Betty. Sie ist tot. Sie will, daß ich zu ihrem Haus gehe. Aber ich kann nicht mit ihr gehen, weil sie tot ist. Betty ruft mir zu: ›Du bist tot! Du bist tot!‹ Doch, nein! Ich bin nicht tot!« Nachdem ich weiter mit ihr über den Tod gesprochen hatte, war sie schließlich in der Lage, ihren wahren Zustand zu akzeptieren, und ging dann freiwillig mit ihrem Mann und Betty.

Einige Menschen befanden sich in einem solch tiefen Zustand der Verwirrung, als sie starben, daß sie einfach nicht erkannten, daß sie tot waren. Das traf besonders auf Selbstmörder zu. Viele von ihnen, wenn auch nicht alle, zogen ziellos umher und versuchten vergeblich, mit den Lebenden zu sprechen. Das war der Fall bei dem bereits erwähnten Mann, der sich umbrachte, indem er von einer Brücke sprang. Dieser Geist konnte seinen Körper im Sand liegen sehen, doch die Tatsache seines eigenen Todes machte keinen Eindruck auf ihn. Später konnte er nicht verstehen, warum die Leute am Strand nicht auf ihn reagierten.

Ich habe Fälle von Selbstmord erlebt, bei denen die Menschen einen normalen Todesprozeß durchlebten. Dessen ungeachtet scheint es, daß sie, wenn sie Selbstmord begehen, die Arbeit an ihren Lektionen nur aufschieben und ihren geistigen Fortschritt verzögern, denn sie werden sich in einem zukünftigen Leben in einer Prüfungssituation wiederfinden, in der ihnen erneut Selbstmord als Versuchung präsentiert werden wird.

Verwirrung war auch unter den Leuten verbreitet, die einen plötzlichen unerwarteten Tod erlebten. Einige blieben stunden-, monatelang, in einigen Fällen sogar jahrelang dort, wo sie starben. Ein junger Mann, der bei einem Autounfall getötet wurde, blieb am Unfallort, sah zu, wie Sanitäter seinen Körper in einen Plastiksack steckten, ohne die Bedeutung dessen, was geschehen war, zu begreifen. Weil er sich einsam fühlte, trieb es ihn dann in die Halle eines Motels, in dem er als Musiker aufgetreten war, und er war schockiert, als die Leute dort ihn nicht sehen konnten und nicht mit ihm sprachen. Als er es mir erzählte, scherzte er: »Ich fühlte mich wie Caspar, der freundliche Geist!«

Ein anderer Mann, der ebenfalls bei einem Autounfall starb, blieb mehr als vierundzwanzig Stunden am Unfallort und starrte benommen auf die Stelle, an der sein Auto von der Straße abgekommen und in einen Fluß gestürzt war, ehe er irgendwie zu seinem Haus zurückkehrte, wo er vergeblich versuchte, mit seiner Familie Kontakt aufzunehmen.

Ein junger Mann, dem ins Gesicht geschossen worden war, konnte sich nicht entschließen, seinen entstellten Körper zu verlassen. Er erinnerte sich: »Ich war verwirrt. Ich wußte nicht, was geschah. Ich war verloren. Ich wußte nicht, wohin ich gehen sollte. Ich erinnere mich, daß die Person, die mich erschoß, einfach wegfuhr und mich dort zurückließ.«

Andere Wesen gestanden, daß sie sich so für ihre früheren Taten schämten, daß sie ihre Angehörigen in der geistigen Welt nicht sehen wollten. Häufig fürchteten sich Menschen, die stark religiös erzogen worden waren, in die Hölle zu kommen, und sperrten sich nach dem Tod verzweifelt gegen die Helfer, die sie abholen wollten.

Einer weigerte sich immer wieder, mit seiner Mutter in die geistige Welt zu gehen, weil er seine frühere Teufelsanbetung bereute. Er glaubte, seine Mutter würde ihm nie vergeben, da sie eine treue Katholikin gewesen war. Seine Befreiung war erst dann erfolgreich, als seine Mutter ihn schließlich überzeugen konnte, daß sie ihm vollständig vergeben hatte.

Ein anderer Geist, ein junger schwarzer Kriegsveteran, Straßenkrimineller und Drogenabhängiger, der Selbstmord begangen hatte, weigerte sich zunächst, mit seiner Mutter und seiner Tante zu gehen, die gekommen waren, um ihn zu empfangen. »Sie sind gut, ich kann nicht dorthin gehen, wo sie sind, weil ich schlimme Dinge getan habe, trinken, stehlen und andere Leute ausrauben«, vertraute er mir an.

Ein junges Mädchen, das fest davon überzeugt war, daß es für seinen Selbstmord mit der Hölle bestraft werden würde, schreckte vor den helfenden Wesen zurück. Sie ging erst, als ihre Mutter sie buchstäblich mitzerrte.

Zwanghafte Bindung an die Lebenden war ein anderer Grund, warum einige Wesen sich nicht von der irdischen Ebene lösen konnten. Eltern blieben, um ihren Kindern zu »helfen«, während sie heranwuchsen; Ehepartner aus liebevoller Sorge um ihre Gatten. Doch selbst wenn die Motive gut waren, verursachte die Bindung der Geister immer schwerwiegende Probleme: Die überfürsorglichen Eltern verzögerten das Wachstum und die Entwicklung ihrer Kinder, indem sie sie mit ihren eigenen Ängsten blockierten; die »liebenden« Gatten wurden sehr böse, wenn die verwitweten Partner sich wieder verheirateten, und veranstalteten häufig ein Chaos bei den Neuvermählten.

In einem Fall blieb der Geist eines jungen Mannes in der Nähe seines jüngeren Bruders, der ihn vergöttert hatte, um ihm zu »helfen«. Weil das

Wesen ein Marihuana-Süchtiger gewesen war, fing der lebende Bruder an, diese Droge zu nehmen - und bald nahm er auch andere.

Besonders faszinierend ist der Fall eines leidenschaftlichen Chirurgen, der, nachdem er bei einem Autounfall gestorben war, in sein eigenes Krankenhaus zurückkehrte und vom Körper eines Kindes angezogen wurde, das sich noch im Mutterleib befand und vorzeitig geboren werden sollte. Er kommentierte:

Diese kleine Seele sollte so früh geboren werden - nach siebeneinhalb Monaten und nur zweieinhalb Pfund schwer -, daß sie Unterstützung brauchte. Sie war zu schwach, um allein zu überleben. Ich konnte ihr die Stärke geben, die sie brauchte, bis sie allein weiterleben konnte. Sie war winzig, so winzig! Sie brauchte mich - und ich brauchte sie. Ich mußte noch einige Dinge erleben; mit ihr konnte ich erleben, was ich noch nicht erlebt hatte und erleben wollte.

Nachdem er gegangen war - mehr als zwanzig Jahre später -, sagte die Patientin: »Er war nett, doch offenbar hatte er so viel Macht über mich, daß ich keine Gelegenheit hatte zu wachsen.«

Ein anderer Geist, eine Mutter, deren Tochter gestorben war, weigerte sich, meine Patientin, ein siebzehnjähriges Mädchen, zu verlassen, weil es sie an ihre eigene Tochter erinnerte, die sie verloren hatte.

Doch die Motive der erdgebundenen Geister waren nicht immer freundliche - oft waren sie böse und sogar rachsüchtig! Mehrere meiner Patienten wurden von den Geistern von Menschen geplagt, die ihnen bereits feindlich gesonnen waren, als sie noch lebten . Viele waren von bösartigen Wesen bedrängt worden, die sie nie gekannt hatten. Und einige wurden von Wesen geplagt, die andere Geister haßten, die die Patienten bereits besetzt hatten.

Eine Frau mittleren Alters war von mehreren Wesen besessen, darunter zwei Schwestern. Es wurde deutlich, daß die ältere Schwester nur deshalb im Körper meiner Patientin wohnte, weil sie ihrer Schwester in dem zwanghaften Bemühen folgte, sie weiterhin zu beherrschen. Als die jüngere Schwester mit ihren Angehörigen ging, wich die andere schließlich auch, sehr zur Erleichterung meiner Patientin.

Ebenso wie es Menschen gibt, deren Leben sich darum dreht, Rache zu nehmen, gibt es ähnlich geartete Geister. Waren sie ermordet worden oder hatten das Gefühl, daß ihnen Unrecht geschehen war, blieben sie nach ihrem Tod, um ihre »Übeltäter« absichtlich zu verletzen.

Schon zu Lebzeiten waren ihre Schwingungen niedriger als die der anderen, und wie für Kriminelle und Süchtige war es für sie leicht, erdgebunden zu bleiben. Einige beabsichtigten sogar, die Person, die sie besetzt hatten, zu töten. Ein Beispiel dafür werden Sie bei Peter und Barbara in Kapitel 9 und 10 sehen.

Geister bleiben auch manchmal an die irdische Ebene gefesselt, weil sie zwanghaft an einen Ort gebunden sind, gewöhnlich an ihr früheres Zuhause oder Land. In einem verwirrenden Fall besetzte ein weibliches Wesen meine Patientin als sehr junges Mädchen, als ihre Familie ihr Haus auf Land baute, auf dem vor über achtzig Jahren das Haus des Geistes gestanden hatte. Das rachsüchtige Wesen hatte zuerst versucht, seinen Zorn an dem Vater und der Mutter des Mädchens auszulassen. Doch weil die Aura der Eltern zu stark war, wurde meine Patientin, damals ein siebenjähriges Kind, sein Opfer. Von der Zeit der Besessenheit an veränderte sich die Persönlichkeit des Mädchens drastisch; es wurde extrem schüchtern und fürchtete sich besonders, in der Öffentlichkeit zu sprechen.

Bei ihrer Rückführung fanden wir heraus, daß das besetzende Wesen öffentlich als Mörderin vor den Augen einer gröhlenden Menge gehängt worden war. Seine letzte Erinnerung war »ein Meer feindlicher Gesichter«. Dieser elende Geist hatte die Gefühle seiner traumatischen Erfahrung auf das Kind übertragen, das er besetzt hielt. Als er schließlich ging, wurde meine Patientin sofort von ihrer lähmenden Angst befreit und hielt furchtlos eine Lesung in der Kirche.

Eine der stärksten Bindungen, die Geister an die physische Welt fesselt, ist die Sucht - nach Alkohol, Drogen, Sex, Rauchen, sogar nach Essen. Wenn jemand in solch einem Zustand stirbt, ist das überwältigendste Gefühl sofort nach dem Tod die Sucht nach dem Stoff oder dem Gefühl, das dieser verursacht. Der Geist will nichts davon wissen, die irdische Ebene zu verlassen, und sucht nur danach, seinen Trieb zu befriedigen. Geistige Führer und Verwandte werden ignoriert; das helle Licht läßt ihn unberührt.

Ich habe viele dieser süchtigen Patienten behandelt. Süchtige Geister neigen dazu, sich um lebende Süchtige zu scharen und die Orte wieder aufzusuchen, an denen sie verkehrten, um noch einmal das zu erleben, was einst das beherrschende Thema ihres Lebens war. Nachdem sie das Individuum besetzt haben, erleben sie es tatsächlich wieder. Von da an üben sie ihre Kontrolle aus und haben, was sie wollen, wann sie es wollen!

Wenn es um Drogen- oder Alkoholsucht geht, beherbergten fast ausnahmslos alle meine Patienten mehr als ein Wesen, und sie alle waren ebenfalls süchtig. Eine vierundvierzigjährige ehemalige Alkoholikerin, die fast vier Jahre trocken war, aber immer noch an tiefen Depressionen und Angst litt, wurde von achtzehn Alkoholikerwesen besessen, von denen einige sie seit ihrem zehnten Lebensjahr besetzt hielten.

Patienten, die drogenabhängig waren, öffneten sich gewöhnlich für die Besessenheit, als sie sich das erste Mal den Drogen hingaben, und zogen so die süchtigen Geister an. Doch in anderen Fällen waren sie bloß zur falschen Zeit an der falschen Stelle, in einer Bar oder auf einer Party - Orte, die bereits Geister angezogen hatten, die nur darauf warteten, sich gütlich zu tun.

Wenn ein wichtiges Projekt nicht abgeschlossen wird, besteht oft der Drang, es zu vollenden. Das kann nach dem Tod geschehen und bindet häufig Geister an die materielle Welt. Enttäuscht von ihren vergeblichen Versuchen, ihr Werk zu vollenden, besetzen diese Wesen schließlich andere, um stellvertretend durch sie zu leben und zu arbeiten. Dann fühlen die Besessenen den unerklärlichen Zwang, Dinge zu tun, an denen sie früher kein Interesse hatten.

Welche Bedürfnisse auch immer erdgebundene Seelen verzweifelt zu befriedigen versuchen, sie sind enorm frustriert, verwirrt und unglücklich; sie können keinen Frieden oder anhaltende Befriedigung finden, während sie in den Körpern anderer Menschen wohnen. Sie sind wahrlich *verirrte Seelen*, die nicht wissen, daß sie sich selbst schaden.

Ihr Einfluß auf das Leben und Verhalten ihrer ahnungslosen Wirte ist *immer* negativ, manchmal fatal! Im nächsten Kapitel werde ich Ihnen zeigen, wie Geister, die auf der irdischen Ebene gefangen sind, ihre Opfer in Mitleidenschaft ziehen. Sie werden die Bandbreite der Symptome und Probleme kennenlernen, die von Besessenheit verursacht werden.

6

Die Auswirkungen der Besessenheit

Erdgebundene Wesen, sowohl körperlose als auch inkorporierte, scheinen in demselben Zustand zu verharren, in dem sie sich wenige Augenblicke vor ihrem Tod befanden - wie erstarrt. Während ihres Aufenthaltes in der physischen Welt entwickeln sie sich nicht, da sie keinen Nutzen aus ihren Erfahrungen ziehen. Ihre früheren Einstellungen, Vorurteile, Süchte, Fertigkeiten, Interessen, Ängste und Probleme bleiben unverändert. Wenn sie bei ihrem Tod physische Schmerzen erlebten, halten diese unvermindert an, sogar jahrzehntelang! Waren sie, als sie starben, narkotisiert oder von Alkohol, Medikamenten oder anderen Substanzen berauscht, fühlen sie sich benommen, wie »high«. Seelen, die Selbstmord begangen haben, fühlen sich immer noch trostlos, unabhängig von den Erlebnissen ihres Wirts. Sie bleiben zutiefst depressiv.

GRAD DER BESESSENHEIT

Die Besessenheit selbst kann von nahezu vollständig - hier hat der ursprüngliche Bewohner des Körpers seine Identität fast völlig verloren - bis zu einem sehr geringen Einfluß reichen. Zu den Faktoren, die das Ausmaß der Besessenheit bestimmen, gehören die innere Stärke des Individuums, verglichen mit der des besetzenden Geistes, sowie Bedingungen, die den Besessenen schwächen, wie Streß, Drogenmißbrauch, Krankheit etc.

Je mehr der Betroffene die Kontrolle über sein Bewußtsein aufgibt, desto größer wird der Einfluß der ihm anhaftenden Geister. Wenn der Besessene trinkt, besonders, wenn er betrunken wird, gibt er unwissentlich die Kontrolle an die Wesenheiten ab. Blackouts sind Beispiele einer totalen, wenn auch vorübergehenden Kapitulation des Bewußtseins. Deshalb sagen andere: »Er ist ein völlig anderer Mensch, wenn er betrunken ist.« Das ist er tatsächlich! Seine Identität ist während dieser Zeit gleich null.

ALTER, IN DEM DIE BESESSENHEIT AUFTRITT

Einer der wichtigsten Faktoren bei der Besessenheit ist das Alter, in dem sie auftritt. Viele meiner Patienten wurden bereits als kleine Kinder besetzt, vor allem nach Krankenhausaufenthalten, zum Beispiel bei Mandeloperationen, oder während schwerer Krankheiten. Sich in diesem zarten Alter einen Geist einzufangen und damit aufzuwachsen machte es für die Besessenen nahezu unmöglich, die Grenze zwischen ihrer eigenen Persönlichkeit und der ihrer Besetzer zu ziehen. Ich höre Kommentare wie: »Ich hatte immer ein heftiges Temperament«, und: »Meine Mutter erzählt, ich hätte bereits als Kleinkind Kopfschmerzen gehabt.« Tritt die Besessenheit in den ersten Lebensjahren auf, hat der Besessene später oft Angst davor, die Geister zu verlieren, weil er fürchtet, daß »nichts zurückbleibt«, oder: »Ich werde nicht mehr wissen, wer ich bin«, oder: »Ich werde einsam sein!«

Die Besessenheit schwächt die Aura des Kindes und macht es für weitere Besessenheit auffällig. Meine Erkenntnisse zeigen, daß Menschen, die früh im Leben besetzt wurden, als Erwachsene ausnahmslos mehrfach besessen sind - wobei jedes Wesen die Vollständigkeit und den Schutz der Aura weiter mindert.

Kommt es aber zur Besessenheit, wenn die Individuen älter sind, werden die Unterschiede zwischen »vorher und nachher« deutlicher wahrgenommen. In diesen Fällen äußerten Patienten Sätze wie: »Seit dem Unfall war ich nicht mehr derselbe«, oder: »Ich war immer ein glückliches Kind und auf der Highschool beliebt; dann, vor drei Jahren, begann ich mich zurückzuziehen und versank in diese schwarzen Stimmungen.« Besonders häufig sind Bemerkungen wie: »Das bin ich einfach nicht«, »Ich würde so etwas nie tun - aber ich habe es getan«, »Mein Mann sagt, ich sei wie zwei verschiedene Personen«, oder: »Ich glaube, ich habe eine multiple Persönlichkeit.«

BESESSENHEIT DURCH GEISTER DES ANDEREN GESCHLECHTS

Wenn Menschen von Geistern des anderen Geschlechts besetzt sind, scheint ihr Hormonsystem beeinflußt zu werden - immer negativ.

In einigen Fällen verschwand das prämenstruelle Syndrom unmittelbar nach einem erfolgreichen Clearing. Bei vielen Patienten war diese Art von Besessenheit ein Grund für einen verminderten Geschlechtstrieb.

Besessenheit durch Geister des anderen Geschlechts führt oft zu Spannung und Distanz zwischen Partnern. Häufig mögen die Geister den Partner nicht oder hassen ihn sogar! Da die Besessenen diese Gefühle für ihre eigenen halten, sind Zerrüttung und Zerstörung der Beziehung die Folge. In einem meiner aktuellen Fälle wurde eine Patientin, die von einem extrem zornigen jungen Drogensüchtigen besetzt war, ihrem Ehemann gegenüber zunehmend feindseliger. Die Beziehung verschlechterte sich derartig, daß sich die Ehepartner trotz meines Abratens trennten und schließlich scheiden ließen.

Probleme mit der sexuellen Identität werden oft durch ein andersgeschlechtliches Wesen verursacht, das den Körper des betreffenden Menschen besetzt hält.

Vielfalt der Auswirkungen

PHYSISCHE SYMPTOME

Der eigentliche Akt der Besessenheit selbst erzeugt bei dem Betroffenen Müdigkeit, manchmal Erschöpfung. Alle besessenen Patienten, die ich behandelt habe, bemerkten eine Abnahme ihres Energieniveaus. Gewöhnlich höre ich: »Ich bin erschöpft, wenn ich von der Arbeit nach Hause komme«, »Ich gehe um 20.30 Uhr ins Bett - früher war ich bis 23 Uhr auf.« Ich betrachte diesen Energieverlust als ein Resultat der Geister, die selbst ein sehr schwaches Energiesystem haben. Sie saugen buchstäblich die Energie ihres Wirts ab. Ich erkläre es den Patienten so: »Es ist wie eine Batterie, die für eineinhalb Autos herhalten muß. Der Geist hat keinen Körper, darum braucht er nicht so viel Energie wie Sie, aber seine Verwirrung und seine Gedanken verbrauchen Energie, darum entzieht er Ihnen Ihre.«

Geister scheinen vom Zustand ihres physischen Körpers im Augenblick ihres Todes geprägt zu sein und diese Prägung zu behalten. Dies beeinträchtigt den lebenden Organismus des Besessenen. Der esoterischen Lehre zufolge beeinflussen die niederen Astralkörper der Geister die ätherischen Körper der Lebenden, was zu einer Vermischung der beiden führt. Dadurch entsteht eine Blaupause für die physischen Körper. Später manifestieren sich in ihnen einige der früheren physischen Eigenschaften der Besetzer.

Darum kann Besessenheit zu physischen Symptomen aller Art führen. Dazu gehören Schmerzen, am häufigsten Kopfschmerzen, einschließlich Migräne; ferner das prämenstruelle Syndrom mit Ödemen (Wassersucht), Krämpfe, Energiemangel oder Erschöpfung, Schlaflosigkeit, Fettleibigkeit mit daraus entstehendem hohen Blutdruck, Asthma, Allergien etc.

Sally, eine Patientin, litt unter schweren Hitzewallungen, die plötzlich aufgetreten waren, obwohl der Beginn ihrer Menopause bereits mehrere Jahre zurücklag. Sie wurde so geplagt, daß sie ihr Nachthemd und die Laken wegen heftiger Schweißausbrüche jede Nacht mehrmals wechseln mußte. Schlimmer noch, sie konnte nicht mehr bei ihrem Mann schlafen, da er zuviel zusätzliche Hitze erzeugte. Wir fanden heraus, daß sich vor kurzem, bei Beginn der Menopause, ein Geist an sie geheftet hatte, der glücklicherweise ohne Zögern ging, als er über seinen wahren Zustand aufgeklärt wurde. Sally war sofort von ihren Symptomen befreit, sehr zur Freude ihres Mannes!

Eine andere Patientin berichtete, daß ihr Ischiasleiden, an dem sie mehr als fünfzehn Jahre gelitten hatte, nach der Befreiung von einem Geist verschwand. Die Identität des Geistes wurde nicht geklärt; wir können daher nur vermuten, daß er oder sie Ischiasprobleme hatte.

Chronische Nackenschmerzen und Depressionen klangen völlig ab, nachdem der Geist, der sich im Gefängnis selbst erhängt hatte, von seinen Angehörigen in die geistige Welt mitgenommen wurde. Mein Patient fühlte sich physisch und emotional zum ersten Mal seit Jahren wohl.

Einige Patienten fühlten sich gründlich benommen, betrunken oder hatten einen Kater. Erst nach erfolgreichem Clearing erkannten sie, wer dafür verantwortlich gewesen war - und sie wurden ihre Symptome endlich los.

Besessenheit durch einen Geist, der im späteren Lebensalter gestorben ist, führt oft zu Symptomen, die bei älteren Leuten üblich sind, wie verschwommenes Sehen, Schmerzen und allgemeine Müdigkeit.

Eine Frau in den Zwanzigern hatte wegen intensiver Unterleibsschmerzen und dem Gefühl, alt und klapprig zu sein, mehrere Jahre medizinische Hilfe in Anspruch genommen. Sie wurde diese Beschwerden nicht eher los, bis wir sie von einem Geist befreiten. Der Geist war die frühere Besitzerin des Hauses, die im Schlafzimmer meiner Patientin - ihrem Schlafzimmer - im Alter von siebenundsiebzig an Darmkrebs gestorben war.

Wie ich bereits zuvor gesagt habe, ist es, wenn Sie ein physisches Problem haben, unbedingt erforderlich, Ihren Hausarzt zu konsultieren. *Clearing sollte kein Ersatz für ärztliche Betreuung sein!*

MENTALE PROBLEME

Eine Vielzahl von mentalen Problemen ist auf die Intervention von Geistern zurückzuführen. Am weitesten verbreitet ist Konzentrationsmangel - »Fahrigkeit«, wie ein Patient es ausdrückte. Ein anderer meinte: »Mein Geist hat kleine Aussetzer - wie eine Nadel auf einer zerkratzten Schallplatte«, und: »Ein Teil schottet sich ab, wird zum blinden Fleck!« Etwas vergessen, das man getan oder gesagt hat, eine Ausfahrt auf der Schnellstraße verpassen - das alles ist typisch. Gelegentlich bedeutet das »Vergessen« eines Therapietermins sogar den Widerstand des Wesens gegen seine Befreiung. Dies ist besonders offensichtlich, wenn wir es mit widerspenstigen Wesen zu tun haben.

Manchmal ist der Grund für das Vergessen, daß zwei oder sogar mehr Leute denselben Körper bewohnen, die alle von Zeit zu Zeit »ihr Ding machen«. Der anhaftende Geist will vielleicht Eiscreme, und die Patientin kommt dem Wunsch nach, kann sich jedoch, die Hand an der Tür des Eisfachs, nicht mehr erinnern, was sie wollte. Dies hängt natürlich davon ab, wie die beiden miteinander interagieren. Übernimmt der eine die Kontrolle und der andere zieht sich stufenweise zurück, kommt es zu diesem Verhalten. In anderen Fällen werden die Gedanken des Geistes aufgegriffen und von dem Besessenen ohne Bewußtseinsunterbrechung übernommen.

Einige Patienten bemerkten, daß sie früher eine Begabung auf einem bestimmten Gebiet besaßen, zum Beispiel für Mathematik oder Rechtschreibung, jetzt aber darin versagen. Ein extremes Beispiel dafür, wie Geister Verstandesfunktionen beeinträchtigen, ist der Fall von Tony, der in Kapitel 7 geschildert wird. Sie werden sehen, wie er nach einem brillanten Start fast aus dem College geflogen wäre.

EMOTIONALE PROBLEME

Wenn Besessenheit im Spiel ist, sind auch stets die Gefühle mit beeinträchtigt. Ängste und Phobien wurden in vielen Fällen auf die Besetzer zurückgeführt, obwohl die Patienten anfänglich Verantwortung für die Reaktionen übernehmen. Ich höre oft Kommentare wie: »Ich bin immer gerne Auto gefahren, aber wenn ich mich heute der Schnellstraße nähere, werde ich verrückt!« Oder: »Ich habe mich immer auf unsere wöchentliche Sitzung gefreut, doch unterwegs wurde ich fast ohnmächtig und konnte mich später kaum bremsen, das Wartezimmer nicht zu verlassen! Das kann nicht ich sein!« Ein Gespräch mit den furchterfüllten Geistern offenbarte, wer die Ängstlichen wirklich waren.

Phobien haben häufig eine logische Verbindung zu den tatsächlichen Umständen der früheren Todeserfahrung, an die sich die Wesen lebhaft erinnern. Sobald sich der Mensch, an den sie sich heften, in einer ähnlichen Situation befindet, kommen die ursprünglichen Ängste zurück und der Besessene, der dies spürt, hält sie für seine eigenen Reaktionen, ohne zu merken, daß er nicht mehr sein eigener Herr ist.

Dies war der Fall bei Lynn, einem bekannten Medium und einer besonders sensitiven Patientin, die nicht verstehen konnte, was mit ihr geschehen war. Unmittelbar nach einer Operation war sie sieben Jahre lang unfähig, ein Auto zu steuern, weil Gefühle von Panik sie überkamen. Wenn jemand anders am Steuer saß, war sie frei von Angst, es sei denn, er fuhr auf dem nahegelegenen Highway hoch über der Küste. Dieser Zustand war extrem verwirrend für sie, zumal Autorennen früher eines ihrer Hobbys gewesen war.

Unter Hypnose stellte sie sich mit Leichtigkeit auf den Geist einer jungen Frau ein, die sich wegen einer in die Brüche gegangenen Romanze umgebracht hatte, indem sie sich mit ihrem Auto spontan von genau diesem Highway gestürzt hatte. Sie hatte schreckliche Angst, als sie in den Ozean unter ihr abstürzte. Ihr Körper wurde in dasselbe Krankenhaus gebracht, in dem Lynn lag. Der Geist, den die Kälte des Leichenschauhauses abschreckte und der verwirrt und verängstigt war, wanderte zu einem oberen Stockwerk und in Lynns Zimmer, wo er sich bald an sie heftete.

Selbst wenn wir versucht hatten, ein verängstigtes Wesen von einem Patienten zu befreien, der annahm, besessen zu sein, hatte dieser beim Erleben eines Panikanfalls Probleme, diesen als nicht zu ihm gehörig abzulehnen. Je mehr der Patient daran glauben konnte, daß die Panik nicht seine, sondern die seines »Geistes« war, desto schneller konnte er den Anfall unter Kontrolle bringen.

Depressionen waren oft auf verzweifelte Geister zurückzuführen, die nicht erkannten, daß sie tot waren. Wie in Kapitel 5 erklärt, blieben einige nach einem Selbstmord an die physische Welt gebunden, weil sie Angst hatten, in die Hölle zu kommen. Viele waren so depressiv, daß sie ihre geistigen Helfer und Angehörigen überhaupt nicht wahrnahmen. Da sie immer noch den Hang zum Selbstmord hatten, stellten sie für das bloße Leben der Besessenen eine echte Bedrohung dar! Rückführungen in frühere Leben zeigten, daß diese verwirrten Wesen ihre Wirtspersonen manchmal in den Selbstmord getrieben hatten.

DROGEN- UND ALKOHOLABHÄNGIGKEIT

Neben der Depression ist das verheerendste Symptom der Besessenheit Drogen- und Alkoholmißbrauch. Wenn süchtige Geister erst einmal Eingang finden, haben sie ihre Opfer buchstäblich im Würgegriff. Ihre Wirtspersonen interpretieren dann den Impuls, Drogen zu nehmen, als ihren eigenen. Unter dem Einfluß des Stoffs geben sie die Kontrolle über ihr Leben noch mehr auf. Dies erlaubt es den Geistern - gewöhnlich gibt es mehrere Besetzungen -, nach Herzenslust zu schwelgen. *Sie* müssen ja nicht den Preis für zerbrochene Beziehungen, zerstörte Gesundheit, den Verlust von Arbeitsplätzen und den noch größeren Verlust des Selbstwertgefühls und der Selbstachtung zahlen. Die Aura wird durch andauernden Drogengebrauch sehr geschwächt und ermöglicht anderen Wesen, die eine Marionette, einen leicht zu besiegenden Gegner oder eine »leichte Beute« suchen, den Zugang.

Weil die ursprüngliche Persönlichkeit von den süchtigen Geistern kontrolliert wird, ist die Therapie sehr schwierig - die Wesenheiten sind natürlich nicht motiviert, sich helfen zu lassen! In ihrer Unwissenheit wollen sie eine »gute Sache« nicht aufgeben. Glücklicherweise bin ich in vereinzelt in der Lage gewesen, Patienten zu helfen, sich von ihrer Versklavung zu befreien - nach nur ein oder zwei Sitzungen! Normalerweise ist es jedoch ein langer Kampf, bei dem der Patient oft unterliegt und die Behandlung abbricht.

Diese Art von Besessenheit kann lebensbedrohlich sein - durch eine fatale Überdosis oder einen Autounfall. Viele meiner Patienten sind nur knapp dem Tod entkommen, wie das folgende Beispiel verdeutlicht.

Glen, ein Börsenmakler Mitte Fünfzig, suchte Hilfe, weil er seit zwanzig Jahren unter starker Schlaflosigkeit litt. Das weitere Gespräch offenbarte ein schweres Alkoholproblem, das vor vier Jahren plötzlich aufgetreten war. Nach ein paar Sitzungen entdeckten wir eine alkoholsüchtige Wesenheit namens John, die sich während eines Krankenhausaufenthaltes vor vier Jahren an Glen geheftet hatte. Offenbar ging John mit seiner Frau nach einem unkomplizierten Clearing.

Ein paar Tage später rief Glen an, um einen dringenden Termin zu vereinbaren, wobei er meiner Sekretärin eindringlich erklärte, daß er nicht bis zu seiner nächsten planmäßigen Therapiestunde warten könne.

Als er am nächsten Tag in meine Praxis kam, sah er schrecklich aus! Im Entspannungsstuhl brach er zusammen und stieß hervor: »Zum ersten Mal seit zwanzig Jahren habe ich die Nacht durchgeschlafen - die Nacht unseres Termins! Doch als ich am Morgen aufwachte, fühlte ich mich krank! Ich schaffte es kaum bis zur Küche, um mir einen Kaffee zu machen. Mein Kopf brachte mich um! Ich konnte es nicht glauben! Dort auf der Theke war der Wodka. Ein ganzer Liter - leer! Die Flasche war am Abend noch zu. Ich muß sie ausgetrunken haben. Daneben ein Kilo Hüttenkäse - alles weg, nicht ein Krümel mehr! Ich kann es nicht fassen. Ein Wunder, daß ich nicht tot bin! Gottseidank habe ich wenigstens den Hüttenkäse gegessen. Und, wissen Sie was: Ich erinnere mich an rein nichts!«

Glen fuhr fort und erzählte mir, daß er danach verwirrt und extrem depressiv gewesen sei. Er hatte Angst, mich wiederzusehen, und sagte sofort seinen nächsten Termin ab. Dann überlegte er und fragte sich, ob John wirklich gegangen war. Er griff zum Hörer und bat darum, mich so schnell wie möglich zu sehen.

Unter Hypnose wurde deutlich, daß John nicht ins Jenseits hinübergegangen war, sondern Glens Aura nur zeitweilig verlassen hatte. Er formulierte es so: »Ich wurde entdeckt und fühlte mich umzingelt.« Er gab zu, daß das Clearing ihn zutiefst aufgeregt hatte. Er brauchte nicht lange, um in Glens Körper zurückzuschlüpfen.

»Er schlief, doch ich nicht. Alles was ich wollte, war ein Drink! Ich war in Panik! Ich ging in die Küche hinunter und trank den Wodka. Dann dachte ich, ich könnte uns umbringen! Deshalb aß ich den Hüttenkäse.«

Nachdem ich John beruhigt hatte, wurde ein weiteres Clearing versucht. Dieses Mal stellte ich sicher, daß seine verstorbene Frau ihn fest bei der Hand nahm, und er ging schließlich mit ihr. Es funktionierte! Glen verlor von diesem Punkt an jegliches Verlangen nach Wodka.

NIKOTINSUCHT

Anders als Drogenmißbrauch verursacht Nikotinsucht eine weniger starke Schwächung der Aura und keine Bewußtseinstrübung. Die Auswirkungen sind geistig und emotional weniger zerstörerisch, doch sie beeinträchtigen die Gesundheit des Individuums. Ich habe Menschen behandelt, die sich über Lungenerweiterung oder drohenden Lungenkrebs beklagen und demnach allen Grund haben, mit dem Rauchen aufzuhören, es jedoch nicht können. Die süchtigen Wesen kümmern sich keinen Deut um die Gesundheit ihres Wirts. Sie können sich ja einen anderen «Sündenbock» suchen, wenn ihr Wirt stirbt. Wie erleichtert sich die Patienten fühlen, wenn die Geistbefreiung erfolgreich war! Sie haben sofort kein Verlangen mehr zu rauchen und sind frei von jeglichen Entzugserscheinungen.

GEWICHTSPROBLEME

Eines der häufigsten Probleme, mit denen Therapeuten (medizinische und psychologische) täglich zu tun haben, ist Übergewicht oder Fettleibigkeit. Offenbar ist Besessenheit nur eine der vielen Ursachen dieser wachsenden Gesundheitsplage.

Ich hatte Patienten, deren Gewichtsprobleme durch Geister verursacht wurden. Diese Wesen waren nicht nur verantwortlich für die Gewichtszunahme, sondern hatten weder Interesse an einer Diät noch daran, ihre Lust am Essen aufzugeben. Manchmal war das Problem schnell erkannt, wenn die Gewichtszunahme zum Beispiel kurz nach einem Ereignis auftrat, das Besessenheit besonders leicht möglich machte: nach einer Operation, dem Tod eines geliebten Menschen etc.

Sylvia, eine sympathische Frau in den Vierzigern, war überglücklich, als ihr langjähriges zwanghaftes Verlangen nach Süßigkeiten - die Ursache ihres chronischen Gewichtsproblems - nach unserer ersten Sitzung verschwand, in der ich ein Clearing durchgeführt hatte. Zu Beginn unseres zweiten Treffens erklärte sie: «Ich habe überhaupt keine Lust mehr auf Süßigkeiten. Ich kann es nicht glauben! Sie können sich nicht vorstellen, wie sehr diese Sucht mein Leben bestimmte. Ich konnte an nichts als an Süßigkeiten denken - und wenn ich sie dann hatte, befriedigten sie mich nicht -, ich mußte all meine Kräfte zusammennehmen. Und so ging es mir seit jeher! Jetzt denke ich nicht einmal mehr daran!» Geister bringen ihre Süchte mit!

Ein Verlangen nach Schokolade verschwand, als auch der verstorbene Schwiegervater meiner Patientin, der sie seit seinem Tod besessen gemacht hatte, verschwand. Er war in der Familie als «Schokoholik» bekannt gewesen!

Eine andere Patientin berichtete, an dem Morgen, an dem sie ernsthaft mit einer Diät beginnen wollte, habe eine Stimme in ihr gesagt: «Ich werde nicht zulassen, daß du Diät hältst. Vergiß es! Ich habe das Sagen.» Die anhaftende weibliche Entität, die sie viele Jahre lang beherrscht hatte, ging erst, als ich sie davon überzeugte, daß sie in der geistigen Welt alles essen könne, was sie wolle. Der Drang zur Völlerei verschwand mit ihr.

BEZIEHUNGSPROBLEME

Auch Beziehungen können durch Besessenheit stark in Mitleidenschaft gezogen werden, wenn ein ungeahntes Dreiecksverhältnis - oder mehr - im Spiel ist. Ein bösartiges Kind beherbergt vielleicht einen bösartigen Geist, dessen Werte von denen der Familie des Kindes verschieden sind. Ein Ehemann könnte in Beziehung mit dem männlichen Geist stehen, der sich an seine Frau geheftet hat. Das Wechselspiel der beteiligten Geister zwischen Eheleuten oder Partnern führt oft zu unberechenbarem Verhalten auch in der sexuellen Beziehung. Sogar die Beziehung zwischen Angestellten und Vorgesetzten kann aus demselben Grund gestört werden, wie die Fallstudie von Anne in Kapitel 8 zeigt.

SEXUELLE PROBLEME

Da viele Geister alt waren, als sie starben, erleben die Menschen, an die sie sich heften, häufig Symptome des Alterns, einschließlich einer merklichen Abschwächung ihres Geschlechtstriebes.

Sexuelle Probleme sind Teil des Repertoires, das viele Wesenheiten mit sich bringen. Ihre Schwierigkeiten und Neigungen treten zutage, wenn die Besessenen sich sexuell betätigen. Im Extremfall können diese sogar davon abgehalten werden, sich ihren Partnern zu nähern! Dies war bei Paolo der Fall, über den Sie in Kapitel 11 lesen werden.

Einer der Gründe für Homosexualität ist Besessenheit durch Geister des anderen Geschlechts. Beginnt die Besessenheit vor der Pubertät, wird die heterosexuelle Entwicklung oft unterbrochen, und die Betroffenen wachsen heran in dem Glauben, daß sie sich Geschlechtspartner vom gleichen Geschlecht wünschen, während es in Wirklichkeit ihre Geister sind, die ihre Wahl bestimmen. Alle homosexuellen Patienten, bei denen ich eine Geistbefreiung durchgeführt habe, hatten mindestens eine äußerst dominierende Entität vom anderen Geschlecht in sich, die die sexuelle Vorliebe bestimmte. Häufig erzählen diese Patienten von einem Gefühl, als ob sie in einem Körper des falschen Geschlechts «gefangen» seien.

Der Geist versucht verzweifelt, den Körper des Besessenen dem des Verstorbenen so weit wie möglich anzupassen, was manchen Homosexuellen dazu bringt, eine irreversible Geschlechtsumwandlung vornehmen zu lassen.

Ich habe eine Reihe von Transvestiten behandelt, *alle* waren von einem Geist des anderen Geschlechts besessen. Sie waren es, die die Kleider kauften und sich nach ihrem Geschmack ausstaffierten, sehr zur Verwirrung und Verlegenheit ihrer Opfer.

Dieses Kapitel hat Ihnen einen Überblick darüber vermittelt, wie Geister, die sich an Lebende heften, deren Leben beeinträchtigen können. Sie sehen, wie kastrophal und manchmal fatal die Auswirkungen von Besessenheit sein können.

Die nächsten fünf Kapitel - jedes eine vollständige Fallstudie - vermitteln einen tiefen Einblick in die Ursachen von Besessenheit und ihre verherrenden Folgen. Ich werde Ihnen zeigen, wie Clearing diesen Menschen half - den Besessenen ebenso wie ihren Besetzern.

Ich habe diese Beispiele aus meinen Akten über Hunderte von Patienten ausgewählt, um Ihnen eine Vorstellung von den Qualen zu geben, die auf eine Besessenheit folgen, geschildert von den Menschen, die ahnungslose Opfer von Geistern waren - meisten gegen ihren Willen.

7

Fallstudie Tony

Tony betrat meine Praxis zaghaft, seine breiten Schultern hingen herunter, als ob er an einer erdrückenden Last zu tragen hätte. Er sank in den Stuhl und sah, obwohl er einen jugendlichen, wohlgeformten Körper hatte, erschöpft aus. Ohne diesen Ausdruck wäre er der Inbegriff von Gesundheit gewesen und attraktiv genug für einen Filmstar. Dickes, schwarzes, lockiges und gut gepflegtes Haar rahmte ein hübsches, zerfurchtes Gesicht ein, das seine italienische Abstammung nicht leugnen konnte, mit finsterem Blick suchte er nach den richtigen Worten, um seine Gefühle auszudrücken, und begann: »Mein ganzes Leben hat sich verändert, und ich habe große Angst! Früher war ich der Beste, und nun versage ich dauernd - ich bin auf fünf und sechs abgerutscht! Ich falle auf dem College durch. Meine ganze Zukunft geht den Bach hinunter! Ich weiß nicht, was los ist.«

In den letzten vier Monaten sei er unfähig gewesen, sich zu konzentrieren oder sich überhaupt an das Material zu erinnern, das er gerade gelesen habe. Schlimmer noch, es fiel ihm schwer, den Lehrstoff überhaupt zu begreifen, während er früher von der Materie fasziniert gewesen war und an der Spitze seiner Klasse gestanden hatte. Er wollte Arzt werden. Nun fragte er sich, ob er sein Leben als Arbeiter würde verbringen müssen.

Dr. Adams, ein Onkologe und Freund der Familie, hatte Tony geholfen, sich zu dieser Therapie zu entschließen. Zwischen den beiden bestand eine enge Beziehung, und nach seiner Beschreibung schien Dr. Adams ein sehr ungewöhnlicher Arzt zu sein. Er konnte die Aura sehen und dank seiner Intuition in den Menschen wie in einem Buch »lesen«. Er hatte auch starke Fähigkeiten zu heilen, die er unauffällig einsetzte, wenn er seine

Patienten während der körperlichen Untersuchung berührte. Tony vertraute mir an, daß sich sein Freund während dieser viermonatigen Phase große Sorgen um ihn gemacht und ihn ermutigt habe, mich aufzusuchen.

»Tony, für jedes Problem gibt es eine Lösung. Wenn wir Rauch sehen, wissen wir, daß irgendwo ein Feuer ist. Unsere Aufgabe ist es, das Feuer zu finden - und es zu löschen! Kannst du dich erinnern, wann genau dieses Problem auftrat?«

»Ich weiß nicht. Eines Tages war ich anders! Ich dachte, es wäre der Streß, weil ich nur noch ein paar Monate bis zur Abschlußprüfung hatte und mir Sorgen machte, ob ich von einem College aufgenommen werden würde. Dann gab es all den zusätzlichen Druck durch Prüfungen und Referate. Es schien alles auf einmal zu kommen.«

Er fügte hinzu, daß er Probleme mit seiner Freundin hatte: »Die kleinste Sache bringt mich zum Explodieren! Wenn ich bei ihr bin, bin ich meistens gereizt. Ich verstehe das nicht - wir kamen früher wunderbar miteinander aus. Sicher, ich habe mich oft über dieses oder jenes geärgert, aber das waren Kleinigkeiten, die ich einfach abgeschüttelt habe - sie berührten mich nicht. Jetzt habe ich Angst, daß ich alles kaputt mache, wenn das so weitergeht.«

Nachdem ich mir ein paar weitere Bereiche seines Lebens angeschaut hatte, war es an der Zeit, auf das Thema Besessenheit zu kommen. Alles schien in diese Richtung zu deuten: die Plötzlichkeit, mit der seine Symptome einsetzten, das uncharakteristische Verhalten und die Lernprobleme, seine Unfähigkeit, sich zu konzentrieren, den Lehrstoff aufzunehmen und sich zu erinnern. Es sah nach Geistern aus, deren Alter oder geistige Entwicklung einen Zugang zum College verhindert hatten.

Ich erzählte Tony von meiner Vermutung, daß er vielleicht eine oder mehrere Wesen in sich hätte, die sein Leben komplizierten. Er akzeptierte die Vorstellung sofort und willigte bereitwillig in ein Clearing ein.

Ich bereitete ihn auf die Hypnose vor, beantwortete ein paar Fragen und deckte ihn mit der lavendelfarbenen Decke zu, die ich bei meinen Patienten benutze, während er sich in dem Stuhl ausstreckte, der jetzt herunterklappte.

Er entspannte sich sofort, als ich begann, die Hypnose einzuleiten. Langsam schienen sein Körper und seine Gesichtsmuskeln alle Spannung loszulassen, die ich vorher beobachtet hatte.

Nachdem ich mich versichert hatte, wie *er* auf Hypnose reagierte, sprach ich die Wesen an, die möglicherweise bei ihm waren. Plötzlich wurde sein Körper steif, sein Gesicht verzerrte sich, und er begann sich zu schütteln. Als ich seinen Geistern sagte, daß ihre Angehörigen hier seien, um ihnen zu helfen, und sie mit ihnen in die geistige Welt gehen sollten, hoffte ich auf die körperlichen Veränderungen meines Patienten als Beweis, daß die Besetzer gegangen waren. Statt dessen drückten sein Körper und sein Gesicht noch größere Angst aus. Offenbar war jemand stark verängstigt und brauchte zusätzliche Hilfe.

»Sag mir, was du wahrnimmst, Tony.«

»Ein junges Mädchen, vielleicht zwölf. Ich habe sie einmal bei einem Unfall gesehen. Sie will mit einer älteren Frau gehen, die gekommen ist, um sie abzuholen ... aber sie hat Angst - weiß nicht, was sie erwartet.«

Ich sprach dann direkt mit dem Mädchen und zeichnete ein Bild von der geistigen Welt, dem perfekten geistigen Körper und den Freunden, die sie haben würde.

»Sie will *mich* nicht verlassen.«

»Sag ihr, daß du sie nicht mehr willst.«

Es gab eine lange Pause, dann entspannte sich sein Körper, und er lächelte übers ganze Gesicht.

Ich gab ihm Suggestionen, aus der Trance zu kommen, und fragte ihn, was passiert war.

»Zunächst war ich wirklich verärgert und sagte im Geiste: ›Geh jetzt hier raus! Geh einfach!‹ Und ich spürte ein: ›Nein, ich will nicht!‹ Es kam automatisch. Und dann sprach ich mit ihr wie mit einem Kind: ›Du mußt gehen. Es wird gut für dich sein.‹

Dann konnte ich spüren, daß sie es akzeptierte und ging. Und ich fühle mich irgendwie leicht und wirklich gut. Ich habe das Gefühl, weitermachen zu wollen und wieder mit der Schule zu beginnen - ich will jetzt alles aufarbeiten.«

Um mehr über seine Anfälligkeit für Geister zu erfahren, beschloß ich, ihn zu der Zeit zurückzuführen, als der Geist sich an ihn heftete. Ich begann, die Hypnose einzuleiten, und er fiel in tiefe Trance. Nachdem ich ihm suggeriert hatte, zu dem Zeitpunkt zurückzugehen, kurz bevor das Wesen sich beim ihm einnistete, erinnerte er sich, während einer Collegepause

Dr. Adams in seiner Praxis besucht zu haben. Er las in einer Zeitschrift im Wartezimmer, als seine Aufmerksamkeit nach draußen gelenkt wurde.

Tony: Ich höre ... ein Geräusch. Es ist wie ein Knall, es könnte ein Autounfall sein, doch ich habe keine quietschenden Reifen gehört. Ich höre dieses Mädchen sagen: ›Oh mein Gott! Oh mein Gott! Hilf mir! Hilf mir!‹ Ich drehe mich um und sehe nach draußen ..., jemand läuft über die Straße, vor und zurück. Ich stehe auf, laufe ins Vorzimmer ... und bitte die Sekretärin, die Straßenwacht anzurufen und ihr den Unfall zu melden ... und einen Krankenwagen zu bestellen.

Ich renne nach draußen. Es regnet. Ich laufe um das Gebäude herum auf die Straße ..., immer noch rennt das Mädchen hin und her. Ich halte auf der Straße an, um mich zu versichern, daß keine Autos kommen ..., ein Lastwagen fährt vorbei, und dann gehe ich hinüber. Zwei Leute stehen dort ..., ein Mann auf der linken Seite und eine ältere Dame auf der rechten ..., und da liegt ein Körper auf der Straße.

Und zuerst sah es aus, als ob es eine alte Dame wäre ..., ein Herr kniet nieder ..., und überall auf dem Pflaster ist Blut. Ich gehe hinüber ... und denke, ich sollte hingehen und ihr helfen. Aber ich will sie nicht berühren. Ich fühle mich schrecklich hilflos ... Ich will es nicht sehen ... Ich will nicht sehen, wie sie aussieht ..., wegen des Bluts ..., es war direkt um ihren Kopf herum. Doch ich will dem Mädchen helfen. Ich habe das Gefühl, daß ich etwas tun *muß*!

Also gehe ich hinüber, sitze einfach da und schaue sie an ..., und ich sehe, wie der Krankenwagen kommt ..., und ich gehe weg. Ich empfinde Erleichterung, daß jemand da ist, um zu helfen. Und ich gehe zurück in das Gebäude ... Ein paar Minuten vergehen ..., und dann gehe ich wieder nach draußen, stehe auf der anderen Straßenseite ... und beobachte, wie sie das Mädchen aufheben. Ich sehe ihre Beine, die einfach herunterhängen, und ich fühle mich schrecklich aufgeregt! Sie legen die Kleine auf die Bahre, und all das Blut darauf wird ziemlich schnell aufgesogen. (Lange Pause.)

Jetzt sehe ich mich ... Als ich in der Zeitung lese, daß sie tot ist, trifft es mich, als würde ich gegen eine Wand laufen. Und ich sehe mich, wie ich meinen Eltern von ihr erzähle, und ich bin darüber *so* erregt!

Dr. Fiore: Geh jetzt genau zu dem Moment, in dem ihr Geist sich an dich heftete.

Tony: Ich fühle, daß es zwei Zeiten gab! In der einen Zeit ... stehe ich auf dieser Straße ... Ich habe das Gefühl, daß ich der einzige war, der annähernd begriff, was mit ihr geschah, und sie riß mich an sich. Und der andere Moment war, als ich die Zeitung las und erfuhr, daß sie im Krankenhaus gestorben war. (Lange Pause.) Ich fühle mich wieder angespannt. Gott, ich fühle mich wie kurz vor dem Unfall. Ich warte nur darauf, daß es geschieht. Jetzt fühle ich, wie ich mich in meinem Auto überschlage. Ich blende zurück zu dem Mädchen, als es angefahren wurde ...

Das ist jetzt etwas völlig anderes. Ich sehe mich, wie ich mit sechzehn vor langer Zeit im Krankenhaus war, in der Notaufnahme. Eine alte Dame wurde hereingebracht. Ich hörte, wie die Ärzte sagten, sie hätte einen Herzanfall. Sie versuchten, ihr zu helfen, doch sie starb in dem Bett neben mir. Dann machte jemand einen Witz über sie, und ein anderer sagte: »Na, die ist hinüber!« Ich weiß nicht, warum ich mich daran erinnere. Es beunruhigte mich! (Lange Pause.)

Dr. Fiore: Sprich einfach aus, was immer dir in den Kopf kommt.

Tony: Ich glaube, die Frau, die gestorben ist, gehört zu den Leuten, die immer versuchen, andere runterzuziehen. Ich habe das Gefühl ..., es ist fast als ob ... sie wußte, daß ich dort war. Und sie wollte mich runterziehen, indem sie tat, was das andere Mädchen mit mir gemacht hat.

Dr. Fiore: Indem sie dich besetzte?

Tony: Ja. Das ist es, was passierte.

Dr. Fiore: Glaubst du, daß sie beim Clearing gegangen ist?

Tony: Nein. Ich kann sie jetzt bei mir fühlen. (Lange Pause.)

Weißt du, es ist fast so, als ob sie nicht die ganze Zeit bei mir wäre. Es ist sehr seltsam, denn jetzt erinnere ich mich deutlich, wann das geschah.

Und ich habe immer das Gefühl ..., daß sie kommt und geht. Und ich mochte dieses Gefühl nicht, denn ich spürte, daß ich keine Kontrolle darüber hatte. Ich fühlte mich zu diesen Zeiten völlig antriebslos! ... Wenn sie da war. (Lange Pause.) Das macht jetzt Sinn. (Lange Pause.) Ich fühle mich immer noch ein wenig verwirrt.

Dr. Fiore: Ich werde jetzt mit ihr sprechen. (Pause.) Erinnerst du dich daran, als du einen Herzanfall hattest? Vielleicht weißt du gar nicht, daß du einen hattest. Nun, dein physischer Körper starb damals im Krankenhaus. Dieser junge Mann war damals dort. Er war verletzt und lag im Bett neben dir. Aus irgendeinem Grund bist du zu ihm hinübergegangen ..., und bist seitdem bei ihm geblieben.

Leicht überzeugte ich den Geist zu gehen, besonders, nachdem ich ihm einen jungen gesunden Körper angeboten hatte, der seine Zwecke beim Aufenthalt in der geistigen Welt erfüllen würde.

Sobald Tony aus der Hypnose erwachte, reckte und streckte er sich und berichtete dann: »Sie wurde wirklich schnell weich. Zunächst mochte ich ihre Persönlichkeit nicht - sie war verbittert und böse. Aber sie hörte dem aufmerksam zu, was du ihr gesagt hast, und ich konnte ihre Veränderung spüren. Sie ist über fünf Jahre bei mir gewesen! Ich schätze, sie war es, die es meiner Freundin so schwer gemacht hat. Sie regte sich auf, als du ihr sagtest, sie sei gestorben, und sie tat mir leid. Doch als sie sah, daß ihr Mann kam, um sie abzuholen, war sie wirklich glücklich und ging sofort. Das war Klasse!«

Ich erklärte Tony, daß er offenbar besonders anfällig für Besessenheit sei, weil er zwei Wesen aufgelesen hatte, indem er Mitgefühl für sie empfand und sich darüber aufregte, was mit ihnen passierte. Ich legte ihm dringend nahe, sich täglich in weißes Licht zu hüllen (siehe Kapitel 15) und dies zusätzlich immer dann zu tun, wenn es um Negatives ginge - bei Kämpfen, Streit, mentalem oder physischem Schmerz - oder wenn er in der Nähe von Menschen war, die Drogen nahmen und/oder tranken.

Wir hatten beide das Gefühl, unsere Aufgabe vollendet zu haben, und waren uns einig, das Problem möglicherweise gelöst zu haben. Tony verließ die Praxis als ein viel glücklicherer und erleichterter junger Mann.

Mehrere Monate lang hörte ich nichts von Tony, was mich nicht weiter überraschte, weil ich das Gefühl hatte, das Feuer wie gehofft gelöscht zu haben. Außerdem machte er seine letzten Prüfungen und war zeitlich stark beansprucht. Es war in der Tat ein sehr gutes Zeichen, daß er keinen weiteren Termin vereinbart hatte. Er schien meine Hilfe wirklich nicht mehr zu brauchen.

Einige Zeit später begann ich eine Therapie mit einem Elternteil von Tony und hatte die Gelegenheit, mich nach ihm zu erkundigen.

»Es ist ein Unterschied wie Tag und Nacht! Seit seinem Besuch hier macht er sich großartig.«

Ich fand Tonys Fall besonders interessant, weil er in der Lage war, sein Problem in nur einer Sitzung zu lösen - was relativ ungewöhnlich ist. Außerdem gab es andere einzigartige Aspekte, die für die Leser wissenswert sind: die Tatsache, daß er zwei Geister so extrem leicht einfing, hauptsächlich aufgrund seines Mitgefühls für sie, und beide ihn verlassen hatten und bei Bedarf zurückkehren konnten.

Ich beschloß, ihn anzurufen, um aus erster Hand von seiner Besserung zu erfahren. Nachdem wir uns einen Monat lang über unsere Anrufbeantworter unterhalten hatten, gelang uns endlich eines Abends ein persönlicher Kontakt.

»Es ist erstaunlich! Ich habe dich an einem Freitag besucht, hatte eine Anatomiestunde am darauffolgenden Dienstag und kaum Zeit, dafür zu lernen. Ich paukte den zweiwöchigen Stoff übers Wochenende und den Montag über und machte meine Sache wirklich großartig - ein B! Das ist das beste Ergebnis, das ich erzielt habe, seit das Problem begann. Ich bin überrascht, wie gut ich mich konzentrieren kann. Es ist schön, wieder geistig so fit zu sein, um studieren zu können.«

»Tony, gibt es irgendwelche Überbleibsel des Problems?«

»Manchmal fühle ich, gleich wird es geschehen - nicht sehr oft - und ich stoppe es. Es ist, als ob ich es hinauswerfe. Ich werde zunehmend besser darin.»

Als ich ihn nach seinen Prüfungen fragte, erzählte er mir stolz, daß er vor fünf Tagen seinen Abschluß gemacht hätte! »Aber was am besten ist: Jetzt weiß ich, daß ich gut sein kann.»

Ich gratulierte ihm und sagte ihm, wie glücklich ich sei, daß er seine Hindernisse überwunden habe. Ich fügte hinzu: «Tony, ich mache mir Sorgen, daß du überhaupt noch etwas von dem Problem verspürst. Es könnte bedeuten, daß eine der Wesenheiten nicht ins Licht gegangen ist, sondern um dich herumschwirrt und hin und wieder in dich eindringt. Ich denke, es wäre gut für dich, bald zu einer weiteren Sitzung vorbeizukommen, besonders, da du im Herbst auf dem College viel Druck haben wirst.»

Er willigte ein und erzählte unaufgefordert, daß er bei seiner Freundin nicht mehr gereizt sei und sie nicht mehr anfahre. «Sie erinnern sich doch noch an die alte Dame, die im Krankenhaus im Bett neben mir starb, als ich auf der High School war? Seit sie gegangen ist, fahre ich nicht mehr aus der Haut und bin ganz ruhig.»

«Ich bin mir sicher, Tony, daß ich dich gewarnt habe, *keinerlei* Drogen oder Alkohol zu nehmen. Du scheinst Geister sehr leicht anzuziehen, wie ein Magnet. Da du Arzt werden willst, mußt du dafür sorgen, daß du geschützt bist, da sie möglicherweise von dir angezogen werden und deine Hilfe suchen. Schütze dich ganz besonders mit dem Weißen Licht.«

«Wenn ich ein Bier trinke, dann zu Hause. Letzten Sommer habe ich mit Dr. Adams und seiner Frau ein paar Glas Wein getrunken, und er sagte, er könne sehen, wie meine Aura sich verkleinere, regelrecht zusammenschrumpfe, während ich trinke. Neulich gestand er mir, daß er sich wirklich Sorgen um mich gemacht habe. Er ist jetzt richtig froh und war überhaupt nicht überrascht über die Geister.«

»Hat er vorher die Geister in deiner Aura oder deinem Körper gesehen?»

»Nein. Doch als das Mädchen getötet wurde, ging er nur ein paar Sekunden hinaus, weil er wußte, daß sie in einem früheren Leben Selbstmord begangen hatte. Er erkannte, daß sie tot war und sich an etwas klammern würde - darum ging er direkt wieder hinein. Er fühlte, daß er ihr nicht helfen konnte und sich selbst schützen mußte.«

»Auch du mußt dich schützen«, betonte ich und hatte das Gefühl, daß dieser junger Mann noch nicht den letzten Geist gesehen hatte.

»Sie haben es jetzt schwerer, in mich hineinzukommen. Letzte Woche fuhr ich an einem Unfall vorbei, sah einen Sanitäter und eine Gestalt, die auf dem Boden lag. Ich dachte daran, was ihr, du und auch Dr. Adams, mir gesagt habt. Ich stellte mir eine Hülle aus Weißem Licht um mich herum vor. Ich verspürte ein ganz *seltsames* Gefühl, als etwas versuchte, in mich einzudringen, aber innehielt, weil es nicht dazu in der Lage war.«

Ich sagte ihm, ich sei froh, daß er sich an meine Worte erinnert habe, und ermahnte ihn, es täglich zu tun, nicht nur dann, wenn er Zeuge einer Tragödie wurde.

»Ich fühle, wenn sie eindringen. Ich baue dann eine Energie auf und stoße sie fort. Sie gelangen nicht lange genug hinein, um sich an mich zu binden. Ich will nie wieder so etwas durchmachen! Die Geister waren kurz davor, mich zu zerstören.«

Als wir unser Gespräch beendeten, warf Tony noch ein, er könne jetzt andere Menschen anders wahrnehmen und glaube sogar, »die Energie, die sie aussenden«, zu verstehen.

Und Tony nimmt sich auch selbst anders wahr. Er erkennt jetzt einige sehr wichtige Aspekte des Verhaltens von Menschen und Geistern, was ihm helfen wird, ein guter, sensitiver und erfolgreicher Heiler zu werden.

8

Fallstudie Anne

»Ich träume sogar, daß mein Chef versucht, mich zu töten!« stieß Anne bei unserer ersten Sitzung nach nur fünf Minuten aus. Die attraktive rothaarige Mittdreißigerin war offensichtlich in Not und wußte nicht mehr weiter. Sie stand kurz davor, ihr Gehalt zu opfern, um sich von der unerträglichen Belastung am Arbeitsplatz zu befreien.

Ihre sportliche Kleidung - verwaschene Jeans und ein sanftgrünes T-Shirt - stand im Kontrast zu der Starrheit ihres Körpers. Wenn sie sich in ihrem Stuhl nach vorne beugte, begann ihr Kinn zu zittern, trotz ihrer Bemühungen, es unter Kontrolle zu bringen. Mit Tränen in den Augen erklärte sie: »Zwölf Jahre habe ich in die Firma investiert, und ich habe eine gute Stelle als Projektmanagerin. Ich bin jetzt in der ranghöchsten Position und werde von allen respektiert, außer von Bill, meinem Chef. Seit mehr als einem Jahr ist sein Verhalten unannehmbar. Er will Macht über mich, um mich zu beherrschen. Und ich wehre mich dagegen.«

Sie beschrieb einen Kampf, der soweit eskaliert war, daß sie im Begriff stand, die Firma seinetwegen zu verlassen. »Doch das machte es nur noch schlimmer«, sagte sie. »Bill reagierte so heftig, daß sein Chef, der seine Schimpfkanonade mitangehört hatte, ihm vorschlug, in einer anderen Abteilung zu arbeiten. Doch Bill wollte davon nichts wissen!«

Nach einem Taschentuch greifend, fügte Anne hinzu: »Ich habe insgesamt zwei Jahre für ihn gearbeitet. Die ersten sechs Monate waren schön - eine echte Freundschaft. Das ist das Problem. Er weiß alles über mich. Ich glaube, er ist eifersüchtig auf meine Fähigkeiten und den Erfolg in meinem Privatleben. Dann hat sich das Blatt sehr schnell gewendet.«

»Wie sehen deine Kollegen die Beziehung, Anne?«

»Sie reden die ganze Zeit über Bill und bestätigen mir, daß ich recht habe - er schikaniert mich. Er nimmt mir die meisten meiner Kompetenzbereiche weg. Er hat mich zu einer Sekretärin degradiert - jetzt soll ich nur noch Memos in den PC eingeben, ohne überhaupt nach einem Feedback zu fragen. Stück für Stück hat er mein Selbstwertgefühl zerstört.«

Jetzt weinte sie hemmungslos. »Ich habe wirklich gelitten!«

Ich sagte ihr, sie solle sich zurücklehnen und entspannen, und als sie sich etwas beruhigt hatte, fragte ich sie nach ihrem Privatleben. Schließlich lächelte sie. »Ich habe einen wunderbaren Ehemann! Er hat mich in all der Zeit sehr unterstützt. Er ist mit allem einverstanden, was ich tue. Er wäre sogar bereit, das Haus zu verkaufen, so daß ich ein Jahr lang nicht zu arbeiten brauche, während ich versuche, wieder auf die Beine zu kommen.«

Ich frage mich, ob ihre Reaktion auf Bill eine Spiegelung ihrer früheren Beziehung zu ihrem Vater sei.

»Ich bin immer gut mit Dad ausgekommen. Wir stehen uns wirklich nahe.«

Dann faßte sie ihre früheren Beziehungen zu Männern zusammen; ihr Verhältnis zu Bill schien einzigartig zu sein.

Ich wollte wissen, ob sie von meinen Rückführungen wisse, da ich den Verdacht hatte, daß die Wurzeln ihrer Probleme in einem früheren Leben lagen. »Warum haben Sie mich als Therapeutin ausgewählt?«

»Ich habe in den letzten sechs Monaten eine Menge Seelensuche betrieben und mich gefragt, ob wir uns von früher kannten, in einem anderen Leben. Sie haben mit Grace, einer Freundin von mir, gearbeitet, und sie meint, daß Sie mir helfen können. Glauben Sie, daß Bill und ich früher möglicherweise zusammengewesen sind?«

»Anne, immer, wenn wir mit jemandem eine Beziehung haben, besonders, wenn sie intensiv ist, sind wir viele Male zuvor mit ihm zusammengewesen. Du bist mit deinem Mann vielleicht schon Hunderte von Malen zusammengewesen, in vielen Rollen, sogar als Mann. Du bist vielleicht sein Vater gewesen und er deine Tochter. An der Qualität der heutigen Beziehung kannst du erkennen, was du zuvor erarbeitet hast. Ist sie harmonisch, darfst du ziemlich sicher sein, daß ihr mindestens bei den letzten Malen eine gute Beziehung hattet. Bei einem Konflikt wie dem mit Bill gab es Probleme, vielleicht Schlimmeres. Du und Bill, ihr wart früher schon miteinander verstrickt! Wir werden in diese Zeit zurückgehen müssen, um dir zu helfen, dich von der Last, die du mit ihm hast, zu befreien; dann wird er bei dir keine bestimmten Reaktionen mehr auslösen können.«

Da Anne unfähig zu sein schien, mit ihrer Beziehung zu Bill fertigzuwerden, was nicht zu ihrer offensichtlichen Kompetenz und ihren Leistungen paßte, beschloß ich, das Thema Besessenheit anzuschneiden. Sie wußte, daß ich Rückführungs-Therapie machte, doch vielleicht wußte sie nichts von meiner Arbeit mit Geistern. Aber zuerst wollte ich meine mentale Checkliste durchgehen.

»Wie sind deine Konzentrationsfähigkeit und dein Gedächtnis?« Ihre Antwort darauf würde wichtig sein.

»Ich habe nie irgendwelche Probleme mit meinem Gedächtnis gehabt, im Gegenteil: Ich war für mein perfektes Gedächtnis bekannt. Im vergangenen Jahr ist es zunehmend schlechter geworden, doch Veränderungen habe ich bereits vor drei Jahren bemerkt. Als ich letztes Jahr das Rauchen aufgegeben habe, konnte ich mich kaum noch konzentrieren. Zigaretten haben mich früher beruhigt.«

Ich fragte sie nach Krankenhausaufenthalten, chirurgischen Eingriffen oder Unfällen.

»Ich wurde von einem Auto angefahren, als ich knapp drei war, und lag ein paar Monate im Koma. Dann wurde ich vor vier Jahren bei einem Autounfall verletzt. Ich bin deswegen immer noch in Behandlung. Sonst war ich nie im Krankenhaus.«

Vorsichtig kam ich auf das Thema Besessenheit zu sprechen und auf meine Arbeit. Ihr Kinn begann wieder zu zittern. »Was fühlst du jetzt im Moment?«

»Ich kann *hören*, wie mein Herz klopft!« entgegnete sie, und Tränen begannen ihr Gesicht hinunterzulaufen.

Sie war bereit zur Hypnose! Offenbar beherbergte sie einen Geist, und dieses Wesen war sehr aufgeregt. Ich hätte es sofort kontaktieren können. Nur um sicher zu gehen, daß es nicht Annes eigene Reaktion war, beschloß ich, in meiner üblichen Reihenfolge vorzugehen und zunächst eine Basis zu schaffen, indem ich ihr eine Entspannungskassette vorspielte.

Ich erzählte ihr ein wenig über Hypnose und schlug vor, daß sie die Rückenlehne des Stuhls herunterfahren, ihre Augen schließen und sich auf ihren Atem konzentrieren solle. Dann gab ich ihr beruhigende und positive Suggestionen, die ich auf Kassette aufnahm. Sie schien wunderbar entspannt, und ihr Kopf fiel auf die Schulter hinunter.

Nachdem ich die Kassette umgedreht hatte, zeichnete ich das Clearing auf. Innerhalb von Sekunden, nachdem ich aufs Geratewohl Geister angesprochen hatte, die vielleicht bei ihr waren, bemerkte ich an ihr eine deutliche Veränderung ihresGesichtsausdrucks von selig zu starker Beunruhigung - eine »heftige« Reaktion. Das war mein Beweis! Sie weinte so heftig, daß ich fast die Aufnahme abbrach. Dann bat ich die Angehörigen des Geistes zu kommen, wie ich es immer tue, und sah, wie sich das Wesen beruhigte. Ich fuhr fort und beobachtete kurz darauf, wie die Spannung in ihrem Körper abrupt nachließ. Ich beendete die Sitzung und brachte sie aus der Trance heraus.

»Der Geist wollte nicht gehen«, berichtete sie und fing leise an zu weinen. »Ich weiß nicht warum, aber ich bin traurig.«

»Was nimmst du sonst noch wahr?«

»Ich spüre ein Flattern hier«. Sie zeigte auf ihre Brust. »Wenn er sich nicht bedroht fühlt, beruhigt sich alles.«

»Könntest du sagen, wer ›er‹ ist?«

»Ein Mann. Aus irgendeinem Grund bin ich mir sicher, daß es ein Mann ist. Ich weiß jedoch nicht, wer.«

Da er wahrscheinlich nicht weg war, bat ich sie, die Augen wieder zu schließen und ihre Reaktionen zu beobachten, während ich mit dem Geist sprach. Tränen strömten über ihr Gesicht, als ich ausführte, wie hart es für einen Mann sei, in einem weiblichen Körper gefangen zu sein. Dann lud ich ihn ein, mit einem Angehörigen, vielleicht seiner Mutter, in die geistige Welt zu gehen, wo er in seinem eigenen starken, gesunden, männlichen Körper sein würde.

Als ich sah, daß Anne sich wieder entspannte, beendete ich die Sitzung.

»Konntest du diesmal spüren, daß er ging?«

»Ich denke, er ging mit seiner Mutter. Als du erwähntest, daß seine Mutter vielleicht da sei, um ihn abzuholen, konnte ich eine Veränderung wahrnehmen. Mein Körper fühlte sich plötzlich ganz ruhig an.«

»Mag sein, daß er weg ist. Falls nicht, wollen wir hoffen, daß er geht, wenn du die Kassette abspielst. Sonst werde ich in der nächsten Sitzung mit ihm weiterarbeiten. Spiele beide Seiten der Kassette täglich ab. Lege die Seite mit dem Clearing auf, wenn du gut drauf bist, also am frühen Morgen vor der Arbeit oder früh am Abend. Die andere Seite, die ich ›Einschlafsuggestionen‹ genannt habe, kannst du vor dem Einschlafen spielen. Selbst wenn du nicht zuhörst, dein Unterbewußtsein schläft niemals und nimmt jede Suggestion auf.«

Ich sah auf die Uhr und stellte fest, daß von der Doppelsitzung noch vierzig Minuten übrig waren. »Wir haben Zeit für eine Rückführung. Vielleicht warst du früher schon einmal mit Bill zusammen. Falls ja, werden wir sehen, ob du dich an das Ereignis erinnern kannst, das die Spannung zwischen euch beiden verursacht. Wenn du dich erinnerst, ändert er sich vielleicht von Grund auf. Ich habe das schon einmal erlebt. Es muß eine telepathische Verbindung zwischen Menschen geben, die eine solche Reaktion automatisch hervorruft. Wenn du das frühere Leben erlebst, heilt es nicht nur dich, sondern vielleicht auch ihn, selbst wenn er von der Rückführung nichts weiß.«

»Das wäre großartig! Glaubst du, daß ich mich an eine frühere Inkarnation erinnern kann?«

»Es ist nicht schwer, versuch es! Probieren geht über studieren. Du mußt wissen, es ist genauso leicht, wie sich an etwas zu erinnern, das gestern passiert ist. Wenn du meinen Anweisungen folgst, werden wir etwas Wertvolles zutage fördern - selbst, wenn es nur eine Übung ist.«

Ich riet ihr, alles zu erzählen, was ihr in Hypnose in den Sinn kam, und beantwortete ein paar Fragen zum Thema Rückführung. Dann leitete ich die Hypnose ein und gab ihr Suggestionen, zu der Zeit zurückzugehen, in der sie und Bill früher zusammengewesen waren und die heute diese starke Auswirkung auf sie habe.

Nach kurzem Zögern beschrieb sie eine ländliche Szene: eine mit Bäumen gesäumte, unbefestigte Straße mit Feldern auf beiden Seiten. Ein junges Pärchen ging dort Hand in Hand spazieren. Von den Kleidern her und einem Wagen, den sie beschrieb, mußte es das späte 19. oder frühe 20. Jahrhundert sein. Sie glaubte, die beiden liebten sich und genössen ihren Ausflug. Ich führte sie in der Zeit voraus. Ohne irgendeine Gefühlsregung zu zeigen, behauptete sie, die Beziehung sei zu Ende. Da ich aus Erfahrung wußte, daß wahrscheinlich etwas Traumatisches passiert war, an das sie sich nicht erinnern wollte, gab ich ihr suggestive Hilfen, den Widerstand zu überwinden.

»Sie haben Streit miteinander ..., Hände schlagen auf ihn ein!«

»Erzähl mir mehr darüber.«

»Es ist ziemlich gewalttätig. Sie weint. Er wirft sie zu Boden. Sie weint. (Lange Pause.) Mein Kopf ist leer. Sie sind weg!«

An dieser Stelle beschloß ich, etwas anderes zu versuchen, das ich, wenn nötig, als Trumpfkarte einzusetzen pflegte:»Erzähl mir noch einmal deinen Traum, in dem Bill dich tötet.«

»Da sind ein paar Bäume und eine Bibliothek in einer kleinen Stadt ... und ein Pärchen. (Pause.) Dasselbe Pärchen! ... *Er hat mich getötet! Er hat mich getötet!*«

Sie bedeckte ihr Gesicht mit ihren Händen, um ihr lautes Schluchzen und Stöhnen zu dämpfen. »Mit den bloßen Händen! Oh mein Gott! Ich will nichts mehr wissen!«

Mit beruhigenden Suggestionen appellierte ich an den Teil in ihr, der geheilt und dem geholfen werden sollte, die Ängste zu überwinden.

»Sie kämpfen mit ihm, versuchen, ihn zu stoppen. Jetzt hat er etwas in der Hand ..., und damit schlägt er mich - *immer wieder und wieder!*« Sie schüttelte sich heftig, als sie sich an ihren Tod erinnerte. Plötzlich hörte sie auf - der Schmerz war weg. »Es ist vorbei. (Lange Pause.) Ich fühle mich sehr leicht ..., und jetzt habe ich das Gefühl, nach oben zu schweben.«

»Sieh hinunter und sage mir, was du siehst.«

»Ich sehe das Mädchen, das dort liegt.«

»Und er?«

»Er ist fast glücklich. Ein paar Frauen versuchen, mir zu helfen ..., doch es ist vorbei. Er steht einfach nur da.«

Weil ich erkannte, daß sie sich an den Grund für den Streit erinnern mußte, führte ich sie zum Anfang des Kampfes zurück - ehe er Hand an sie legte.

»Er beschuldigt mich.«

»Weswegen?«

»Mit einem anderen Mann zusammenzusein. (Lange Pause.) Dieser *andere* Mann! *Der in meinem Körper!*« Sie öffnete die Augen, brachte sich selbst abrupt aus der Trance und setzte sich auf. »Das ist es!«

Da sie erst einmal mit allem, was sie erfahren hatte, fertig werden mußte, beschloß ich, diesmal nicht weiter mit dem Geist zu arbeiten. Ich wollte wissen, wie sie sich fühlte - sie hatte in der Sitzung eine Menge durchgemacht - ihrer ersten!

»Ich fühle mich anders! Stark!« Ein wunderbares Lächeln erhellte ihr Gesicht.

Was für eine Dreiecksgeschichte!

Als ich Anne bei ihrer zweiten Sitzung aus dem Wartezimmer rief, erkannte ich sie kaum wieder. Sie war das Paradebeispiel für eine erfolgreiche Frau, modisch in einen gut aussehenden Anzug gekleidet. Ihr Makeup war das I-Tüpfelchen ihrer perfekten Gesamterscheinung.

Selbstbewußt und heiter lächelnd, spazierte sie in meine Praxis.

»Es geht mir viel besser. Ich kann es nicht glauben! Meinem Mann ist sogar aufgefallen, daß ich anders Auto fahre. Ich war vorher eine sehr aggressive Fahrerin, doch jetzt bin ich viel entspannter.«

»Gut Anne, was ist mit der Arbeit?«

»Wegen des Feiertages bin ich erst einen halben Tag wieder da gewesen, doch meine ganze Einstellung zu meinem Chef ist anders. Vom ersten Moment an. Bill kam tatsächlich vorbei und sprach viel umgänglicher mit mir. Ich habe gesehen, wie er mich mit einem überraschten Ausdruck in seinem Gesicht beobachtete.

Aber vor allem: Ich fühle mich ganz anders. Ich habe viel mehr Energie und vertraue viel mehr auf mich selbst.«

Ich fragte sie, ob sie glaube, daß der Geist gegangen sei. Sie nickte und antwortete, sie sei sich ganz sicher, daß er weg sei. Nach einer Pause sagte sie, bei meiner Frage habe sie eine Hitzewallung - obwohl es in meinem Büro nicht heiß war.

Wahrscheinlich kam ihre Reaktion von dem Wesen, das sich aufgrund meiner Frage teilweise manifestierte. Vielleicht durchlebte es gerade seinen Tod noch einmal, der mit Feuer zu tun haben könnte. Ich beschloß, dies zu überprüfen. Ich teilte Anne meinen Verdacht mit und versetzte sie in Hypnose, um ihre Beziehung in dem früheren Leben zu untersuchen, das wir letztes Mal behandelt hatten.

Sie erinnerte sich, daß sie und der Mann ineinander verliebt waren. Sie hatten davon gesprochen, miteinander zu schlafen, beschlossen aber, zuerst gemeinsam wegzulaufen. Nachdem sie lachend ihren »Fluchtplan«

ausgeheckt hatten, planten sie, einen Safe auszurauben ... Bills Safe. »Wir werden sein Geld nehmen und abhauen.«

Nachts schlich sich ihr Freund in ein Gebäude und zündete Dynamit, während sie sich draußen im Gebüsch versteckte. Es gab eine laute Explosion, und sie sah, wie das Gebäude in Flammen aufging. »Irgend etwas ging schief!« Sie zeigte Anzeichen tiefer Erschütterung, und Tränen strömten ihr Gesicht und den Hals hinunter, als Anne fortfuhr: »Er wurde bei der Explosion getötet! Leute kamen herbeigelaufen, um das Feuer zu löschen, und ich schloß mich ihnen an, doch ich mußte meine Gefühle tarnen.«

Nachdem ich die Rückführung solange fortgesetzt hatte, bis sie sich beruhigt hatte, brachte ich sie zurück in die Gegenwart und bat sie dann, laut zu dem Geist zu sprechen und ihm in ihren eigenen Worten zu sagen, daß er sie jetzt verlassen solle. Heftig weinend tat sie es und »gestand« dann, daß er geblieben sei, weil sie es wollte. Er sagte ihr, er habe das Gefühl, es sei jetzt an der Zeit für ihn zu gehen. Und er verschwand tatsächlich!

Ich fragte sie, wie sie sich fühle.

»Ich vermisse ihn«, flüsterte sie.

Mit meinen Suggestionen, sich in jeder Hinsicht gut zu fühlen und völlig wach und munter zu sein, holte ich Anne aus der Hypnose heraus. Trotz verheulter Augen und ihrer Erschöpfung lächelte sie müde.

Verwirrt fragte sie: »Wie konnte er jetzt ein Geist sein? Es war vor langer Zeit. Können Geister denn *so* lange hierbleiben?«

Ich erklärte, daß nur er diese Frage beantworten könne, und fügte hinzu: »Wahrscheinlich ist er wieder inkarniert. Nach seinem letzten Tod blieb er dann erdgebunden und wurde durch die Bindungen in deinem letzten Leben von dir angezogen.«

Wir vereinbarten ihren nächsten Termin für zwei Tage später. Als sie ging, fühlte sie sich viel besser.

Als ich, ehe ich ins Wartezimmer ging, um Anne hereinzubitten, meine Notizen noch einmal durchsah, hatte ich das Gefühl, daß wir bei unseren beiden Treffen enorme Fortschritte gemacht hatten. Wenn ihre Besserung angehalten hatte, sollte dies unser letzter Termin sein. Anne war wegen eines bestimmten Problems gekommen, und wenn es gelöst war, gab es keine Notwendigkeit für weitere Sitzungen.

Ein Blick sagte mir alles: Mein Optimismus war verfrüht gewesen.

Sie ließ sich in den Stuhl fallen und schüttelte den Kopf. »Ich weiß nicht, was mit mir los ist! Ich habe mich nach unserer ersten Sitzung so gut gefühlt.«

»Hast du Probleme mit deinem Chef?«

»Nein, das läuft großartig! Obwohl er mir jede Menge Gründe liefert, mich aufzuregen - nein, er läßt mich ganz kalt!«

Sie fuhr fort zu erklären, daß es ihr bis zu diesem Morgen gut gegangen sei. Sie wachte auf, nachdem sie nach langer Zeit so gut wie schon lange nicht mehr geschlafen hatte. Nach ein paar Stunden bekam sie während des Tages Sehstörungen, die zunehmend schlimmer wurden. Ihr wurde so schwindelig, daß sie kurz davor war, umzukippen und sich zu übergeben. Nachdem sie sich krank gemeldet hatte, ging sie wieder ins Bett, stand mittags aber doch auf, um zur Arbeit zu gehen, weil sie ein Projekt beenden mußte, das überfällig war. Im Büro konnte sie sich nicht konzentrieren. Nachdem sie eine Stunde versucht hatte, sich zusammenzureißen, gab sie auf und ging nach Hause. Sie ging direkt ins Bett und schlief, bis es Zeit war aufzustehen und zu unserem Termin zu kommen. Sie sagte: »Als wir zu deiner Praxis fuhren, wurde mir wieder schwindelig.«

»Bist du gefahren?«

»Ja.«

»Warum hast du nicht deinen Mann weiterfahren lassen?«

»Ich war allein.«

»Ich dachte, du hättest ›wir‹ gesagt.«

»Hab ich das? Ich frage mich, warum.«

»Hast du dieses Schwindelgefühl früher schon einmal gehabt?«

»Ich hatte zweimal Migräne in meinem Leben, einmal vor elf und das andere Mal vor acht Jahren. Es fing mit demselben Gefühl an wie heute morgen. Ich hatte beide Male solche Schmerzen, daß ich glaubte, mein Kopf würde zerspringen. Nichts half. Ich hatte Angst, ich würde dieses Mal wieder diese schrecklichen Schmerzen bekommen. Gottseidank ist es nicht dazu gekommen.«

Als sie unter Hypnose war, führte ich sie zu dem Ereignis zurück, das für ihren Schwindel verantwortlich war. Sie erinnerte sich an ein früheres

Leben als Mann, in dem sie ein hoher Offizier beim spanischen Militär gewesen war. Es hatte einen politischen Aufruhr gegeben, und er und seine Gefolgsleute wurden besiegt. Aufgrund seiner Position schickte man ihn auf eine abgelegene Insel ins Exil. Nachdem er einige Zeit dort in Furcht vor seinen Feinden gelebt hatte, erspähte er ein Schiff, das sich der Insel näherte.

An diesem Punkt der Rückführung fing sie an, unruhig zu werden, in die Situation hineinzugleiten und sie wieder zu durchleben, anstatt bloß die Einzelheiten zu schildern.

Als eine kleine Gruppe von Männern - ein Kapitän und seine Matrosen - sich der Höhle näherten, in der er lebte, wurde er sehr unruhig, weil er wußte, daß sie ihn töten würden, wenn er ihnen nicht ein paar wichtige Informationen geben würde.

»Wir reden laut miteinander. Sie wollen irgend etwas, aber ich bin nicht bereit, es ihnen zu geben. Der Kommandant befiehlt ihnen, mich zu töten. (Sie stand kurz davor, die Kontrolle zu verlieren, da sie die Panik von damals wiedererlebte.) Sie schlagen mich mit dem Gewehrkolben auf den Hinterkopf, ich falle zu Boden. (Lange Pause.) Mir ist schwindelig ... sehr schwindelig. Ich verliere das Bewußtsein ..., ich sehe nur noch rot. Es ist mein Blut. Ich fühle mich wirklich sehr müde ..., sie schlagen mich einfach weiter. (Lange Pause.) Ich sehe die Person auf dem Boden. (Lange Pause.) Ich fühle mich nicht mehr müde ... Ich fühle mich nicht mehr als Teil davon.«

Nun, da sie das Ereignis kannte, das wahrscheinlich ihre Migränebeschwerden und den damit verbundenen Schwindel verursacht hatte, beschloß ich herauszufinden, wer »wir« war. Ihr Versprecher war ein verräterisches Anzeichen dafür, daß sie jemand anderen bei sich hatte. Oder das Wesen, mit dem wir in den letzten beiden Sitzungen gearbeitet hatten, war nicht gegangen.

Immer noch in tiefer Hypnose, freute sie sich, nach dem Tod, den sie noch einmal durchlebt hatte, im Licht zu sein. Ich fragte sie, was sie mit »wir« gemeint hatte.

»Es sind andere bei mir. Sie beherrschen mich. Sie sind sehr besorgt, du könntest versuchen, sie auszutreiben. Sie sind sehr stark und böse auf dich, jetzt, wo ich weiß, daß sie bei mir sind.«

Ich führte sie zu dem Moment zurück, als sie sich an sie geheftet hatten. Sie sah sich als Kind wieder auf dem Operationstisch liegen, nachdem sie vom Auto angefahren worden war.

»Etwas Scharfes, Metallisches hat mich geschnitten. Mein Hinterkopf tut weh. Die Ärzte geraten in Panik. Ich atme kaum noch. Das geht eine ganze Weile so. Ich falle tiefer und tiefer. Meine Arme schmerzen. Es fällt mir schwer zu atmen ..., meine Brust ist so schwer, und mein Bein tut weh ... Ich falle weiter. Ich habe Schwierigkeiten zu atmen. Ich habe das Gefühl, kaum noch lebendig zu sein ... In diesem Augenblick kommt jemand dazu mit einem alten, dunklen, faltigen Gesicht. Es sind drei. Sie übernehmen mich. Ich fühle mich richtig warm, als sie die Kontrolle übernehmen. Sie machen, daß sich mein Körper besser fühlt. Sie machen, daß der Schmerz verschwindet.«

»Hast du eingewilligt, daß sie die Kontrolle übernehmen konnten?«

»Nein, sie sind einfach gekommen. Zwei Frauen und ein Mann. Der Mann ist sehr alt und sehr müde.«

Ich sprach diese »Drei« dann direkt an und sagte ihnen, daß ihre Arbeit beendet sei. Sie hätten vor vierunddreißig Jahren das Leben des kleinen Mädchens gerettet, doch jetzt gehe es ihr gut. Sie müßten an ihr eigenes Wohlergehen denken und mit den Angehörigen gehen, die gekommen seien, um sie abzuholen. Alle drei gingen innerhalb von Sekunden.

Als Anne aus der Hypnose kam, erzählte sie, sie sei über die Straße vor ihrem Haus gerannt, um zu ihrer Mutter zu laufen, als sie von einem Auto erfaßt wurde. Sie wurde ins Krankenhaus gebracht und blieb mehrere Monate im Koma. Man glaubte nicht, daß sie überleben würde. Man sagte ihren Eltern, wenn sie überlebte, würde sie nie wieder normal sein, sie würde nicht in der Lage sein zu sprechen und müsse wahrscheinlich ihr Leben lang im Kinderkrankenhaus bleiben.

Anne grinste, als sie sagte: »Vielleicht haben sie mich nicht nur durchgebracht, sondern mir auch geholfen, mich normal zu entwickeln. Sie haben es gut gemeint!«

Annes vierte und letzte Sitzung fand fünf Tage später statt. Sie stürmte fast in meine Praxis, strahlend. Die Dinge bei der Arbeit entwickelten sich phantastisch. Ihr Chef hörte auf, ihr Vorschriften zu machen, und war wesentlich flexibler. Sie war überrascht, daß sie nicht mehr hinter seinem Rücken über ihn sprach. Wenn andere Kritik an ihm übten, ließ sie sie stehen - fast automatisch. Alles davor - die ganze Depression, die Absicht zu kündigen und das Haus zu verkaufen, sei wie ein Traum, der allmählich verblaßte. Tatsächlich fühlte sie sich seit unserer letzten Sitzung wirklich gut. Sie hatte viel mehr Energie - eine echte Wohltat.

Ich schlug vor, ihre Beziehung zu Bill zu untersuchen, da dies sie schließlich in meine Praxis geführt hatte. Letztlich wußten wir nicht wirklich viel darüber, was sie füreinander waren - nur, daß er sie getötet hatte. Sie willigte ein und meinte mit einem schuldbewußten Lächeln: »Ich bin wirklich neugierig, wie er von dem anderen Mann erfuhr.«

Ich führte sie zu dem Moment zurück, in dem Bill die Beziehung zu ihrem Liebhaber entdeckte.

»Die Nacht der Explosion ... ein paar Pferde tauchen mit einem Wagen auf. Es ist Bill. Er fragt mich, was passiert ist. Das Haus brennt. Er schreit: ›Was ist passiert?‹ Menschen laufen herum und versuchen, das Feuer zu löschen. Auch er läuft jetzt herum, gibt den Leuten Befehle, und ich fühle mich wirklich schlecht ... Ich glaube, sie haben den Körper gefunden. Ja, wir alle. Auch ich sehe ihn an. Er sucht den Safe. Er ist offen, und er schaut nach, was fehlt. Er sieht jeden im Raum an. Er mustert mich. Er hat mir immer vertraut. (Lange Pause.) Ich war wie eine Schwester für ihn. Wir sind in derselben Familie aufgewachsen. (Sie weint.) Darum hat er mir so sehr vertraut. Wir wurden zusammen aufgezogen. Er sieht mich argwöhnisch an. Es fällt ihm trotzdem schwer, es zu glauben, es gibt genügend Zweifel.«

Ich fragte sie, was sie gerade fühle.

»Ich hätte ihn nie betrügen sollen. Er vertraute mir«, antwortete sie heftig weinend.

Sie machte mit der Rückführung weiter und beschrieb, wie er für sie gesorgt und sie beschützt und sie mit seiner Hingabe erdrückt hatte. Nach dem Feuer wollte sie in eine andere Stadt ziehen, doch er weigerte sich, seine Erlaubnis zu geben. Etwas später erklärte sie ihm gegenüber eines Sonntags nach dem Kirchgang, daß sie definitiv weggehen werde. Er stritt sich mit ihr darüber, aber sie blieb unerbittlich. Er wurde wütend, bis er schließlich »ausrastete« und sie angriff. Sie erlebte ihren Tod noch einmal und fügte hinzu, sie habe nicht mehr leben wollen, als er sie schlug. Indem sie aus ihrem Körper schlüpfte, flüchtete sie vor der Schuld und der Falle, in der sie zu stecken glaubte.

Als wir unsere Sitzung beendet hatten, kommentierte Anne: »Ich habe mich gefragt, warum ich nicht einfach abgewartet habe, anstatt hierher um Hilfe zu kommen. Er wird drei Monate weg sein, um ein weiteres Verkaufsbüro in Japan aufzubauen - und er fährt in nur zwei Wochen! Wenn ich gewartet hätte, wäre nichts dergleichen geschehen, der Druck wäre weggewesen.«

»Anne, ich bin zu dem Schluß gekommen, daß jeder genau zur passenden Zeit Hilfe sucht. *Es gibt keine Zufälle!* Wenn du gewartet hättest, wären vier verirrte Seelen immer noch hier auf der irdischen Ebene gefangen, und du und Bill, ihr hättet keinen Frieden miteinander geschlossen, was wahrscheinlich eines deiner Ziele in diesem Leben ist. Du hast dich selbst geheilt, und du hast ihm geholfen. Ich frage mich, ob da nicht hoch entwickelte Wesen mitgewirkt haben, deine Führer, die dich inspiriert haben, dir diese Chance zu geben, dich nicht nur von den Geistern zu befreien, sondern auch von negativen Erinnerungen aus der Vergangenheit.«

Das Problem schien gelöst zu sein, und wir einigten uns darauf, daß dies unsere letzte gemeinsame Stunde sein sollte - es sei denn, es würde sich noch etwas anderes ergeben.

9

Fallstudie Peter

Das ist einer meiner faszinierendsten Fälle von Besessenheit, vielleicht weil er nicht schnell und einfach zu lösen war. Er zeigt die interessante Wechselwirkung zwischen den Persönlichkeiten der Geister und den Problemen der besessenen Patienten auf. Außerdem ist Peters Geschichte wegen der bloßen Anzahl, der Hartnäckigkeit und der Vielfältigkeit von Geistern, die er zeitweise beherbergte, besonders interessant.

Ich lernte Peter kennen, als er im Früh-Herbst des Jahres 1983 in meine Praxis kam. Ein Freund, der von meiner Arbeit wußte, hatte ihn an mich verwiesen. Er hoffte auf eine psychologische Beratung - und die Möglichkeit, ein früheres Leben zu untersuchen -, um mit seinen vielen persönlichen Problemen fertig zu werden.

Peter war ein großer muskulöser Dreiunddreißigjähriger mit einem Schnäuzer, tiefschwarzem Haar und dunklen Augen. Er fiel mir sofort als jemand auf, der unter Niedergeschlagenheit, Angst und Schuld litt und wirkte wie ein gefangenes Tier, da seine Augen geflissentlich die meinen mieden und schnell in der Praxis umherblickten.

Als ich während unserer ersten paar Sitzungen von den Einzelheiten seines Lebens erfuhr, wurde klar, daß sich jeder seiner Lebensbereiche in Unordnung befand.

Als Systemanalytiker war Peter schnell die Karriereleiter bis zum stellvertretenden Direktor hinaufgeklettert. Trotz seines schnellen Erfolges untergruben seine emotionalen und persönlichen Probleme sein Selbstvertrauen und bedrohten seine Karriere. Er beschrieb sich selbst als »Nervenbündel«. Er hatte vor allem große Angst, wenn er sich in Gruppen aufhielt. Dies stellte für ihn ein Problem dar, weil er regelmäßig Besprechungen mit leitenden Angestellten seiner und anderer Firmen abhalten mußte.

Er sprach davon, vor den Meetings häufig heftige Angstattacken zu bekommen, und einmal war er tatsächlich in blinder Panik aus einem Raum mit Führungskräften gerannt. Er beschrieb mehrere weitere Angstattacken, die er erlebt hatte, als er mit seinem Auto durch den Berufsverkehr von San Francisco fuhr. Er mußte am Straßenrand halten, weil er Angst hatte, ohnmächtig zu werden. Bei diesen Attacken zeigte sich die volle Bandbreite physischer Symptome, von Herzklopfen und Schweißausbrüchen bis zu Übelkeit und Schwindel.

Peter sprach davon, daß er viele Male seinen Terminkalender »frisiert« hatte, um die gefürchteten Besprechungen zu umgehen, obwohl er wußte, daß er sich die Gelegenheit zum Weiterkommen verscherzte und in seiner Verantwortlichkeit gegenüber seinen Untergebenen versagte. Andere Male jedoch funktionierte er bei wichtigen Besprechungen glänzend, sprach mit vollem Selbstvertrauen und trat selbstsicher auf. Als ich ihn bat, mir zu erklären, warum er so sprunghaft sei, wußte er keine Antwort.

Ein anderes Problem beunruhigte ihn noch stärker. Er war zunehmend unfähig, sich zu konzentrieren und sich an Einzelheiten zu erinnern, und behauptete, daß sein Erinnerungsvermögen um fünfzig Prozent reduziert sei. Bei Gesprächen verlor er häufig den Faden und konnte bei der Arbeit oder beim Lesen nicht länger als fünf Minuten bei der Sache bleiben. Aber am schlimmsten war: Oftmals konnte er sich abends an ganze Tagesabschnitte nicht mehr erinnern; mehrere Stunden fehlten ihm. Er konnte sie sich nur zusammenreimen, indem er auf die täglichen Aufzeichnungen zurückgriff oder seine Mitarbeiter fragte, was sie gemacht hätten.

Wegen der wachsenden Versagensangst hatte Peter angefangen, seine Arbeit hinauszuzögern, und er war überzeugt, verrückt zu werden, wenn sich keine Lösung für sein Problem fände.

Außerdem war er chronisch unfähig, mit Frauen zurechtzukommen. Er führte seine dritte Ehe, die schnell scheiterte. Er fühlte sich sexuell nicht mehr zu seiner Frau Betty hingezogen, obwohl er behauptete, daß sie äußerlich wunderschön sei. Er fürchtete, unterschwellig vielleicht homosexuell zu sein. Gleichzeitig war er extrem eifersüchtig auf Betty und ärgerte sich über das Interesse, das Männer ihr entgegenbrachten, wenn sie auf Partys waren. Er beschuldigte sie, oft zu flirten, was manchmal in bösen, beinahe körperlichen Konfrontationen endete. Danach fühlte er sich schuldig und voller Reue.

Als Peter sich bei mir wohler zu fühlen begann, gestand er mir seine Sorgen um sein Trinken. Starkes Trinken hatte seit Jahren einen wichtigen Teil seines Lebens ausgemacht. Er trank fast jeden Tag und sah im Alkohol seine einzige wirkliche Befreiung von seinen Ängsten.

Obwohl er in einer gehobenen Mittelklasse-Familie mit einem Banker als Vater aufgewachsen war, hatte Peter es immer vorgezogen, mit Arbeitern in den weniger vornehmen Etablissements zu trinken. Wenn er trank, wurde er, sonst ein freundlicher Mensch, mürrisch, extrem sarkastisch und zettelte häufig Schlägereien in Bars an.

Aufgrund meiner Erfahrungen mit Trinkern und dem Eindringen von Geistern wuchs mein Verdacht, Besessenheit könnte die Ursache seiner Probleme sein. Mir war auch die merkwürdige Dualität aufgefallen, die die meisten seiner problematischen Lebensbereiche kennzeichnete. Er liebte seine Frau, fühlte sich jedoch nicht von ihr angezogen und behandelte sie schlecht. Er war mitfühlend und liebevoll, hatte jedoch eine jähzornige Ader und ließ gelegentlich seine Wut an unschuldigen Haustieren, Spielkameraden, Freunden und Geliebten aus. Er war bei seiner Arbeit hochgradig kompetent, fühlte sich jedoch dumm und wertlos.

Zusätzlich zu diesen ambivalenten Persönlichkeitsmerkmalen und Symptomen hatte Peter mehrere charakteristische Erfahrungen gemacht, die die Besessenheits-Hypothese zu unterstützen schienen. Nach meinen Erfahrungen sind extrem sensitive Menschen besonders anfällig für Besessenheit, und als Kind hatte Peter mehrere paranormale Erlebnisse gehabt. Im ersten Schuljahr sah er den Angriff eines Hundes voraus, der tatsächlich ein paar Tage danach stattfand. Jahre später hatte er eine Vorahnung vom Selbstmord seiner Lieblingstante.

Peter bestätigte, häufig das Gefühl zu haben, von zwei verschiedenen Persönlichkeiten beherrscht zu werden, einer gutartigen und einer bösartigen. In der Kindheit hatte er immer wieder Alpträume von einem bösen Mann mit runzeligem Gesicht, der ihn anstarrte.

Er erinnerte sich, daß er sich sein ganzes Leben lang immer dann verletzte, wenn er im Sport die Gelegenheit hatte, einen größeren Erfolg zu erzielen. So zog er sich eine schlimme Knieverletzung zu, als er versuchte, sich für das College-Footballteam zu qualifizieren. In der High School hatten Verletzungen am Schultergürtel ihn von der Teilnahme an der nationalen Ringkampfmeisterschaft abgehalten.

Wenn er mit jemandem sprach, hatte er häufig das Gefühl, daß ein anderes Wesen durch ihn redete, und manchmal meinte er, nicht wirklich in seinem Körper zu sein, sondern »links von meinem Kopf etwa einen Fuß darüber zu schweben«.

Das erinnerte mich sofort an ähnliche Kommentare von anderen Patienten, bei denen sich in der Tat herausstellte, daß sie besessen waren.

In unserer dritten Sitzung schlug ich vor, Hypnose einzusetzen, um herauszufinden, ob er von Geistern besessen sei. Peter schien von dieser Aussicht trotz meiner gründlichen Erklärung des Begriffs Besessenheit und meinem Hinweis darauf, wie wichtig die Befreiung von einem Geist sein könne, beunruhigt zu sein. Zögernd willigte er in einen Versuch ein.

Er erwies sich als äußerst gut hypnotisierbar, fiel schnell in Hypnose und akzeptierte mit Leichtigkeit meine Fingerzeichen-Signale. Eine Überprüfung durch die Fingerzeichen ergab sofort, daß er eine Reihe von Geistern bei sich hatte - sechs oder mehr -, und als ich fragte, ob einer von ihnen von Kindheit an bei ihm gewesen sei, hob sich der »Ja«-Finger.

Ich führte ein einfaches Clearing durch. Danach zeigten seine Fingersignale, daß mindestens drei Wesenheiten noch immer da waren. Ich bat ihn dann, mich mit den übrigen Wesen sprechen zu lassen, und wandte meine gewohnte Vorgehensweise an:

»Warum belästigt ihr das Leben dieses Mannes, verursacht ihm Probleme, wenn ihr wißt, daß ihr den als ›Tod‹ bezeichneten Übergang vollzogen habt und euch in eurem eigenen geistigen Leben entwickeln solltet?« fragte ich.

Es kamen zwei verschiedene Antworten, die im Ton ziemlich unterschiedlich waren. Die eine hatte ich schon viele Male von solchen Geistern gehört: »Ich habe Angst«, flüsterte eine zitternde Stimme. »Ich weiß nicht, was mit mir geschehen wird. Ich will nicht gehen.«

Doch die andere Antwort überraschte mich in ihrem kurzem, aber harschen Sarkasmus: »Na und!« Plötzlich wurde ich mir sehr wohl bewußt, daß Peter und ich damit nicht mehr weiterarbeiten konnten.

Ich hielt einen Moment inne und führte dann meine übliche Prozedur noch einmal durch, wobei ich detailliert die Art der geistigen Erfahrung erklärte, das Lernen und die Heilung, die in der geistigen Welt stattfinden würden, und dann enge geistige Freunde oder Verwandte anrief, uns zu helfen.

Ehe ich Peter aus der Hypnose holte, prüfte ich anhand der Fingerzeichen noch einmal, ob noch weitere Wesen da waren. Das Ergebnis war negativ; seinem Unterbewußtsein zufolge befanden sich in seiner Aura oder in seinem Körper keine weiteren Geister.

Als er aus der Trance kam, sagte er, er fühle sich entspannt und erfrischt. Er bemerkte, er habe das deutliche Gefühl gehabt, als ob eine der Wesenheiten sehr stark gewesen sei. Als er ging, fühlte er sich extrem optimistisch.

Zu Beginn unserer nächsten Sitzung eine Woche später berichtete Peter, daß es ihm viel besser gehe. Er litt immer noch unter Angst, jedoch weniger heftig, und seine Beziehung zu seiner Frau hatte sich anscheinend ein wenig gebessert.

Er schien enttäuscht, als ich vorschlug, noch einmal nach Geistern zu forschen. Ich erklärte, daß Wesenheiten häufig den Anschein erweckten, als ob sie beim ersten Versuch gegangen wären, und andere manchmal nur allmählich aus ihrem Versteck herauskämen.

Er fiel schnell in Trance, und wie ich vermutet hatte, zeigten die Fingersignale an, daß tatsächlich noch weitere Geister bei ihm waren.

Dieses Mal stellte ich schnell Kontakt mit einem her, der seinen Namen deutlich mit Joseph Biddle angab und genau wußte, warum er bei Peter war: »Ich hasse ihn, und ich werde ihn für das büßen lassen, was er mir angetan hat.«

»Du verletzt dabei auch dich selbst«, konterte ich.

»Das ist mir egal. Das ist es mir wert, solange ich ihn büßen lassen kann.«

Ich bat Joseph, zum Zeitpunkt seines Todes zurückzugehen. Er erzählte, wie er in einem Krankenhaus in Kansas allein und voller Groll war, als er starb. Offenbar hatte er eine jüngere Frau geheiratet, die ihm ein Kind geboren, aber dann mit dem Baby weggelaufen war. Den Schmerz aus dieser Erfahrung hatte er für den Rest seines Lebens mit sich herumgetragen und war Babys gegenüber besonders verbittert gewesen.

Ich bat Joseph, zu der Zeit zurückzugehen, als seine Seele seinen Körper verließ. Er erzählte, wie er seine nutzlose Hülle im Bett liegen sah, einige Zeit bei ihr blieb und sich dann durch die Flure des Krankenhauses bewegte.

»Ich sehe ein kleines Baby, ein Neugeborenes. Vielleicht ist es mein Baby. Und ich weiß, daß ich das Baby dafür büßen lassen kann, daß mich meine Frau verlassen hat. Ich vereinige mich mit dem Baby. Ich bin seitdem immer bei ihm gewesen.«

Ich wußte sofort, daß dies eine sehr wichtige Wesenheit in Peters Leben war und sie wahrscheinlch seine zeitweiligen Wutanfälle und seine Grausamkeit erklären konnte.

Geduldig erklärte ich Joseph die Gefahr seiner geistigen Situation; daß er nämlich sein eigenes Elend ausweite und sein Unglück einem lebenden Menschen aufbürde, der mit seinen Problemen nichts zu tun hätte. Ich rief freundliche Geister herbei, ihm zu helfen. Bald sah Joseph seine Schwester und ging mit ihr.

Ehe ich Peter aus der Hypnose holte, konnte ich mit einem weiteren Geist Kontakt aufnehmen. Anders als Joseph Biddle war dieser sich nicht darüber im klaren, wer er gewesen war oder was er mit Peter machte - tatsächlich war er benebelt, fast betäubt.

»Los, laß uns einen Drink nehmen«, sagte das Wesen immer wieder vergnügt. »Laß uns ins Rocky's gehen und Spaß haben.«

Ich konnte herausfinden, daß er in seinem letzten Leben Maschinenführer mit offensichtlichem Hang zur Flasche gewesen war. Anscheinend hatte er Peter seit der frühen Kindheit besetzt. Das letzte, an das er sich aus seinem Leben erinnern konnte, war, daß er auf einer Baustelle eine Planierraupe geführt hatte.

Es bedurfte einigen Drängens, bis er ging.

Als Peter aus der Hypnose kam, besprachen wir die jüngsten Erkenntnisse. Er hatte das deutliche Gefühl, daß Joseph Biddle sein Leben stark beeinflußt hatte, und erinnerte sich an seine frühen Traumbilder von einem feindseligen alten Mann. Weniger sicher war er sich bei dem Planierraupenführer. Wir waren uns einig, daß dieses Wesen möglicherweise sein Trinken und seine Faszination an der derben Art von Arbeitern erklären könnte. Als er die Sitzung verließ, war er voller Hoffnung und Enthusiasmus.

Als Peter in unserer nächsten Sitzung in Trance fiel, kam jedoch der Planierraupenführer sofort wieder zum Vorschein.

»Du bist noch immer hier. Wie ist dein Name?« fragte ich.

»Lou, glaube ich.«

»Aber warum bist du immer noch hier bei Peter?«

»Durch ihn kann ich trinken. Er kann lustig sein, und ich kann ihn dazu bringen, meine Orte aufzusuchen.«

»Was für Orte?«

»Du weißt schon, Orte, an denen echte Männer sind, die zu trinken verstehen - nicht so ein Haufen feiner Pinkel.«

»Du bist lange Zeit bei Peter gewesen, nicht wahr?«

»Ich schätze ja.«

»Aber du weißt, daß du gehen mußt, oder?«

»Warum?«

Ich erklärte ihm die Situation, da er offensichtlich verwirrt war und glaubte, daß er noch lebe und in seinem eigenen Körper sei. Wieder führte ich ihn zum Moment seines Todes in seinem letzten Leben. Er beschrieb einen Unfall, bei dem die Planierraupe ihn überrollte.

»Du wurdest bei diesem Unfall getötet.«

»Wirklich?« entgegnete er ungläubig.

»Was geschah danach?«

»Ich sah einen kleinen Jungen, der in einem Garten spielte. Er schien sehr liebenswürdig und freundlich zu sein. Und ich fühlte mich einsam und verloren. Also ging ich zu ihm.«

Endlich wurde Lou klar, was wirklich passiert war. Er sagte, es täte ihm leid um den Schaden, den er Peter zugefügt habe, und fragte, wie er sich entfernen könne. Ich sagte, er solle sich umschauen, um zu sehen, ob da jemand sei, den er kenne. Er sah seine Frau, von der er glaubte, daß sie an dem Kummer über seine Trinkerei gestorben sei. Als er erkannte, daß sie ihm vergeben hatte, ging er glücklich mit ihr. Dieses Mal hatte ich das Gefühl, daß er wirklich gegangen war.

Ich fühlte mich zuversichtlich, daß wir vielleicht zur Wurzel von Peters Problemen vorgedrungen waren, und sagte ihm das.

Er lächelte schwach. »Das hoffe ich auch«, sagte er, »aber dieses Mal ist etwas Komisches passiert, als ich aus der Hypnose kam. Etwas in mir, ein Teil von mir, schien zu lachen. Ich könnte nicht sagen, ob es nur Einbildung war. Doch es schien zu sagen: »Ich habe dich wieder zum Narren gehalten, du hast immer noch nicht herausbekommen, daß ich hier bin.«

Peter verließ die Praxis mit der Frage, ob er mit dieser Therapie je Hilfe bekommen werde, und auch ich fragte mich, ob er die Behandlung lange genug durchhalten würde, um Heilung zu erzielen.

Bei unserer nächsten Sitzung lächelte er, als er mir erzählte, wieviel besser er sich in dieser Woche gefühlt hätte - besonders, weil er praktisch kein Verlangen zu trinken verspürt hatte. Eine echte Belastung für seine Ehe stellte sein mangelndes sexuelles Verlangen nach seiner Frau dar. Ich schlug sofort eine Hypnose vor, und nach so viel Übung fiel Peter schnell in eine tiefe Trance.

Als ich fragte, ob irgendwelche Geister anwesend seien, zeigten seine Fingersignale zunächst ein »Nein« an, doch als ich nachhakte, ob sich welche versteckt hielten, kam ein »Ja« als Antwort.

»Kann ich mit dir sprechen?« fragte ich.

»Sie ist nicht bereit, mit dir zu sprechen, sie hat Angst«, sagte Peter in schläfrigem, monotonem Tonfall.

»Dann erzähl mir von ihr.«

»Sie ist blond, hübsch, aber schüchtern und still. Sie ist sehr einsam. Sie weiß nicht, warum sie so unglücklich ist; sie dachte, es würde ihr bei mir gefallen, aber sie will keinen Sex mit meiner Frau haben. Sie haßt das!«

»Weißt du, wie lange sie schon bei dir ist?«

»Das weiß ich nicht.«

»Vielleicht will sie mit mir sprechen.«

Peter war still, und ich wartete. Nach einer Minute fragte ich: »Ist das weibliche Wesen, das bei Peter ist, jetzt bereit zu reden?«

»Ja, ich bin hier«, tönte es mit Peters Stimme, jedoch sanfter, zögernder, fast weiblich.

»Wie ist dein Name?«

»Laurie. Aber warum bin ich hier?«

»Genau das wollen wir herausfinden, Laurie.«

Mit freundlichem Fragen konnte ich herausbekommen, daß diese Wesenheit Peter auf einer Party vor fünf Jahren getroffen hatte, kurz bevor er seine jetzige Frau kennenlernte.

Seine dominante draufgängerische Art hatte sie sofort angesprochen. Sie erinnerte sich, wie er die Party mit einem Mädchen in jedem Arm betrat. Später zwang sie sich, zu ihm hinüberzugehen und sich vorzustellen, und sie unterhielten sich eine halbe Stunde lang.

Auf dem Heimweg von dieser Party starb sie bei einem Autounfall. Ich erklärte Laurie vorsichtig, daß sie, indem sie bei Peter blieb, ihren eigenen Fortschritt stark verzögere und ihm immensen Schaden zufüge.

Sie sagte: »Das wußte ich nicht. Es tut mir leid.«

»Du mußt also gehen. Es wird für euch beide viel besser sein.«

»Aber ich kann nicht gehen. Wohin sollte ich gehen. Es ist so einsam.«

Ich stand im Begriff, weitere Überzeugungsarbeit zu leisten, als Peter sagte: »Sie wird nicht gehen. Sie will nicht hören, was du zu sagen hast. Sie wird dir nicht mehr länger zuhören.«

Ich versuchte noch ein paar weitere Minuten mit ihr zu sprechen, doch vergeblich.

Als Peter aus der Hypnose kam, erinnerte er sich daran, Laurie getroffen zu haben, konnte es jedoch nicht fassen, daß solch eine kurze Begegnung dazu geführt haben sollte, ihn besessen zu machen. Doch er erinnerte sich, daß sich seine Gefühle zu Frauen bald nach dem Gespräch mit Laurie allmählich und subtil verändert hatten.

Nun standen wir dem Problem gegenüber, Laurie zum Gehen zu veranlassen. Erneut hatte Peter, als er aus der Trance kam, die Gegenwart einer starken bösartigen Persönlichkeit gespürt, die uns zum Narren hielt.

Unsere nächsten Sitzungen im Laufe der darauffolgenden Wochen brachten nichts Nennenswertes hervor. Wir versuchten mehrfach Wesen aufzuspüren, ohne Erfolg. Die unterschwelligen Gefühle einer fremden Gegenwart, ob unter Hypnose oder im Alltag, waren verschwunden.

Sein Liebesleben hatte sich gebessert, bei der Arbeit liefen die Dinge gut, und er hatte weiterhin kein Verlangen nach Alkohol.

Während dieser Sitzungen ging er näher auf seine inneren Gefühle von Wertlosigkeit, Schuld und Unsicherheit ein. Doch im allgemeinen schien alles in Ordnung, und so begann er zu glauben, daß er keine Geister mehr beherberge. Vielleicht waren sie spontan gegangen - von allein. Da ich das Gefühl hatte, seine restlichen Probleme mit den gewöhnlichen Mitteln der Psychotherapie lösen zu können, begannen wir seine frühe Beziehung zu seinem Vater und seiner Mutter aufzuarbeiten.

Dennoch setzten wir in jeder Sitzung weiterhin eine routinemäßige Kurzhypnose ein in der Hoffnung, den Kontakt mit Laurie wiederherzustellen und die Gegenwart anderer Geister auszumachen.

Dann, in unserer ersten Sitzung im Dezember, gelang uns unerwartet der Durchbruch.

In den ersten Minuten der Hypnosetrance veränderte Peters Stimme leicht ihren Tonfall. »Du weißt immer noch nicht, daß ich hier bin, nicht wahr?« freute sich jemand hämisch.

Ich erkannte sofort dieselbe neckische Stimme wieder, die ich Monate zuvor gehört hatte.

»Wie lange bist du bei Peter«, fragte ich, in der Hoffnung, eine Antwort zu bekommen.

»Lange genug, um ihn gut zu kennen - über vier Jahre.«

»Warum bist du so lange bei ihm geblieben, wenn du doch weißt, daß du nur ihn und dich selbst verletzt. Du hattest in den letzten Monaten viele Chancen zu gehen.«

»Sie würden mich nicht mögen. Ich habe ein paar sehr schlimme Dinge getan. Wenn ich dorthin ginge, müßte ich mich ändern.«

»Aber du mußt dich ändern. Du kannst nicht hier bleiben. Schau dich um. Vielleicht ist dort jemand, den du einmal gekannt hast und der gekommen ist, um dich abzuholen. Siehst du das Licht?«

»Ich habe das Licht viele Male gesehen, und ich habe meine Mutter in seiner Nähe gesehen. Aber ich laufe immer davor weg. Ich will sie nicht ansehen - ich habe Angst vor dem, was sie mit mir machen werden.«

»Sie würden nichts tun, um dich zu verletzen.«

»Ich weiß nicht.«

Ich erkannte, daß ich so nicht weiterkam, fühlte mich aber dennoch ermutigt: Zumindest hatte ich einen Dialog mit diesem widerspenstigen Geist hergestellt. Ich bat ihn, zu seinem letzten Leben zurückzugehen. Er sagte, er lebte um die Jahrhundertwende mit seiner Mutter in San Francisco.

»Mein Name ist David«, sagte er. »Ich weiß nicht, wie ich meinen Lebensunterhalt bestritten habe, doch ich weiß, daß ich schwarze Magie praktiziert und viel Macht erlangt habe. Ich war der Anführer einer Gruppe von Satansverehrern. Meine Mutter wußte nichts davon. Doch wenn sie es wüßte, würde sie mich für immer hassen, ich habe viele Leben zerstört.«

»Bei all dem kann dir später in der geistigen Welt geholfen werden«, sagte ich. »Doch es ist an der Zeit, jetzt damit aufzuhören, Leben zu zerstören. Geh in der Zeit voraus. Erinnere dich an deinen Tod.«

Der Boden zittert - ein Erdbeben! Irgend etwas ist auf meinen Kopf ge-
fallen, ein Teil des Gebäudes. Ich werde von Steinen zerquetscht! Ich sehe
meinen leblosen Körper, und ich will in ihn zurück. Ich werde um das Le-
ben betrogen. (Lange Pause.)

Ich sah das Licht, das ich seitdem viele Male gesehen habe, und ich hör-
te Stimmen von Wesen, die mich holen kamen. Doch ich hatte Angst und
kehrte ihnen den Rücken zu.

Das nächste, an das ich mich erinnere, ist ein Mann, dessen Beruf es war,
die Straßen zu reinigen. Ich schloß mich ihm an, um am Leben zu bleiben,
obwohl es keine sehr gute Wahl war - es war eine schreckliche Arbeit. Die-
ser Mann starb vorzeitig eines natürlichen Todes.

Danach schloß ich mich vielen, vielen Leuten an. Ich fand heraus, daß ich
mich an sie heften und sie verlassen konnte, wann ich wollte. Es war inter-
essant. Wenn es mir langweilig wurde oder ich deprimiert war, konnte ich
einfach gehen und eine andere Person suchen und mich an sie hängen.

Ich machte die meisten dieser Leute schlecht. Ich gab ihnen eine gewis-
se Macht, einige bekamen Interesse am Okkulten, doch alle wurden de-
pressiv, und es gefiel mir nicht, lange in ihrer Nähe zu bleiben.

»Wie hast du dich an Peter geheftet?« fragte ich.

»Er trank in einer Bar in San Francisco. Er war mit ein paar Freunden zusammen, aber er war geistig abwesend und unglücklich. Ich konnte sehen,
daß er schwach war und es einfach sein würde, mich an ihn zu hängen.
Er kannte Satan bereits.«

Als Peter und ich über die Hypnose sprachen, senkte er plötzlich den
Kopf vor Scham und erzählte mir, daß er als junger Mann vom Okkulten
fasziniert gewesen sei und mehrere Bücher über satanische Rituale gelesen habe. Seit Jahren bewahre er eine kleine bemalte Gipsfigur von einem
klumpfüßigen und bärtigen Satan auf seiner Anrichte auf. Bei mehreren Gelegenheiten hätte die Figur ihn beunruhigt, doch er sei unfähig gewesen,
sie wegzuwerfen.

Bei unserer nächsten Sitzung führte ich Peter unter Hypnose in eines seiner letzten Leben zurück, und wir entdeckten, daß er tatsächlich ein akti-
ver Satansanbeter gewesen war. Dies half sicherlich zu erklären, warum
David sich von ihm angezogen gefühlt hatte.

In der nächsten Sitzung gelang es mir, schnell zu David Kontakt herzustellen, und ich fragte ihn: »Willst du in diesem endlosen Kreislauf bleiben, dich elend fühlen und andere ins Unglück stürzen, wenn du weißt, daß es einen Weg gibt, damit Schluß zu machen?«

»Ich habe immer noch Angst«, entgegnete er zögernd.

Ich betonte, daß es nichts gebe, wovor er sich fürchten müsse; jede Veränderung wäre eine Veränderung zu Glück und Freude.

»Aber sie hassen mich!«

»All dieser Haß und die Scham sind auf deiner Seite - es ist alles in dir, deine Mutter liebt dich. Schau dich um, vielleicht ist sie jetzt hier.«

Sekunden vergingen. »Ja, sie ist hier. Sie will, daß ich mit ihr gehe, und sie vergibt mir. Ich werde es tun. Auf Wiedersehen.«

Damit ging die gequälte Wesenheit namens David.

Peter und ich waren am Ende dieser Sitzung beide optimistisch. Indem er die Stücke des Puzzles zusammenbrachte, konnte er die Zeit, in der David ihn besetzt hatte, ihn Verbindung mit seinen zunehmenden Gefühlen von Unsicherheit und Selbsthaß bringen.

Während der nächsten Wochen verbesserte sich Peters Selbstwertgefühl weiter. Er fühlte neues Vertrauen in sich, und allmählich gelang es ihm, seine Ängste während seiner Arbeit mit Menschen abzubauen. Seine Beziehung zu seiner Frau besserte sich, und auch sein Gedächtnis nahm deutlich zu.

Während unserer Sitzung setzten wir weiterhin Hypnose ein, um weitere Wesenheiten aufzuspüren. Fingerzeichen sagten jedoch wiederholt, daß keine fremden Wesen da waren, deshalb benutzte ich den Rest der Zeit unter Hypnose, um ihm positive Suggestionen für ein verbessertes Selbstwertgefühl zu geben.

Gegen Ende Januar erschien Peter zu seiner Sitzung in einem desolaten Zustand: voller Nervosität. Er stand am Rande einer Angstattacke, die eingesetzt hatte, als er sein Haus verließ, um zu mir zu fahren. Je näher er dem Gebäude kam, in dem sich meine Praxis befand, desto mehr nahm seine Angst zu, und er konnte gerade eine Stimme in sich hören, die ihn anflehte, umzudrehen und nach Hause zurückzukehren. Während der kurzen Fahrt bekam er plötzlich eine verstopfte Nase, als ob er eine schwere Erkältung hätte. Er mußte all seine Willenskraft zusammennehmen, um mein Büro zu betreten und zu bleiben.

Ich versetzte Peter sofort in Trance in der Annahme, David hätte vielleicht wieder Fuß gefaßt. Fingerzeichen bedeuteten, daß tatsächlich eine männliche Wesenheit da war und Hilfe brauchte. Doch anstelle von David erwies er sich als ein munterer, vergnügungssüchtiger Geist namens Eddie Vineburg, der sagte, er sei siebenundzwanzig Jahre alt und habe sich Peter 1978 in einer Bar in Sacramento angeschlossen.

Zunächst weigerte sich Eddie einzusehen, daß er tot sei. Als ich ihn fragte, wie er wohl heiße, entgegnete er munter: »Peter. Ich bin Rocksänger, und die Leute können mich nennen, wie sie wollen, solange sie meine Musik mögen und bezahlen, um sie zu hören.« Er brachte es auch fertig zu bemerken, daß er mich »sexy« fände und nichts dagegen habe, sich mit mir zu verabreden!

Es stellte sich heraus, daß er ein unbedeutender Sänger gewesen war, der in Foyers und kleinen Clubs in der Gegend von Sacramento gespielt hatte. Er war bei einem Autounfall 1978 verbrannt, unmittelbar bevor er sich an Peter heftete. Er war in dem Auto eingeschlossen gewesen, und das letzte, an das er sich aus diesem Leben erinnerte, war der dicke beißende Rauch, den er eingeatmet hatte und der in seiner Nase und seiner Kehle brannte.

Nach dem Unfall blieb er in der Nähe und starrte auf seinen toten Körper. Doch der Schock, den er bekam, als er sah, wie Sanitäter seinen verkohlten Körper in einem Krankenwagen abtransportierten, hatte ihn fortgetrieben.

»Ich fühlte mich damals sehr einsam und verloren und eilte zurück zu der Bar, in der ich vor dem Unfall zu trinken pflegte. Doch niemand sprach mit mir, und ich konnte nicht einen Blick von einer der Frauen ergattern. Ich fühlte mich wie Caspar, der freundliche Geist!«

Als er Peter an der Bar habe sitzen sehen, sagte Eddie, habe er ausgesehen wie ein »echter Narr«, so still und zurückgezogen war er. Doch er spürte auch, daß er sich leicht an ihn heften konnte. Und aus Einsamkeit tat er es.

Ich fragte Eddi, ob er bereit sei zu gehen, und er bejahte. Als ich ihn weiter fragte, ob er irgend jemanden sehe, der ihn begleiten könne, erkannte er den Geist seiner Tante Sylvia - und dann war er weg.

Als Peter aus der Trance kam, fühlte er sich gut, und alle Anzeichen der anfänglichen Angstattacke waren verschwunden. Und auch seine Nase war wieder frei. Er erinnerte sich an 1978, als er sich verändert hatte und plötzlich Interesse an Musikgruppen und Live-Gesang bekam. Er wurde auch ein ziemlicher Frauenheld und entwickelte ein neu entdecktes Talent, Frauen aufzugabeln und sie schnell ins Bett zu zerren.

Bei unserer nächsten Sitzung vier Tage später berichtete Peter, daß die Dinge beruflich gut für ihn liefen und sein Selbstvertrauen stark sei. Doch seine sexuellen Probleme mit seiner Frau waren plötzlich wieder vehement aufgetaucht. Er hatte absolut kein sexuelles Verlangen nach ihr - tatsächlich stieß ihn der Gedanke, mit ihr zu schlafen, ab. Immer, wenn sie ihn berührte, wurde er böse. Und sie hatte sich beschwert, er würde sie sogar im Schlaf wegstoßen.

Unter Hypnose zeigten Peters Fingersignale an, daß eine weibliche Wesenheit bei ihm war. Wie sich herausstellte, war es Laurie, das Mädchen, das bei dem Autounfall ums Leben gekommen war.

»Warum bist du immer noch bei Peter?«

»Ich fühle mich gefangen, und ich habe Angst. Ich weiß nicht, wohin ich gehen soll. Es ist jetzt so einsam hier, weil alle gegangen sind. Doch ich kann es nicht ertragen, wenn er Sex mit Betty hat.«

»Bist du jetzt bereit zu gehen?«

»Ja.«

»Schau dich um. Siehst du irgend jemanden, der dich abholen kommt? Da ist jemand.«

»Da ist eine alte Frau, eine Freundin meiner Mutter. Sie ist eine ... Sie hat Babys entbunden.«

»Eine Hebamme?«

»Ja.«

»Was sagt sie zu dir?«

»Sie sagt. ›Komm, Mädchen, es ist jetzt an der Zeit zu gehen. Hör auf, so traurig zu sein. Es ist Zeit, einen neuen Tag zu beginnen.‹ Ich gehe jetzt mit ihr.«

Da Peters Fingersignale anzeigten, daß keine weiteren Geister bei ihm waren, holte ich ihn aus der Trance.

Er erzählte, daß er Lauries unendliche Freude gespürt hätte, als sie ihn schließlich verließ, und fügte hinzu, sie habe sich verlassen gefühlt, als alle Geister gegangen seien. Sie waren die einzige Gesellschaft, die sie gekannt hatte.

Peter fühlte sich sehr erleichtert, als ob ein schweres Gewicht von ihm genommen worden wäre. Er war überzeugt, endlich frei zu sein. Doch inzwischen hatte ich gelernt, bei ihm eine »Laß-uns-abwarten-und-sehen-Haltung« einzunehmen.

Bei mehreren Sitzungen nach Lauries Abschied berichtete Peter, daß seine sexuelle Beziehung zu Betty sich weiterhin verbessert hätte. Sein Selbstvertrauen und seine Arbeitsleistung blieben stark. Und sein Alkoholproblem war verschwunden. Es war an der Zeit, die Behandlung zu beenden. Er hatte seine Ziele erreicht.

Peters komplizierter Fall verdeutlicht die Komplexität der Beziehung zwischen einem lebenden Menschen und erdgebundenen Geistern. Sein eigenes früheres Leben als Satanist hatte eine tiefsitzende Schuld erzeugt, die ihn für Besessenheit empfänglich machte. Jede nachfolgende parasitäre Wesenheit, angefangen von dem verbitterten Joseph Biddle, schwächte ihn nur noch weiter und mehrte seine Anfälligkeit. Die Tatsache, daß er im Alter von fünf Jahren vom Geist des Alkoholikers Lou besessen wurde, machte die Situation nur noch schlimmer, weil Peter später durch sein Trinken seine Aura für fremde Wesen zugänglich machte.

Er war das Opfer schwer gestörter Geister und wurde von Verbitterung, Angst und Selbsthaß aufgezehrt. Als dieser Zustand anhielt, war er immer weniger in der Lage, mit seinem Leben fertigzuwerden, sowohl beruflich als auch privat. Am Ende lebten die Geister ihre Persönlichkeiten und Triebe direkt über ihn aus, während seine eigene Persönlichkeit zunehmend überdeckt und an den Rand geschoben wurde.

Der Weg zur geistigen und psychischen Gesundheit war für Peter mühsam und schwer. Es begann mit dem Austreiben eines einzelnen Geistes. Mit jedem Clearing wurde sein eigener Geist stärker und genauer abgegrenzt. Die Rückführung zu seinem Leben als Satanist half ihm, seinen tiefsitzenden Selbsthaß und die unterbewußte Voraussetzung für Besessenheit aufzulösen.

Mit der endgültigen Befreiung von allen Geistern war Peter wahrhaft er selbst, und er hatte einen großen Schritt vorwärts auf seinem geistigen Weg gemacht.

10

Fallstudie Barbara

»Seit sechzehn Jahren kämpfe ich mit meinen Pfunden. Seit meiner Totaloperation war es unmöglich, mein Gewicht zu halten. Ich habe alles versucht. Vergebens. Jetzt wird mir klar: *Keine Diät mehr!*« Barbara war zu mir als letzte Rettung gekommen.

Sie hatte wirklich alles versucht! Ihre erste Diät machte sie mit Weight Watchers und brauchte acht qualvolle Monate, um dreizehn Pfund zu verlieren. Ihre nächste wurde von einem Arzt überwacht und bestand aus Hormonspritzen und einer fünfhundert Kalorien-Diät pro Tag. Sie nahm acht Pfund ab - ohne auch nur einmal zu mogeln! Dann suchte sie Hilfe bei einem örtlichen Diätcenter und wurde auf eine Proteindiät gesetzt - hochdosierte Proteinshakes, keinerlei feste Nahrung. Sie verlor dreißig Pfund. Nach einem »hemmungslosem Wochenende« mit Freßgelage gab sie diese Diät aus Angst vor Schelte auch auf. Die dreißig Pfund waren bald wieder drauf, plus ein paar zusätzlicher! Dann ging sie wieder zu Weight Watchers und dann zu einem anderen Diätcenter. Nichts half auf Dauer.

Sie hatte sich davor gedrückt, mich wegen eines Termins anzurufen. Schließlich war sie völlig am Ende und chronisch deprimiert. Das brachte sie endlich dazu, diesen ersten Schritt zu machen.

Wie die meisten übergewichtigen Patienten suchte Barbara erst Hilfe, als sie ihren höchsten Gewichtsstand hatte - achtzig Pfund Übergewicht. Tief im Inneren wußte sie, daß mit der Therapie eine Aufgabe in Form von Seelensuche auf sie zukam, die wahrscheinlich schmerzvoll sein würde.

Es ist schwer, sich zu entschließen, seine Abwehrmechanismen umzudrehen und nach innen zu schauen. Bei jedem Symptom gibt es Traumata und verborgene Ursachen. Das Bewußtsein errichtet raffinierte Schranken, um das Gleichgewicht zu bewahren, was häufig möglich ist - zumindest bis zu einem gewissen Grad.

Barbara war eine lebhafte, intelligente Frau von Mitte vierzig. Als ich sie fragte, was für eine Art von Arbeit sie mache, lachte sie und sagte: »Ich kann alles, aber nichts richtig!« Sie war seit dreiundzwanzig Jahren verheiratet und hatte zwei erwachsene Kinder.

Bei unserer ersten Sitzung wurde nach wenigen Minuten offensichtlich, daß sie ein feinfühliger, warmherziger und spiritueller Mensch war. Sie erzählte, sie habe sich spontan erinnert, als Priesterin in einem Tempel in China gelebt zu haben. Ob wahr oder nicht, es zeigte mir, daß sie in diesem Leben auf einem spirituellen Weg war.

Als Kind litt sie an einer Nierenentzündung. Sie lag drei Wochen im Krankenhaus, und man glaubte nicht, daß sie durchkommen würde. Sie erinnerte sich, mitangehört zu haben, wie die Ärzte ihrer Mutter sagten, sie fürchteten, sie würde die Nacht nicht überstehen. So krank, wie sie war, *wußte* sie aber, daß sie nicht sterben würde.

Nach dieser Krankheit war sie extrem mager. Ihr Bruder quälte sie, indem er seine Freunde mitbrachte, um ihre Rippen zu sehen! Die Familie tat alles Mögliche, um sie zu mästen - vergeblich. Sie konnte einfach keine ganze Mahlzeit zu sich nehmen. Sie sah es so: »Seit der Nierenentzündung im Alter von sieben habe ich mit meinem Gewicht gekämpft!«

Es schien in ihrem Leben viele Gelegenheiten gegeben zu haben, besetzt zu werden. Ich besprach dies mit ihr, und sie akzeptierte die Möglichkeit. Sie war mehrfach im Krankenhaus gewesen - wegen der Nierenentzündung, der Geburten ihrer Kinder und einer Totaloperation. Außerdem ließ sie sich vor zwanzig Jahren die Gallenblase entfernen.

Sie bekräftigte meinen Verdacht sogar: »Nachts spüre ich Geister um mich herum. Häufig nehme ich links von mir etwas wahr. Ich habe mich gefragt, ob es der Junge war, der früher in unserem Haus lebte. Er kam kurz bevor wir einzogen bei einem Surf-Unfall ums Leben. Tatsächlich ist das der Grund, warum seine Eltern das Haus verkauft haben. In einem der Zimmer, dem Schlafzimmer, ich glaube, es war seins, kann ich ihn fast spüren.«

Da die Reaktionen von Patienten beim späteren Hören der Kassette, mit der ich das Clearing aufgezeichnet habe, mir deutliche Hinweise für die Diagnose der Besessenheit geben, schnitt ich die Sitzung an dieser Stelle mit.

Als ich mich an möglicherweise anwesende Geister wandte, beobachtete ich eine Menge Veränderungen in Barbaras Gesichtsausdruck, der von Furcht bis Freude reichte. Als ich zum Ende kam, entspannten sich Körper und Gesicht deutlich. Mindestens ein Geist schien gegangen zu sein.

»Ich konnte sehen, wie Billy, Ricky und Linda gingen. Ich kannte sie, damals im Osten. Sie schienen sehr gerne zu gehen! Ich muß sie seit Jahren bei mir gehabt haben. Ricky starb, als wir beide sechs waren!«

Während unserer nächsten Sitzungen entließ sie viele Geister, da ich jedes Mal mehrere Clearings machte. Insgesamt zeigten ihre Fingersignale an, daß sie dreizehn Wesen bei sich bewirtete - viele hatten sich während der Krankheit als Kind an sie geheftet. Einigen war nicht bewußt, daß ihr Körper bereits tot war, andere sahen ihre Angehörigen nicht, die gekommen waren, um sie abzuholen. Ein paar Male mußte ich sie in einen Spiegel schauen lassen, um ihnen zu zeigen, daß sie sich nicht in ihrem eigenen Körper befanden. Häufig war es nötig, Barbara zu dem Moment zurückzuführen, in dem sie sich ihr angeschlossen hatten, um herauszufinden, wer sie waren und warum sie ihnen erlaubt hatte, sie zu besetzen. Es gab Weinen und Zittern. Einige waren stur.

Manchmal war der Widerstand überwältigend. Eines der Wesen inszenierte sogar einen richtigen Kampf! Barbara war mehrmals kurz davor aufzugeben und erkannte dann auf wundersame Weise, daß *sie* nicht aufhören wollte.

Jede Woche berichtete sie von Zeiten, in denen sie mehr Energie hatte und positive Veränderungen in ihren Eßgewohnheiten bemerkte. Das Gewicht begann zu sinken, ohne Diät. Doch es ging nicht alles glatt. Es gab Rückschläge. Dann entzogen ihr die Geister Energie, und sie fühlte sich unerklärlicherweise müde und schläfrig. Sie litt auch unter allerlei Schmerzen. Verschiedene Ängste tauchten auf, die seit Jahren gekommen und gegangen waren. Immer hatte sie das Gefühl, daß noch Wesen bei ihr waren, und häufig, wenn sie zu Hause die Kassette benutzte, konnte sie spüren, wie welche gingen.

Sie faßte es folgendermaßen zusammen: »Mal fühle ich mich gut - mal schrecklich! Und manchmal sogar wund. Ich hatte auch das Bedürfnis, gehalten, gewiegt und getröstet zu werden, und ich habe viel geweint.«

Eine Wesenheit, mit der wir gearbeitet hatten, kam zurück. Sie war nicht ins Licht gegangen. Sie nahm Barbara beim Wort, die ihr versprochen hatte, sie könne zurückkommen, wenn es ihr nicht gefalle. Sie brauchte Hilfe, um eine feste Verbindung zu ihren Angehörigen herzustellen, und ging schließlich für immer!

Sie machte ein Experiment, indem sie die Kassette mit dem Clearing in dem Zimmer abspielte, von dem sie glaubte, daß es dem jungen Mann gehört hatte, der ums Leben gekommen war. Offenbar war er gegangen, denn ihre Reaktion auf den Raum veränderte sich, er kam ihr freundlicher vor. Dennoch spürte sie, daß ihr Haus nicht vollständig »sauber« war. Seitdem habe ich mit guten Resultaten anderen Patienten ähnliche Methoden empfohlen.

Als Barbara zu ihrer siebten Sitzung kam, sah ich mit einem Blick, daß es nicht gut um sie stand. Sie sah depremiert aus, und ihr ganzer Körper spiegelte ihre Stimmung wieder.

»Ich bin völlig am Ende! Es gibt so viel Mist in meinem Leben! Ich fühle mich so hilflos. Viele Male in den letzten paar Wochen war ich so depressiv, daß ich all meine Kraft zusammennehmen mußte, um nicht aufzugeben. Ich schaffe es nicht - ich werde als Dicke sterben!«

»Hast du an Selbstmord gedacht?«

»Ja! Es war ganz stark. Ich *weiß*, daß das nicht ich bin, denn eigentlich will ich leben! Das erste Mal, als es mich überkam, war ich vierzig. Ich wurde unglaublich depressiv. Genauso habe ich mich in der letzten Woche gefühlt. Ich wurde richtig krank, darum mußte ich meinen letzten Termin absagen. Ich war seit langem nicht mehr krank - mindestens seit einem Jahr. Ich habe die Krankheit benutzt, um mich hinter ihr zu verstecken. Ich war total am Ende, zitterte, schwitzte! Ich schlief vierundzwanzig Stunden am Stück durch. Es hängt alles mit der Depression zusammen.«

Unter Hypnose zeigten Barbaras Fingersignale an, daß sie eine Wesenheit bei sich hatte, die sich an sie gehängt hatte, als sie zwanzig war - vor mehr als fünfundzwanzig Jahren. Als ich fragte, ob sie männlich sei, gingen sowohl der »Ja«- als auch der »Nein«-Finger hoch. Weitere Fragen enthüllten, daß der Geist eine homosexuelle Frau gewesen war, die Selbstmord begangen hatte.

Als ich sie zum Tod der Frau zurückführte, berichtete Barbara, daß diese von der Golden-Gate-Brücke hinuntergesprungen war. Ihr Gesicht drückte Besorgnis aus, und sie sagte: »Ich weiß, wer sie ist - die Tochter einer Freundin. Ich mochte sie wirklich sehr. Sie war so eine nette Person. Ich konnte mir nicht vorstellen, warum sie *so* unglücklich war. Zuerst wollte ich nicht glauben, daß sie Selbstmord begangen hatte. Kurz davor schrieb sie einem ihrer Freunde einen Brief, in dem sie zugab, homosexuell zu sein. Selbst ihr Psychiater konnte nicht an sie herankommen.«

Ich bat sie dann, sich zu erinnern, wann das Wesen von ihr Besitz ergriffen hatte.

»Als ich ihr Bild mit nach Hause nahm. Ich weiß nicht, warum ich ihre Mutter fragte, ob ich es behalten könne.« Nach einer langen Pause gestand sie, daß sie sich nicht an ihren Namen erinnern könne. Sofort kam eine andere Stimme durch, die leise sagte: »Jean.«

Ich verschwendete keine Zeit und sprach mit ihr, bat sie, ihre Aufmerksamkeit auf jemanden zu richten, den sie sehr geliebt hatte und der gekommen sei, sie abzuholen. Sie ging ohne weitere Umstände mit ihrer Großtante.

Barbara verkündete: »Wir haben zusammen gekämpft!«

»Was meinst du damit?«

»Wenn ich in den Spiegel schaute, war es nicht wirklich ich, die ich sah. Manchmal fühlte ich mich sehr sonderbar. *Ich habe mich nie entspannt!* War immer nervös, fürchtete mich vor Höhe. Ich hatte große Angst, die Golden-Gate-Brücke zu überqueren, was wir 1979 taten. Ich hätte so leicht dort hochklettern und runterspringen können - noch einmal! Ich fühlte mich mit mir selbst nicht wohl. Ich habe mich stark mit Jean identifiziert.«

Nach einer Pause und einem verwirrten Gesichtsausdruck berichtete sie: »Sie sind noch immer hier, sitzen da und hören zu, Jean und ihre Großtante.«

Ich bat Barbara, direkt mit ihr zu reden und ihr zu erklären, daß sie ins Licht und in die geistige Welt gehen solle.

»Es ist fast, als hätte ich dich eingeladen, Jean. Ich war neidisch auf dich. Du warst alles, was ich sein wollte. Ich wußte, daß du im Inneren eine Menge Schmerz verspürtest. Ich fühlte mich so schlecht, als du Selbstmord begingst.« Barbara redete weiter mit ihr und überzeugte sie schließlich, ins Licht zu gehen, was sie offenbar tat.

»Ich wußte nicht, wer ich war. Ich glaube, ich war nach ihrem Tod nie wieder dieselbe. Sie hat seit Jahren wie eine schwere Last auf mir gelegen. Jetzt, wo sie gegangen ist, fühle ich eine Leere - wie ein Krebsgeschwür, das herausgeschnitten wird. Wie ein Panzer, den ich jetzt verloren habe. Eine Menge Spannung ist gerade abgelassen worden.

Ich fühle mich merkwürdig - als ob eine weitere Person hier wäre! Sie ist die andere Person, die bei Jean war. Sie ist sehr weiß und sehr dick. Sie ist so fett, sie ist wie eine große Blase. Ihr Kinn reicht bis zu ihrer Brust hinab. Sie hat fast orange-blondes Haar. (Lange Pause.) Margaret ist ihr Name. Sie war eine Freundin von Jean aus der High School. Sie hatte eine Beziehung mit Jean - war verliebt in sie. Sie brachte sich um ... vielleicht, weil Jean ihre Liebe nicht auf die Weise erwiderte, wie sie das wollte - körperlich. Dann machte sie Jean besessen.«

Jean war also bei ihrem Tod besessen! Wer beging in Wirklichkeit den Selbstmord, Margaret oder Jean? Mag sein, daß Jeans Homosexualität, die sie nicht akzeptieren konnte, sie dazu trieb, sich umzubringen. Oder war es der Geist? All diese Hypothesen huschten durch meinen Kopf, als ich Barbara fragte, wie Margaret sich fühlte.

»Verloren und wütend.«

Ich beschloß, mich direkt an Margret zu wenden. Ich wollte, daß sie ihren Tod anerkannte, um sie auf die nachfolgende Heilung vorzubereiten. »Wie hast du dich umgebracht?«

»Mit einer Überdosis - ich habe Aspirin geschluckt. (Pause.) Ich fühle mich nicht wohl. Ich fühle eine Menge Schmerz im Unterleib. (Lange Pause.) Jean hat auch Aspirin geschluckt, ehe sie von der Brücke sprang. Ich wollte, daß sie lebt. Ich wußte nicht, was ich tun sollte. Ich konnte nicht mit ihr reden. Ich war ... direkt bei ihr. Es war nicht mein Fehler, daß sie starb! (Lange Pause.) Wir waren lange zusammen - alle drei.«

Ich bat sie, nach ihren Angehörigen Ausschau zu halten, die da seien, um sie in die geistige Welt zu bringen.

»Hier ist niemand. Jean war meine einzige Freundin.«

»Irgend jemand ist da für dich. Schau dich um.«

»Nein.«

Ich merkte, daß dieser Weg aussichtslos sein würde. Da ich wußte, daß sie dick war, malte ich mir aus, daß das Gefühl, einen schlankeren Körper haben zu können, sie vielleicht überzeugen könnte zu gehen. Ich fragte sie, ob sie gerne einen eigenen Körper hätte, der schlank und schön wäre - ohne Diät!

»Das ist eine dumme Frage!«

Ich bemerkte ein riesiges Lächeln auf ihrem Gesicht - es funktionierte! Ich erzählte ihr vom Licht und daß sie sich dort in einem perfekten Körper wiederfinden würde.

»Das kommt mir wirklich komisch vor. Wie soll das Licht meinen Körper verändern? Woher weißt du das?«

Ich erzählte ihr von dem Lehrer, der gekommen sei, um ihr verstehen zu helfen. Außerdem würde sie, nachdem sie ins Licht gegangen sei, zweifellos mit Jean zusammen sein.

»Da sind zwei.«

»Was sagen sie zu dir?«

»Sie wollen mir helfen, wie sie es schon vor Jahren getan haben. Ich weiß nicht, warum mir nach all diesen Jahren jeder helfen will.«

Ich fragte sie, was ihre Lehrer zu ihr sagten.

»Sie wollen mir helfen.« Als sie zur Seite schaute, schien sie mit unsichtbaren Wesen zu sprechen. »Was wollt ihr tun, um mir zu helfen?«

Dann wandte sie sich wieder mir zu: »Sie versprechen ... Ich weiß nicht, ob ich jedem glauben sollte. Ich will Jean sehen ... hingehen, wo sie ist. (Weint.)

»Was sagen sie?«

»Sie können mich zu ihr bringen, weil wir beide dieselbe Hilfe brauchen. (Pause.) Jetzt gehe ich auf das Licht zu. Es ist wie ein Funke, der größer und größer wird ..., es ist so hell! Ich kann meine Augen nicht aufhalten. Sie sagen, das ist in Ordnung. Ich bekomme eine Gänsehaut. Es ist nicht heiß ..., aber es ist gut. Es ist nicht mysteriös. Ich beginne mich zu entspannen. Mein Körper ist sehr leicht! Ich fühle den Körper nicht. Es ist kein Körper. Es ist sehr anders ... wie Gedanken ..., doch ich kann sehen. Da ist Schönheit ... und Farben. Ich bin *so leicht!* (Pause.) Ich habe ein Gefühl, als ob ich in kaltes Wasser getreten sei ..., doch es ist so schön ..., und es ist erst der Anfang. (Lange Pause.) Ich kann nicht mehr weiter gehen. Es gibt eine Phase der Anpassung. (Pause.)

Ich habe eine Nachricht für dich. Es gibt hier keine Angst. Nichts, wovor man sich fürchten müßte! (Lange Pause.) Ich kann nicht mehr lange durch Barbara sprechen. Es ist nicht gut für sie, sagt man mir. Nur eine kurze Zeitlang sollte man dies tun. Barbara kann ihren Körper nicht spüren. (Pause.) Die Arbeit, die du tust, ist sehr gut.«

Ich hatte das Gefühl, Barbara besser die Kontrolle über ihren Körper wiederzugeben. Ich machte mir Sorgen, daß sie vielleicht außerhalb ihres Körpers gewesen sein könnte, und nahm den Rat der Lehrer an!

»Barbara, komm jetzt zurück in deinen Körper. Wenn du bereit bist, erzähl mir bitte, wie es für dich war, Margaret zu channeln.«

(Lange Pause.) »Ich konnte meinen Körper nicht spüren, erst jetzt kann ich das allmählich wieder. Als ob meine Stimme hier sei, mein Körper aber nicht. Es ist wie ein Radio, das auf eine bestimmte Schwingung eingestellt ist. Jetzt ist es auf eine bestimmte Schwingung gedämpft. Wenn man wach bleibt und nicht bereit ist, brennt man aus! Wenn man zu lange bleibt, kann man manchmal nicht mehr zurückkommen! Es war sehr schön. Als ich zurück in den Körper kam, setzte zuerst wieder mein Verstand ein, dann spürte ich den Kopf, die Schultern, die Arme, hinunter bis zum Torso. Jetzt kann ich meine Waden und meine Füße spüren, doch ich fühle mich immer noch leicht.«

Ich gab ihr Suggestionen, geerdet und zentriert zu sein, und fragte sie, wie sie sich fühle.

»Ich fühle mich entspannt.« Sie schüttelte ihre Hände, als ob sie eingeschlafen gewesen wären. »Die andere Seite ist nicht weit weg. In gewissem Sinne ist es ein Geisteszustand, und es ist so leicht, damit Kontakt aufzunehmen.« Sie schüttelte ihren Kopf. »Mein Körper fühlt sich anders an!«

»In welcher Weise?«

»Ich habe das Gefühl, als ob ich schwer beladen im Wasser getrieben wäre. Ich bin nicht ertrunken, doch ich mußte immer aufpassen, damit ich nicht ertrinke. Ein Teil von mir wußte, daß ich nicht ertrinken würde. Die Gewichte sind von mir abgefallen. Nun ist mir klar, daß ich lernen muß, alles noch einmal durchzugehen. Ich habe so viele Jahre nicht wirklich gelebt. Ich habe gekämpft, durchgehalten, kontrolliert ..., jeden zufriedengestellt, außer mich selbst. Wie eine Marionette.«

»Wer hat die Fäden gezogen?«

»Margaret fällt mir ein, das rote Haar und der weiße Körper. Jean ..., jeder andere außer mir. Vor Jean und Margaret jemand anders, und vor ihnen noch jemand anders. *Ich habe es zugelassen!* Weil ich es zugelassen habe, mich von so vielen Kräften beeinflussen zu lassen. Ich will, daß ich mir über mich selbst klar werde.

Woher weiß ich, daß nicht alles Einbildung ist? Daß ich nicht alles erfinde? Doch es ist so real, wenn ich es sehe ... so viele leidende Seelen! Jeder klammert sich an mich, damit ich ihm helfe, doch wer hilft mir? Wann bekomme ich Hilfe?

Ich fühle mich in gewissem Sinne allein. Obwohl ich erleichtert bin, fühle ich mich *allein*. Ich laufe mit den Händen hinter dem Rücken und mit gesenktem Kopf herum. Es ist wirklich meine Lebensaufgabe, allein zu gehen und zu dienen. Es wird niemanden geben, der mir hilft. Es ist wie die Stimme Jesu - ein Geist. Aber ich verstehe die Botschaft nicht. Ich *will* sie nicht verstehen. Es ergibt keinen Sinn, daß mir niemand hilft. (Pause.) Es ist schwierig, diese Gefühle auszudrücken.«

Ehe ich sie aus der Hypnose holte, sagte ich ihr, daß nur *sie* wisse, ob es Wirklichkeit oder Phantasie gewesen sei, und es ihr klar werden würde, wenn sie bereit dazu sei.

Als sie aus der Trance kam, fragte ich sie, was es für ein Gefühl gewesen sei, die beiden Geister Jean und Margaret zu erleben.

»Margaret war wesentlich stärker als Jean. Ich konnte mich nicht an ihren Namen erinnern. Dann schoß er mir wieder in den Kopf, als ob sie meinen Körper übernommen hätte. Es war mir nicht bewußt, als ich redete, doch es war so.

Das Gefühl im Licht war totale Leichtigkeit. Es gibt eine Übergangsphase auf der anderen Seite, die man braucht, um sich an den neuen Zustand zu gewöhnen. Als ihre Lehrer mit ihr sprachen, war es wie ein Echo. Es ist nicht gut, zu lange außerhalb des Körpers zu bleiben. Wenn du mich berührt hättest, hätte ich es nicht gespürt. Du hättest mit deinen Händen direkt durch mich hindurch gehen können.

Margaret war sehr zornig - bissig! ›Du hast mir nichts zu sagen.‹ Das paßt wirklich gut zu mir. Die ganze Persönlichkeit wechselte und veränderte sich so schnell. Und später - Freude, eine Hingabe an das Gute, eine Auflösung all der Negativität im Licht.

Der andere Teil, die Botschaft an dich - zu der Zeit wurde dir nur so viel gesagt ... nur, was du hören solltest. Was du tust, ist wichtig. Die Leute sind noch nicht ganz bereit - es ist ein langsamer Prozeß.

Die Wand zwischen hier und dort ist sehr dünn - ein Zustand des Geistes. Man kann diese Quelle anzapfen, doch man muß vorsichtig sein. Man muß wissen, womit man es zu tun hat!«

Es war eine aufregende und fruchtbare Sitzung gewesen. Wir hatten beide eine Menge gelernt. Für mich war es aufgrund der vielen interessanten Drehungen und Wendungen, die unsere Exkursion genommen hatte, ein seltenes Erlebnis: Ein Geist, der selbst besessen war - während seines Lebens und im körperlosen Zustand als Geist! Und Margarets Beschreibung, wie sie im Licht war - es war die erste während einer solchen Sitzung! Viele hypnotisierte Patienten gingen bei ihrer Rückführung durch ihren Tod hindurch, durch die unmittelbare nachtodliche Erfahrung und durch die Reise ins Licht und ins Jenseits. Doch ein erdgebundener Geist, der sich von einem Menschen löste, den er besessen gemacht hatte und der, während er sich außerhalb des physischen Körpers befand, weiter erzählte - das war einzigartig.

Als Barbara sich das nächste Mal auf den Stuhl setzte, verkündete sie, daß sie sich die ganze Woche wirklich gut gefühlt hatte - keine Anzeichen mehr von der schweren Depression und den Selbstmordgedanken, unter denen sie unmittelbar vor unserer letzten Sitzung gelitten hatte. Dennoch fühlte sie sich einsam. Es war, als ob sie ein paar gute Freunde verloren hätte.

Die Depression war mit Jean und Margaret verschwunden, doch die Eßlust blieb. Sie erklärte: »Jemand zwingt mich zu essen! Es ist, als ob mich jemand bei der Hand nähme und mich dazu bringen würde, es zu tun. Ich will es nicht! Da ist jemand, der sagt: ›Füttere mich!‹ Ich habe das Gefühl, als ob ich mich fast außer Kontrolle meines Bewußtseins befände.«

»Barbara, das klingt, als ob du langsam zur Sache kämst. Es ist komisch, auf welche Weise Geister zum Vorschein kommen. Manchmal scheint es mir, als ob sie wie Schichten aufeinanderliegen und entsprechend nacheinander gehen würden. Einige müssen erst verschwinden, bevor andere gehen können.

Offenbar war Margaret nicht für all deine Gewichtsprobleme verantwortlich. Sie mag ein wenig dazu beigetragen haben, doch da du immer noch zwanghaft ißt, habe ich den Verdacht, daß da noch jemand anders ist - nämlich der, der gesagt hat: ›Füttere mich!‹ Laß uns jetzt in Hypnose gehen, um zu sehen, ob ich recht habe.«

Nachdem ich die Hypnose eingeleitet hatte, bat ich Barbaras Unterbewußtsein, die Fingerzeichen zu benutzen. Sie zeigten an, daß zwei Wesenheiten bei ihr waren, von denen eine sich zu verstecken versuchte.

Von dieser Vermutung ausgehend, fragte ich sie, wann der »Füttere mich«-Geist sich an sie geheftet habe. Barbara entgegnete: »Sie besuchte mich im Krankenhaus, als ich die Totaloperation hatte.« Weitere Fragen brachten zu Tage, daß der »Besucher« ein verwirrter Geist war, der in ihr Zimmer ging und sie besetzte. Ich führte sofort ein Befreiungsritual durch, und der Geist schien ohne Zögern mit seinen Angehörigen zu gehen.

Plötzlich fuhr Barbara zusammen und murmelte: »Dorothy ist hier! Sie starb vor ein paar Jahren an Krebs. Sie ist böse auf mich, weil ich Gary geheiratet habe. Sie und Gary waren befreundet, ehe ich ihn überhaupt kannte. Sie hat das Gefühl, daß ich ihn ihr weggenommen habe. Sie hüpft hin und her - zwischen ihm und mir.«

Es war ausgesprochen schwierig, Dorothy zu überzeugen, ins Licht zu gehen, da sie an der Zwangsvorstellung einer ungerechten Behandlung litt: Ihr Körper war gestorben, während Barbara lebendig und gesund war, und so entschloß sie sich, ihre Rivalin krank zu machen.

Sie drückte es so aus: »Wenn ich in ihrem Körper bleibe, wird sie sich zu Tode essen, und sie wird so sterben, wie ich gestorben bin. Dann wird sie wissen, wie das ist. Ich war so voller Leben! Wie Gary liebte ich es, Sport zu treiben. Ich habe Fallschirmspringen gemacht, bin gesegelt. Mein Leben war zu schnell vorbei! Es war nicht fair!«

Neben ihrer Verbitterung und ihrem Groll Barbara gegenüber hielt sie aber auch ihre starke Zuneigung zu Gary auf der irdischen Ebene fest. Sie glaubte, eine viel bessere Gefährtin für ihn zu sein als seine Frau. Sie freute sich diebisch, als sie beschrieb, wie sehr sie es genoß, bei ihm zu sein - während sie *ihn* besessen machte. Sie gab zu, daß sie absichtlich Unruhe zwischen den beiden stiftete, und freute sich, daß es in ihrer Ehe kriselte.

Ich sprach mit Dorothy und erklärte ihr, daß sie einen gesunden, tatkräftigen Körper haben würde, so wie vor ihrer Krankheit. Sie mißtraute meinen Versprechungen, erwog aber schließlich doch, mir zu glauben, als sie ihre verstorbene Großmutter erkannte und sah, daß diese einen richtigen Körper besaß. Als ich im Begriff stand, sie zu segnen, überlegte sie es sich im letzten Moment anders und weigerte sich zu gehen.

Jetzt brauchte ich Unterstützung und rief spezielle Helfer aus der geistigen Welt an. Bereits in der Vergangenheit waren sie bei schwierigen Ritualen extrem hilfreich gewesen.

Barbara berichtete: »Alles, was du tun mußtest, war, sie um Hilfe zu bitten. Das sagen »SIE«. Es sind fünf Wesen. Sie sind wunderschön. Helle, strahlende Wesen! Sie bilden einen Kreis. Sie können nicht zu nahe an sie herangehen, weil ihre Schwingungen zu stark sind. Sie umringen Dorothy, ihre Großmutter und einen alten Freund namens Ted. Ted ist hier!«

Barbaras Gesicht hellte sich mit einem strahlenden Lächeln auf, als sie erklärte: »Er ist ein Freund meiner Schwiegermutter. Oh, er schrieb so wunderbare Gedichte!«

Dann erinnerte sie sich wieder an Dorothy und sprach zu ihr: »Ich vergaß. Auch du hast wunderbare Gedichte geschrieben. Selbst, wenn du ihn nicht kennst, er ist gekommen, um dir zu helfen - und er kann es. Als er starb, war er ein alter Mann und sehr krank! Es konnte kaum gehen. Er mußte einen Stock benutzen, und er konnte kaum sehen. Jetzt sieh, wie wunderschön er ist!«

Sie drehte ihren Kopf auf die andere Seite und sprach zu Ted: »Oh Ted! Danke! Danke!«

Dann wieder zu mir gewandt: »Die fünf Wesen senden Energie und Heilkraft. Sie haben sich zu einem fünfzackigen Stern formiert. Dorothy steht auf. Sie weint. Sie will, daß ich Gary ›Auf Wiedersehen‹ sage.« Nach einer langen Pause, in der sie lächelte, fuhr sie fort: »Dieses Licht ist so heilend. Es ist solch eine Versuchung, einfach hineinzugehen. Doch ich kann nicht!«

Ich fragte, ob Dorothy gegangen sei. Sie wischte sich eine Träne aus dem Augenwinkel, nickte, und ihr »Ja«-Finger ging hoch.

An diesem Punkt rief ich helfende Geister herbei, um ihre Aura und ihren Körper zu stärken und zu heilen. Während ich wartete, bis diese Arbeit vollendet wäre, hatte ich eine Eingebung.

Da Barbara eine ungewöhnlich visuell veranlagte und sensitive Hypnose-Patientin war, beschloß ich, mit ihr ein Experiment zu versuchen, das bei anderen, ebenso sensitiven Patienten wunderbar funktioniert hatte.

»Stell dir Gary vor deinem geistigen Auge vor. Sag mir jetzt, ob du in der Lage bist, irgendwelche Geister bei ihm zu sehen.«

»Seinen Vater ... und einen alten Mann.« Nach einer Pause fügte sie hinzu: »Jetzt nehme ich zwei andere wahr.«

Ich wandte mich an sie alle und führte in Abwesenheit ein Clearing en masse durch. Ich erklärte ihnen, daß ihre Körper tot seien, sie als Geister Gary besetzt hätten und ihre Angehörigen gekommen seien, um ihnen zu helfen - und sie zur nächsten Stufe ihres Lebens zu bringen. Ich segnete sie und forderte sie auf, ins Licht zu gehen.

Barbara bestätigte, daß sie mit ihren Helfern gingen, und währenddessen ging ihr »Ja«-Finger spontan wieder hoch.

Eine weitere denkwürdige Sitzung war zum Abschluß gekommen. Bevor Barbara ging, sagte sie, daß sie sich müde fühlte, als ob sie viel durchgemacht hätte. Das hatte sie in der Tat!

Fallstudie Paolo

»All meine Probleme fingen mit fünfzehn an - davor war alles in Ordnung! Ich ging für ein Jahr nach Italien, von da an gings bergab. Ich verlor mein Selbstvertrauen. Ich verlor all die Selbstdisziplin, die ich hatte. Ich lernte nicht, ich war nicht gut. Seit damals habe ich jede Menge Probleme. Ich verstehe es nicht. Darum bin ich hier.«

Der fünfzigjährige Paolo hatte beschlossen, den Rat seiner Frau anzunehmen und etwas zu unternehmen, um die hartnäckigen selbstzerstörerischen Muster aufzulösen, die ihn davon abhielten, seine Ziele zu erreichen, und ihn ein unglückliches Leben führen ließen.

Ich fragte ihn, was in Italien geschehen sei, das die Veränderung hervorgerufen haben könnte.

Es gab dort nichts Traumatisches oder Ungewöhnliches. Er war in sein Geburtsland geschickt worden, um dort auf das amerikanische College zu gehen, eine Schule, auf der der Unterricht zur Hälfte in Englisch und zur Hälfte in Italienisch stattfand. Seine Eltern hatten zweifellos ihre Gründe, ihn zu seinen Großeltern zu schicken. Sie sagten ihm, daß es gut für ihn sei, sein Italienisch zu üben und seine Familie kennenzulernen, bevor sie starben.

Er fragte sich, warum sich sein Verhalten so drastisch und so plötzlich verändert hatte. Bis zu diesem Punkt in seinem Leben hatte er sich in der Schule angestrengt, hatte gute Noten bekommen, und das Lernen hatte ihm, da er ein breites Gebiet von Interessen und Fähigkeiten hatte, viel Freude gemacht. Während dieses Jahres in Italien verlor er all sein Interesse am Unterricht und konnte sich zu nichts aufraffen.

In Italien hatte er zum ersten Mal in seinem Leben versucht, ein Mädchen aufzugabeln. Er wollte Sex. Es gelang ihm nicht, doch das Verlangen war stark - und blieb!

Sein derzeitiges Problem bestand darin, daß er sich einen Großteil der Zeit nicht unter Kontrolle hatte. Er trank exzessiv. Er aß zwanghaft und kämpfte ständig mit dreißig Pfund Übergewicht. Jeden Abend rang er mit der Entscheidung, ob er nach Hause zu seiner Familie gehen oder in einem Motel übernachten sollte. Wenn er blieb, fühlte er sich schuldig. Im Geschäftsleben war er an einem Tag voller Angst und Mangel an Selbstvertrauen und am nächsten Tag voller neuer Pläne und Optimismus.

Seine Beziehung zu Kathy, seiner Frau seit dreiundzwanzig Jahren, war aufs äußerste gespannt. Er gestand: »Es gibt bestimmte Zeiten im Jahr, zu denen ich einen starken Drang habe wegzulaufen - im Frühjahr und zu Weihnachten. Wir haben uns mehrere Male getrennt. Ich ziehe einfach los und bleibe drei Monate oder länger weg. Das letzte Mal, vor fünf Jahren, standen wir kurz vor der Scheidung. Es muß doch einen Grund dafür geben. Ich habe keine Ahnung, was es ist.«

Ich fragte ihn nach seinen Gefühlen für Kathy.

Er hatte große Achtung vor ihr und wußte, daß sie in vielerlei Hinsicht die perfekte Frau für ihn war. Er kratzte sich am Kopf, runzelte die Stirn und sagte: »Ich liebe sie, aber wir bekriegen uns die ganze Zeit. Das Hauptproblem ist der Sex. Sie macht mich einfach nicht an - sie reizt mich nicht. Ich weiß nicht warum; früher tat sie das. Sie ist eine sehr attraktive Frau - hübsches Gesicht, nette Figur. Manchmal ertrage ich die Vorstellung nicht, mit ihr ins Bett zu gehen. Inzwischen ist es soweit mit uns gekommen, daß ich Angst habe, es zu versuchen.« Er gab zu, er trinke, um die Angst vor erneutem Versagen zu betäuben.

Alkohol schien ein größeres Problem darzustellen, als Paolo bereit war zuzugeben. Er gestand, daß er im letzten Jahr sogar einen Blackout hatte. Vor fünfundzwanzig Jahren hatte er begonnen, Alkohol als Krücke zu benutzen, und seitdem ging er jeden Abend nach der Arbeit in Bars. Wenn sein Geschäft gelegentlich nicht so gut lief, diente der Alkohol dazu, seine Arbeitsmoral zu heben.

Ein Jahr zuvor war er wegen Trunkenheit am Steuer inhaftiert worden. Irgendwie motivierten ihn die Gefängnisstrafe, die Fahrschule und der Polizeibericht dazu, sich wieder unter Kontrolle zu bringen.

Es funktionierte. Er hörte völlig mit dem Trinken auf. Dann fand er heraus, daß er in der Lage war, eine kalorienarme Diät einzuhalten. Mit Leichtigkeit verlor er dreißig Pfund und fühlte sich großartig und voller Tatendrang. Er hielt das neue Gewicht, und sein Selbstwertgefühl stieg. Er fing an, regelmäßig nach Hause zu gehen, und kam besser mit Kathy und seinen drei Kindern aus.

Geschäftliche Probleme machten alles zunichte, was er während dieser sechs Monate aufgebaut hatte. Er fing wieder an zu trinken, die Pfunde kamen zurück, und die Auseinandersetzungen zu Hause begannen von neuem.

Das Problem, das in Paolos Kopf am schwersten wog, war, wie er sein Geschäft in den Griff bekommen sollte. Er war Eigentümer des beliebtesten Eisenwarenhandels in der Stadt und behauptete, trotz seiner Konflikte ausgesprochen gut mit seinen Kunden umzugehen. »In der einen Minute bin ich der Beste, in der nächsten total paranoid. Ich rede mir ein, daß ich es nicht gut machen werde, daß ich versagen werde. Ich fange ein Projekt voller Begeisterung an und bin mir sicher, daß ich es dieses Mal schaffen werde. Dann überkommt mich ein überwältigendes Gefühl des Versagens und untergräbt all mein Vertrauen und meinen Enthusiasmus. Ich werfe den Plan über Bord und beginne zu saufen. Es passiert wieder und wieder. Das schlimmste ist, daß ich *weiß*, daß ich Erfolg haben kann.«

Da ich den Verdacht hegte, daß Besessenheit die Ursache für die meisten seiner Probleme sein könnte, fragte ich ihn nach seiner Persönlichkeit, wenn er trank.

»Die Veränderungen machen mich geradezu high! Ich ziehe von Bar zu Bar, mit dem Ziel, Menschen dazu zu bringen, mich zu mögen. Wenn ich trinke, bringe ich alle in Schwung - außer Kathy. Sie geht mir dann sogar noch mehr auf den Geist!«

Ich teilte ihm meinen Verdacht mit, daß es vielleicht einen oder zwei Geister gebe, die ihn besetzt hielten, gelegentlich die Kontrolle übernahmen und die vielen Konflikte verursachten, die er geschildert hatte.

Wie seine Familie hatte er sein ganzes Leben lang an Geister geglaubt. Er erzählte mir, daß die Gegend, in der er jetzt lebe, voll schlechter Schwingungen sei. Es hätte dort viele Todesfälle, Selbstmorde und Leute, die zu Alkoholikern wurden, gegeben, und auf dem alten nahegelegenen Friedhof hätte man sogar Geister gesichtet. Seine Tochter reite oft mit ihrem Pferd am Friedhof vorbei, und bei mehreren Gelegenheiten habe sie den Geist eines Mädchens gesehen. Sowohl ihr als auch ihrem Pferd habe dies jedesmal einen gewaltigen Schrecken eingejagt.

Paolo war von der Idee fasziniert, daß Geister sein Leben verpfuscht haben könnten, und willigte in eine Geistbefreiung ein.

Wie üblich begann ich, indem ich eine Entspannungskassette mit positiven Suggestionen für allgemeines Wohlbefinden für ihn aufnahm. Ich beendete sie mit Einschlafsuggestionen, die er nachts anwenden konnte. Er schien in eine wunderbare Trance zu fallen und ließ all die Spannungen, die Minuten zuvor so offensichtlich gewesen waren, völlig los.

Als ich mit dem Ritual begann, fing er an zu sprechen und unterbrach den Vorgang. Die Stimme war ganz anders als die von Paolo.

Wütend verkündete er: »Ich werde nirgendwo hingehen!« Die Stimme schnellte in die Höhe und war schwerfällig, wie die eines Betrunkenen.

»Wer bist du?«

»George. Sag es aber nicht Paolo, diesem Arschloch!«

In der Hoffnung, ihm das Weggehen zu erleichtern, fragte ich ihn, ob er irgend jemanden sehe, den er kenne.

»Pete ist hier! Doch er ist tot! Zum Teufel noch mal, es ist mir egal. Guter alter Pete, mein Kumpel«, nuschelte er.

Während wir miteinander sprachen, wurde deutlich, daß er mit seiner Großmäuligkeit nur seine Angst vertuschte. Manchmal wurde er verzweifelt und brach sogar in tiefes Schluchzen aus, als er halbwegs akzeptierte, daß sein Körper gestorben war.

Als ich Kathy erwähnte, wurde er laut. »Ich kann dieses Weib nicht ausstehen! Alles was sie tut, ist, auf dem armen Paolo herumzuhacken, diesem Trottel!«

Ich fragte ihn, ob er derjenige sei, der beschließe, zu trinken und im Motel zu bleiben.

»Ja. Wenn ich sie nie wieder sehen würde, wäre ich glücklich. Aber dieser Arsch geht nach Hause, wenn er sich schlecht genug fühlt. Ich kann ihn nicht immer davon abhalten.«

Obwohl ich die Prozedur der Geistheilung an sich gestoppt hatte, nahm ich unsere Unterhaltung immer noch auf Kassette auf - vielleicht würde dies unserer Arbeit helfen.

Ich machte keinen Versuch, George zum Gehen zu bewegen, sondern versuchte, ihn über seinen Zustand aufzuklären, und beschrieb ihm das gute Leben, das Geister in der Nachwelt führen.

Mein Hauptanliegen war , eine Verbindung zu diesem groben und hochtrabenden Charakter aufzubauen.

Als Paolo aus der Hypnose kam, sagte er: »Ich kenne diesen Kerl! Das bin ich, wenn ich getrunken habe. Doch das bin nicht wirklich ich!«

Wir vereinbarten einen Termin für zwei Tage später. Ich schlug vor, er solle seiner Frau die Kassette vorspielen. Ich nahm an, daß es ihr helfen würde zu verstehen, womit sie es zu tun gehabt hatte, und er würde ein Feedback von ihr bekommen. Er ging ermutigt und optimistisch.

»Kathy sagt, sie hat mit diesem Geist oft gesprochen. Wenn ich getrunken habe, sagt sie, sieht sie, wie er aus mir herauskommt. Sie sieht ihn nicht wirklich, aber die Art, wie ich mich aufführe. Es ist George!«

Ich fragte ihn, ob er irgendwelche Angst verspürt habe, als er zu meiner Praxis gefahren sei. Ich machte mir Sorgen um Georges Angst.

»Es war seltsam. Gestern hatte ich einen immensen Drang, zu dir zu kommen. Ich weiß nicht, wer hier sein wollte. Dann, letzte Nacht, habe ich mich betrunken. Es ist lange her, daß ich so blau war! Und je näher ich Saratoga kam, desto nervöser wurde ich.«

Ich schlug vor, sofort in Hypnose zu gehen, damit ich mit George reden könnte.

Dr. Fiore: Als Paolo den starken Drang verspürte, mich zu sehen, warst du das?

George: Ja.

Dr. Fiore: Warum wolltest du mich sehen?

George: Ich wollte einfach mehr hören.

Dr. Fiore: Ich werde dir helfen zu verstehen. Das ist es doch, was du wirklich willst, nicht wahr?

George: (Nickt.)

Dr. Fiore: Okay. Jetzt entspann dich. Ich werde dir etwas zeigen. (Gibt ihm den Spiegel.) Öffne die Augen. Siehst du dieses Gesicht? Entspann dich. Siehst du meine Hand?

George: Ja.

Dr. Fiore: Fühlst du meine Hand?

George: Ja.

Dr. Fiore: Fühlst du dieses lockige Haar?

George: Ja.

Dr. Fiore: Das ist Paolos Gesicht. Verstehst du? Das ist nicht dein Gesicht, oder?

George: Nein.

Dr. Fiore: Aber du kannst meine Berührung spüren, richtig?

George: Ja.

Dr. Fiore: Es ist keine Frage, daß ich dich berühre. Aber du siehst dieses andere Gesicht.

George: Ja.

Dr. Fiore: Gut. Das ist Paolos Gesicht, und es ist ein vertrautes Gesicht, nicht wahr? Du hast dieses Gesicht schon einmal gesehen, weil du schon einmal durch diese Augen geschaut hast, vielleicht, als er sich rasiert oder angezogen hat. Sieh genau hin. Das ist Paolo.

Nun, du bist wahrscheinlich seit seinem fünfzehnten Lebensjahr bei ihm gewesen, jetzt ist er erwachsen. Er ist ein erwachsener Mann, fünfzig Jahre alt. Und er hat ein sympathisches Gesicht, doch es ist nicht dein Gesicht. Schließ einfach deine Augen und entspann dich. Beruhige dich jetzt.

Das ist Schritt Nummer eins, George. Du mußt erkennen, daß du im Körper eines anderen bist. Okay?

Du hast dieses Gesicht gesehen, doch es ist nicht dein Gesicht, und du hast meine Hand auf dem Kopf gefühlt, von dem du glaubtest, daß es dein Kopf wäre, und du erkennst, daß es nicht dein Kopf ist. Nun, das Wichtigste, was du lernen kannst - was jeder lernen kann, ich, Paolo, jeder -, ist, daß das, was uns über den Tod beigebracht wird, ein Mythos ist. Das Leben geht nach dem Tod weiter, aber der Körper stirbt. Dein eigener Körper ist gestorben. Doch *du* bist nicht gestorben. Verstehst du das jetzt?

George: (Nickt.)

Dr. Fiore: Jetzt fängst du an, die Vorstellung zu akzeptieren, daß du nicht mehr in deinem Körper bist - daß du in Paolos Körper bist. Okay. Akzeptierst du auch die Vorstellung, daß es so etwas wie den Tod eines Menschen nicht gibt? Nur den Tod eines Körpers.

George: (Nickt.)

Dr. Fiore: Du weißt, daß du lebst, weil du mit mir sprichst, nicht wahr? Und du hörst, was ich sage. Und du fühlst dich sehr lebendig, nicht wahr? Du bist also nicht gestorben. Aber dein Körper ist gestorben.

Nun möchte ich gerne, daß du einen Blick auf den Körper wirfst, in dem du bist. Öffne deine Augen und sieh auf ihn hinunter. Schau auf die Hände. Schau dir die Form an. Ist das dein eigener Körper, den du in Erinnerung hast?

George: (Schüttelt verneinend den Kopf.)

Dr. Fiore: Wie sah dein Körper aus? Wie alt warst du ungefähr?

George: Achtundzwanzig ... glattes schwarzes Haar ... Ich tanze gerne. Ich mag all die Frauen um mich herum.

Dr. Fiore: Nun, ich schätze, du hast Paolo satt.

George: Nein! Ich habe keinen anderen gefunden, bei dem ich bleiben will.

Dr. Fiore: Warum hilfst du dir nicht selbst? Wenn du gehst, kannst du deinen eigenen Körper haben. Wäre das nicht eine schöne Veränderung?

George: (Schreit.) Ich habe doch einen Körper.

Dr. Fiore: Wenn du gehst, wirst du einen neuen haben.

George: Nein ... nein, du lügst mich an.

Dr. Fiore: Ist deine Mutter gestorben?

George: Uh-huh.

Dr. Fiore: Angenommen, du würdest deine Mutter in ihrem Körper sehen, was würde dir das sagen?

George: Daß er nicht echt ist.

Dr. Fiore: Was wäre, wenn sie vorbeikäme und dich berühren würde? (Pause.) Fühlst du jetzt, wie dich jemand berührt?

George: Nein.

Dr. Fiore: Fühlst du, wie jemand deine Hand berührt?

George: Nein! Nein! (Weint und wendet sich zur Seite wie zu jemandem hin.)

Dr. Fiore: Du bist sehr eigensinnig.

George: (Spricht scheinbar mit jemand anders.) Laß mich bloß in Ruhe! (Wimmert.)

Dr. Fiore: Sprich nicht so mit deiner Mutter.

George: Es ist nicht meine Mutter, es ist nur ... irgend jemand.

Dr. Fiore: Das glaube ich nicht.

George: (Weint.) Es tut mir leid, Mama. Ich werde stark sein. (Flüstert.) Ich werde stark sein.

Dr. Fiore: Du bist sehr stark. Du wirst stark sein, wenn du deinen Zustand erkennst - das ist das stärkste, was du tun kannst.

George: Hallo, Mama.

Dr. Fiore: Jetzt kannst du deine Mutter sehen, und sie hat einen wunderschönen Körper, es ist ein perfekter Körper, ich will, daß du siehst, wie real er ist.

George: Ich kann sie nicht sehen, ich kann sie nicht sehen. (Flüstert.)

Dr. Fiore: Sie ist genau hier bei dir. Du *kannst* sie sehen. Sie ist in ihrem geistigen Körper.

George: Sie ist *kein* Geist.

Dr. Fiore: Natürlich ist sie das.

George: Sie hat Titten.

Dr. Fiore: Das ist richtig.

George: Geister haben so etwas nicht ... Oh, ich glaube es nicht!

Dr. Fiore: Sie ist sehr real, George.

George: Ich sehe eine Tür ... weit weg.

Dr. Fiore: Siehst du ein Licht in der Tür?

George: Es ist ganz hell.

Dr. Fiore: Schau weiter in dieses Licht und sag mir, was du fühlst, wenn du es siehst.

George: (Lange Pause.) Oh, es zieht mich an.

Dr. Fiore: In dem Augenblick, in dem du in dieses Licht trittst, wirst du dich in einem Körper wiederfinden. Du wirst achtundzwanzig Jahre alt sein, würde dir das gefallen?

George: Uh-huh.

Dr. Fiore: Und gutaussehend. Du wirst einen Körper und dunkles Haar haben - keine grauen -, schlank wirst du sein.

George: Nein, ich will nicht gehen!

Dr. Fiore: Du brauchst nicht. Ich habe dir gesagt, ich werde nichts unternehmen, um dich zu zwingen. Wenn du gehen willst, kannst du

126

einen Versuch machen. Wenn es dir nicht gefällt, wird Paolo dich zurückkommen lassen.

George: Oh nein, das wird er nicht! Wenn er mich los wird, wird er mich *niemals* wieder zurückkommen lassen!

Dr. Fiore: Nun, ich werde ihn bitten, dich zurückkommen zu lassen. Ich weiß, wenn du in dieses Leben gehst, wirst du *auf keinen Fall* hierher zurückkommen wollen. Warum solltest du einen fünfzig Jahre alten Körper gegen einen achtundzwanzigjährigen eintauschen - den Körper eines anderen gegen deinen eigenen? Ich weiß, daß du nicht zurückkommen wollen wirst. Es ist das letzte, das du wollen wirst, weil du deinen eigenen Körper haben wirst, er wird stark und gesund sein.

George: Halt den Mund, Paolo!

Dr. Fiore: Was sagt er zu dir?

George: Er drängt mich zu gehen. Und ich will nicht!

Dr. Fiore: Du mußt nicht. Du mußt nicht. Möchtest du einfach, daß wir ... Du willst also heute nicht auf mein Abkommen eingehen, oder?

George: Was für ein Abkommen?

Dr. Fiore: Das Abkommen, daß du gehst und zurückkommen kannst - sagen wir, in einer Woche -, wenn es dir nicht gefällt.

George: Nein!

Dr. Fiore: Ich habe nicht versucht, dich zu zwingen, oder?

George: Du versuchst mich reinzulegen.

Dr. Fiore: Nein, warte eine Minute. Keine Tricks und kein Zwang. Ich will, daß du darüber nachdenkst, was ich dir gesagt habe, daß das Leben nach dem Tod des physischen Körpers weitergeht.
Du bist zufällig im Körper eines anderen hängengeblieben. Wenn du in die geistige Welt gegangen wärst, als du es solltest, wärst du die ganze Zeit in einem Körper gewesen, der nie altert, und er wäre perfekt in jeder Hinsicht. Ich will, daß du zwischen heute und dem nächsten Mal darüber nachdenkst, okay?

George: (Pause.) Glaubst du an Reinkarnation?

Dr. Fiore: Ich denke ja. Und du?

George: *Ich habe Angst davor!* (Aggressiv.)

Dr. Fiore: Warum?

George: Weil ich nicht weiß, als was ich wiederkehren werde. Wer werde ich sein?

Dr. Fiore: Du bist derjenige, der die Entscheidung trifft.

George: Was für eine Entscheidung?

Dr. Fiore: Nun, wenn ich mit meinen Patienten unter Hypnose arbeite, erinnern sie sich, daß sie mit ihren geistigen Führern gemeinsam entschieden haben, wie ihr nächstes Leben sein würde.

George: Warum würde jemand als eines dieser Arschlöcher hier wiederkehren wollen?

Dr. Fiore: Nun, du hast bestimmt dazu eine Menge zu sagen, und es wird eine sehr interessante Erfahrung sein. Laß uns nun reden über ...

George: (Unterbricht.) Ich habe versucht, ein Buch über Reinkarnation zu lesen, aber ich habe damit aufgehört, weil ich nicht zuviel darüber wissen wollte. (Lange Pause.)
(Lacht.) Nun, Paolo sagt mir gerade, er glaubt mir nicht, daß ich wirklich hier bin!

Dr. Fiore: Was sagt er?

George: Nun, er erzählt mir, daß er dir nicht glaubt. Aber ich glaube dir! (Lacht.) Ich habe diesen Hurensohn sicherlich zum Narren gehalten. Ich werde weglaufen und ihn leiden lassen. Dieser verkommene Hurensohn!

Dr. Fiore: Es kann nicht allzu lustig sein, in Paolos Körper zu stecken.

George: Manchmal.

Dr. Fiore: Ich möchte, daß du dich mit diesen Ideen vertraut machst. Ich bin hier, um dir zu helfen, Schluß mit diesem Gefängnis zu machen, das du dir selbst geschaffen hast ..., um dir zu helfen, in deinem eigenen Körper zu sein.

George: (Seufzt laut.)

Dr. Fiore: Was ist los?

George: Ich werde verrückt. Ich werde an dieser ganzen Situation verrückt. Weil Paolo Kathy diese Kassette anhören lassen und sie alles erfahren wird. Und sie wird es verstehen. Sie wird rasend werden!

Dr. Fiore: Beruhige dich.

George: Und ich mag das nicht!

Dr. Fiore: Beruhige dich, beruhige dich. Komm.

George: Sie wird nicht so wie du sein.

Dr. Fiore: Komm, beruhige dich. Du darfst nicht dabei sein, um all das mitanzusehen. Ich wette, du wärst ein ziemlich netter Kerl, nicht wahr? Nun, du könntest wieder in genau diesem Körper sein, wann immer du dich entscheidest zu gehen.

George: Dieser Körper?

Dr. Fiore: Ja ... und bald.

George: Oh Gott! (Weint.) Oh Gott!

Dr. Fiore: Es ist nicht das Ende der Welt. Es ist der Anfang - für dich. Es passiert nichts Schlimmes, beruhige dich also.

George: Ich will kein netter Kerl sein.

Dr. Fiore: Das ist auch gut.

George: Ich werde es tun.

Dr. Fiore: Was wirst du tun?

George: Ich will ein netter Mensch sein.

Dr. Fiore: Wirklich?

George: Ja. (Weint.) Ich will es wirklich.

Dr. Fiore: In Ordnung. Hier ist jemand, der dir hilft zu gehen.

George: Ich kenne ihn nicht. (Verzweifelt, weint.)

Dr. Fiore: Doch, du kennst ihn.

George: Onkel Jim.

Dr. Fiore: Was sagt er zu dir?

George: Er hat mich gebeten zu gehen. Aber ich will nicht! (Weint.) Sie sind alle tot. Wie kann ich mit Toten gehen? (Weint heftig.)

Dr. Fiore: Hör mir zu! Hör mir zu! Beruhige dich doch!

George: Awwww ... verdammt noch mal!

Dr. Fiore: Beruhige dich doch. Willst du, daß ich dir alles erkläre, was passiert ist?

George: Uh-huh.

Dr. Fiore: Und es gibt nur eine Sache, die du tun mußt, die einfachste Sache der Welt. Du mußt dich einfach nur öffnen. Ich weiß, daß du zäh bist, doch du hältst dich gerne für aufgeschlossen, nicht wahr? Gut, jetzt will ich, daß du dir die Beweise ansiehst. Ich werde dir in nichts reinreden. Dein Onkel Jim ist hier, deine

Mutter ist hier, und Pete, dein alter Freund, ist hier. Alle für dich. Und sie werden dir zwischen jetzt und dem nächsten Mal alles erklären. Okay?
Wenn du dich jetzt entschließt zu gehen, kannst du gehen. Du mußt nicht warten, bis Paolo hierher zurückkommt. Wenn du aber noch zusätzliche Hilfe brauchst, würde ich mich freuen, dir beim nächsten Mal zu helfen. Dafür bin ich da. Ich werde dir also für heute einfach auf Wiedersehen sagen. In Ordnung, mein Freund?

George: (Stöhnt.)

Dr. Fiore: Auf Wiedersehen. Du trittst einfach jetzt in den Hintergrund und läßt Paolo zurückkommen.

Paolo war erfreut über die positiven Veränderungen, die er in der letzten Woche beobachtet hatte. An seinen Fingern zählte er die Verbesserungen auf: »Der Drang zu essen ist kleiner. Der Drang zu trinken existiert nicht mehr. Viel mehr positive Gefühle für Kathy. Ich gehe sogar abends gerne nach Hause. Bin auf allen Gebieten effizienter.«

Er hatte das Gefühl, jetzt alles besser unter Kontrolle zu haben, was er seinem Wissen darüber, was vor sich ging, zuschrieb. Er hatte das Gefühl, daß die Tatsache, besessen zu sein, eine Menge erklärte, das zuvor unerklärlich war. Grübelnd fügte er hinzu: »Ich weiß nicht, ob immer noch jemand bei mir ist oder nicht. Mein Geist hat Aussetzer. Ich konzentriere mich auf etwas, dann tue ich etwas anderes, wie hier herüberschauen« - er zeigte nach rechts - »und dann kann ich mich nicht mehr erinnern, was ich gerade getan habe!«

Er erinnerte sich, daß er vergangenen Freitag, nach Arbeitsschluß, beschlossen hatte, nach Hause zu gehen. Dann spürte er einen unbezwingbaren Drang, anzuhalten und einen Drink zu nehmen. Da er fest in seinem Entschluß war, George nicht das zu geben, was dieser wollte, sagte er laut: »Nein! Ich werde dir nichts geben!« Dann fuhr er weg, um sich um einen Auftrag zu kümmern.

Als er diesen erledigt hatte und auf sein Auto zuging, bemerkte er, daß die Scheinwerfer brannten. Er erinnerte sich deutlich, sie ausgemacht zu haben. Er hat die Angewohnheit, mit Licht zu fahren, da er zweispurige

Straßen für gefährlich hält, und er mache sie immer automatisch aus, seit Jahren. »Ich schätze, jemand dachte, wenn die Batterie leer sei, wäre ich nicht in der Lage, nach Hause zu fahren ... Es muß George gewesen sein. Er haßt Kathy sicherlich!«

Am Samstag versuchte er es mit Selbsthypnose. Er sprach mit George, der fast verschwunden war - aber jemand kam ins Zimmer und unterbrach die Prozedur.

An diesem Punkt schlug ich vor, Hypnose einzusetzen.

Er ließ sich zurückfallen und stellte die Rückenlehne des Stuhls so weit wie möglich zurück. Ich deckte ihn mit einer Decke zu. Indem er seine Augen schloß und meinen hypnotischen Suggestionen folgte, glitt er schnell in den schlafähnlichen Zustand, der charakteristisch für eine Trance ist. Dann wandte ich meine Aufmerksamkeit George zu.

Dr. Fiore: Wie geht es dir, George?

George: Gut.

Dr. Fiore: Schön! Wie hast du dich heute dabei gefühlt, als du herkamst, um mich zu sehen?

George: Ich hatte keine Lust.

Dr. Fiore: Paolo hat mir erzählt, daß du gestern beinahe gegangen wärst, doch jemand unterbrach dich.

George: Ja. Da waren ein paar ziemlich gute Leute, die an mir zogen.

Dr. Fiore: Warum zogen sie an dir?

George: Weil ich nicht gehen wollte.

Dr. Fiore: Bist du bei dem Gedanken zu gehen ein wenig nervös?

George: Eigentlich nicht.

Dr. Fiore: Was beunruhigt dich?

George: Ich bin so lange hier gewesen. Ich bin so müde! Wirklich müde!

Ich sprach mit ihm über das wunderschöne Leben, das er führen würde, und daß er in der Lage sein würde, sich auszuruhen und mit geliebten Menschen zusammenzusein.

George: Eine Menge Leute strecken mir ihre Hände entgegen.

Dr. Fiore: Ergreif die Hand von jemandem.

131

George: Ich will ja, doch ich kann es einfach nicht. *Kann nicht.* (Verzweifelt.)

Ich beruhigte ihn und versuchte ihm zu helfen, vertraute Gesichter unter denen, die da waren, zu erkennen. Er war so verzweifelt.

Dr. Fiore: Entspann dich. Willst du, daß ich dich hypnotisiere?
George: Ich bin schon hypnotisiert.
Dr. Fiore: Ich werde dich noch einmal hypnotisieren. Hör auf meine Stimme.

Ich suggerierte ihm, daß er »seinen« Körper immer mehr entspanne. Er beruhigte sich und schien wesentlich friedlicher zu sein. Dann erklärte ich ihm, daß Weggehen die einfachste Sache sei, die er tun könne. Ich sagte ihm, daß ein liebevolles Wesen seine Arme um ihn lege. Vielleicht sei es seine Mutter, eine Schwester, eine Freundin. Sie halte ihn fest und werde bei ihm bleiben und ihm helfen, sie habe ihn sehr vermißt.

(Lange Pause.) »Er ist gegangen!« stieß Paolo hervor.
»Wie fühlst du dich?«
»Durcheinander!« Er weinte, Tränen strömten sein Gesicht und seinen Hals hinunter. »Ich fühle mich frei!« Er stieß einen lauten Seufzer aus und rief: »Oh Gott! ... diese Stimme, die ich immer höre, ist weg!« Heftiges Schluchzen erschütterte seinen massigen Körper. »Oh Gott! Ich habe so viel Zeit vergeudet! So viel von meinem Leben, Gott! Ich habe so viel zu tun!«

Ich hatte das Gefühl, daß Paolo sich gerade von dem Kummer geheilt hatte, den er in all diesen fünfunddreißig Jahren gehabt hatte. Als ich ihm diese Gedanken mitteilte, schien er erregt und strahlend.
Als er ging, war er voller Freude, sicher, daß er sich selbst - und George - auf einer tief geistigen Ebene geheilt hatte. Die Zeit würde es zeigen.

»Ich konnte es nicht glauben! Der Sex mit Kathy war besser als in den letzten zwanzig Jahren! Ich gehe häufig nach Hause. Und ich habe auch eine totale Abneigung gegen das Trinken. Doch das beste ist, wie großartig unser Liebesleben jetzt ist. Dieser George hat mir *wirklich* geschadet! Es ist so ein gutes Gefühl, daß er weg ist!«

Zwei Wochen später kehrte Paolo zu seiner vierten Therapiesitzung zurück. Er sagte weiterhin: »Es ist weniger als einen Monat her, seit ich das erste Mal hierher kam. Ich bin ein völlig neuer Mensch!«

»Ein Geist kann all deine Lebensbereiche beeinträchtigen, Paolo. Er war *sehr* dominant und hat einfach die Macht übernommen. Doch erinnere dich, auch du hattest Macht. Wenn nicht, hättest du nie Kathy geheiratet. Er hätte es nicht zugelassen. Kein Wunder, daß eure Ehe nicht funktioniert hat. Ich bin sicher, er ist derjenige, der dich zu jenen Zeiten veranlaßt hat zu gehen. Obwohl du immer noch verantwortlich warst. Du hättest ihm Einhalt gebieten können, wenn du es wirklich gewollt hättest. Das Problem war, daß du nicht erkanntest, daß du ein fremdes Wesen bei dir hattest. Du dachtest, du wärst das. Doch das ist jetzt alles Schnee von gestern.«

Er runzelte die Stirn und lehnte sich im Stuhl nach vorne, legte die Ellbogen auf seine Oberschenkel und faßte sich an die Stirn. Offensichtlich beunruhigte ihn etwas.

»An meiner Einstellung zum Erfolg hat sich nichts geändert. Ich hatte darauf gehofft. Ich kann nichts Großes erreichen, so wie ich denke. Ich betrachte mich nur als Versager.«

Ich merkte an: »Rom ist auch nicht an einem Tag erbaut worden.« Ich betonte, daß es für jedes Problem eine Ursache gebe, und äußerte den Verdacht, daß sein Kampf mit der Besessenheit vielleicht doch noch nicht vorüber sei. »Es ist höchst unwahrscheinlich, daß du nur einen Geist hast, bei all deiner Trinkerei. Jedes Mal hast du deine Aura geöffnet, und andere konnten sich sehr leicht an dich heften. Es kann auch sein, daß es ein früheres Leben gibt, das dich beeinflußt.«

»Ja. Als du Geister erwähntest, erinnerte mich das an etwas, das gestern passierte. Wir sind dabei umzuziehen, und als ich meine Sachen aus der Garage einlud, fühlte ich mich auf einmal überwältigend deprimiert. Ich konnte spüren, wie es mich überkam. Als ich das Haus verließ, ging es mir ein wenig besser. Doch ich habe mich den ganzen Tag verfolgt gefühlt.«

Da ich den Verdacht hatte, daß nichts wirklich Neues passiert war, fragte ich: »Hast du das früher schon einmal gespürt?«

»Ja! Aber als George bei mir war, habe ich mich häufig mies gefühlt, besonders zu Hause. Ich habe den Unterschied bis gestern nicht bemerkt. Es ist merkwürdig, weil ich mich großartig fühlte - bis ich in die Garage ging.«

Ich bat ihn, näher darauf einzugehen.

»Nichts ist in Ordnung. Nichts wird *jemals* in Ordnung sein. Bloß jede Menge Negativität. Als ich gegangen war, fragte ich mich, ob jemand in der Garage Selbstmord begangen hat. Das würde erklären, warum ich mich so niedergeschlagen gefühlt habe.«

Ich glaube, daß wir das Leben auf zwei oder mehr Ebenen gleichzeitig erleben: auf der bewußten Ebene und einer unbewußten - der des inneren Geistes. Sein Unterbewußtsein war sich der Geister bewußt und wußte eine Menge über sie. Es registrierte sicherlich jeden Einfluß, den sie auf ihn hatten.

Ich schlug vor zu überprüfen, ob er weitere erdgebundene Wesen bei sich hatte. Er war einverstanden. Als ich mit der Hypnoseeinleitung begann, fingen seine Augenlider zu flattern an, ein Zeichen, daß er bereits dabei war, in Trance zu fallen.

Als er tiefer in Trance war, bat ich ihn, zum Tag zuvor zurückzugehen, zu dem Augenblick, in dem er in der Garage war.

Paolo: Eine Menge Lichter um mich - Gestalten, die sich bewegen. Sie alle drücken mich hinunter ... wie eine schwere Decke. *Wirklich schwer!* Ich muß hier einfach raus!

Dr. Fiore: Folgt dir jemand?

Paolo: Jemand hängt sich außen an mich.

Dr. Fiore: Nicht innen?

Paolo: Richtig.

Ich sprach die Wesenheit an, die sich an seine Aura heftete, und fragte, ob ein Angehöriger anwesend sei. Der Geist antwortete, seine Frau sei gekommen. Ich führte ein Clearing durch, und offenbar ging er mit ihr ins Licht.

Paolo bemerkte: »Ich konnte ein Frösteln spüren. Als er ging, fühlte es sich an, als wenn eine kleine Decke langsam hochgehoben würde.« Mit einem tiefen Seufzer fügte er hinzu: »Was für eine Helligkeit.«

Nur, um sicher zu gehen, fragte ich, wer sonst noch da sei. Die Antwort war: »Barry.« Er ging mit seiner Mutter. Paolo beschrieb es: »Als ob ihn jemand wegziehen würde ..., er ist gegangen!«

Jetzt war es an der Zeit, das Problem anzusprechen, das ihn am meisten beunruhigte: seine geschäftlichen Mißerfolge. Da er nach Georges Weggang noch immer dieselbe Versagensangst verspürte, konnten wir es nicht auf ihn schieben.

Ich bat Paolos Unterbewußtsein, ihn zu dem Ereignis zu führen, das für diesen Konflikt verantwortlich war.

Paolo: Ich will immer an die Zwanziger denken. Ein großer Geschäftsmann - *wirklich* mächtig. Er hat eine Menge Menschen manipuliert - und einen Haufen Dreck am Stecken. (Lange Pause.) Ich hatte eine wunderschöne Frau, doch ich habe immer noch mit anderen rumgemacht. Sie verließ mich. Dann ging allmählich alles zum Teufel. Alles, was ich hatte, ging zum Teufel, alles. Ich wurde zum Säufer in einem billigen Vergnügungsviertel ..., saß mit nichts auf der Straße. Gott, wie ich das haßte! *Es war schrecklich!* Ich saß da in meinem eigenen Dreck. (Pause.) Ich fühle mich immer noch so. Ich bin nichts. Ich habe nichts. Ich werde es nie zu etwas bringen. Ich verdiene es. (Lange Pause.) Ich sehe mich dort ..., und es ist schrecklich.

Dr. Fiore: Bist du außerhalb deines Körpers, während du dich siehst?

Paolo: Ja. Es tut mir leid um diese Person, die dort sitzt. Ich wünschte, ich könnte sie verlassen. Ich möchte weggehen, irgendwo anders hin ..., aber ich will nicht sterben. Es kam mir nicht in den Sinn, mich umzubringen. (Lange Pause.) Es fängt an, mir besser zu gehen ..., ich stehe auf ..., ich bin wirklich glücklich. Ich tanze herum ... auf dieser Party. (Pause.) Es ist wirklich hell. Ich bin der einzige dort!

Ich wollte die Persönlichkeitsveränderung von einem sehr erfolgreichen Geschäftsmann zu einem Säufer in der Gosse untersuchen, deshalb führte ich ihn von der offensichtlichen nachtodlichen Erfahrung im Licht zu der Zeit, als er erfolgreich war.

Offenbar war er besetzt worden, als er trank und sich mit Callgirls abgab. Er sagte: »Er übernahm mich unabsichtlich. Dann wollte ich nur noch die Arbeit hinschmeißen und spielen.« Ab diesem Punkt ging es unvermeidlicherweise abwärts.

Als er aus der Hypnose kam, rannen Tränen Paolos Gesicht hinunter. Zuerst war es schwer zu sagen, ob er weinte oder lachte. Vielleicht war es ein wenig von beidem!
»Ich fühle mich *wunderbar!* Eine große Last ist von mir genommen worden! Ich fühle mich bereits jetzt anders. Das muß mein letztes Leben gewesen sein. Ich habe mich immer zu den zwanziger Jahren hingezogen gefühlt ..., die Kleider, die Musik, der Lebensstil. Kein Wunder!«

Es schien, als ob wir mit dieser Sitzung sein therapeutisches Ziel erreicht hätten. Ich sagte ihm: »Warten wir es ab.« Egal wie bedeutend solche Clearings oder Rückführungen sein mögen, nur sein Leben außerhalb der Praxis würde zeigen, was wirklich geschehen war.
Aus Erfahrung weiß ich - wenn die Leute von ihren hauptsächlichen Problemen erlöst sind, wird das Leben für sie zu aufregend und interessant , um noch einmal wiederzukommen. Die meisten meiner Patienten denken nicht an eine fortlaufende Therapie. Sie wollen nur ein Verschwinden ihrer Symptome. Selbst wenn sie zugesagt haben, mich wissen zu lassen, wie sie auf die Behandlung reagiert haben, haben sich die wenigsten wieder gemeldet. Ich bin jedoch überzeugt, daß sie es in dem betreffenden Moment so gemeint haben. Manchmal laufe ich ihnen Jahre später über den Weg, oder ein neuer Patient, den sie mir geschickt haben, erzählt, daß ihre Probleme vollständig gelöst sind! Über diese Nachricht habe ich mich immer gefreut, und ich frage mich oft, wie es denen geht, von denen ich nichts gehört habe.
Als wir unsere Sitzung beendeten, bat ich ihn, anzurufen und mich wissen zu lassen, wie es ihm gehe - wenn er kein Bedürfnis verspüre wiederzukommen.
Paolo versprach natürlich, daß er entweder wegen eines weiteren Termins zurückkommen oder mich wissen lassen werde, wie sich unsere Arbeit ausgewirkt habe.

Sechs Wochen später rief ich Paolo an, um zu sehen, wie es ihm ging.

Der Bericht war ausgezeichnet. Er fühlte sich energiegeladen und optimistisch; das Verlangen zu trinken war völlig verschwunden; er ging abends nach Hause, und seine Ehe hatte sich wesentlich verbessert; er hatte ohne Diät acht Pfund abgenommen. Er hatte alles unter Kontrolle! Mehr noch, er behauptete, sein Leben fest im Griff zu haben!

Als ich ihn nach seinen geschäftlichen Problemen fragte, veränderte sich seine Stimme und spiegelte seine Enttäuschung wider: »Es ist immer noch ein Problem, aber schon um einiges besser. Mir fällt nichts ein, was ich tun könnte.«

»Wenn du daran arbeiten willst, Paolo, ruf mich an. Es klingt jetzt, als ob wir uns noch ein paar weitere frühere Leben ansehen müßten, um herauszufinden, warum du deinen Erfolg abblockst.«

Er versprach, nach seiner Geschäftsreise anzurufen, wenn sein Terminkalender ihm Zeit dafür lasse.

Ich wußte, er würde meine Hilfe in Anspruch nehmen, wenn er zu der Begegnung mit sich selbst bereit wäre - durch eine Rückführung in frühere Leben.

12
Wie es zu einer Besetzung kommt

Sie haben in den letzten fünf Kapiteln eine Menge über Besessenheit gelernt. Viele Fragen sind wahrscheinlich beantwortet und noch mehr aufgeworfen worden. Zweifellos die wichtigste Frage: »Was kann ich dagegen tun?« Zunächst müssen Sie verstehen, wie die Anfälligkeit für Besessenheit entsteht.

Wir scheinen durch die Stärke unserer Aura vor Besessenheit geschützt zu sein. Wenn sie in einer hohen Frequenz schwingt, kann sie nicht von Geistern mit niedrigeren Schwingungen durchdrungen werden. Ich erkläre meinen Patienten diesen Vorgang folgendermaßen: »Angenommen, deine Aura schwingt bei tausend - einfach eine willkürliche Zahl - dann können nur Energiesysteme mit tausend oder höher eindringen. Wenn ihre Schwingung auf fünfhundert absinkt, können mit Leichtigkeit Geister mit einer Schwingungsrate zwischen fünfhundert und 999 eindringen, die vorher keinen Zugang hatten. Alle Situationen, Gefühle oder Verhaltensweisen, die die Schwingungen deiner Aura senken, erhöhen die Wahrscheinlichkeit, besetzt zu werden.«

Die Aura ist für die emotional-mental-spirituelle Dimension eines Menschen das, was für den physischen Körper das Immunsystem ist. Genauso wie ein geschwächtes Immunsystem das Individuum anfällig für Krankheiten und Infektionen macht, schafft eine dünnere Aura die Empfänglichkeit für das Eindringen von Geistern.

Ich habe zwei Kriterien - Zustände oder Verhaltensweisen - herausgefunden, die zu Besessenheit führen: entweder fordern Menschen Geister geradezu auf einzudringen, oder sie wissen nicht nur von der Besessenheit nichts, sondern sind bewußt auch keineswegs dazu bereit.

Unfreiwillige Besessenheit

Ich glaube, wir Menschen sind Geistwesen, die ein physisches Fahrzeug bewohnen - unseren Körper -, den wir beim Tod ablegen wie einen alten abgetragenen Mantel. Das Bewußtsein des Körpers kommt vom inneren Sein, dem Selbst, das mit dem Körper durch eine »Silberschnur« verbunden ist. Der Körper wird bewußtlos, wenn der Geist ihn zeitweilig verläßt. Es ist interessant, daß unsere Sprache diese Vorstellung anerkennt. Zum Beispiel sagen wir, er ist »weggetreten« oder »bewußtlos«. Ein Unfall, eine Überdosis Drogen, ein Schlag auf den Kopf, jeder Zustand, der Bewußtlosigkeit hervorruft - wenn auch nur kurz -, »öffnet die Tür« für Geister, weil die Aura in diesem Zustand extrem verwundbar ist.

Ich glaube, einer der Gründe, warum eine Vollnarkose so wirksam ist, ist der, daß die Persönlichkeit aus dem Körper »herausgezogen wird«. Dieser wird bewußtlos und kann ohne Schmerzempfinden operiert werden.

Hypnoserückführungen zeigen, daß Patienten sich bei Operationen gewöhnlich über ihrem Körper befinden und die Operation beobachten - manchmal recht distanziert. Häufig sind Kinder emotional und mental gleichermaßen außerhalb ihres Körpers wie in ihm und fühlen sich verängstigt und verlassen, wie wir in Howards Fall in Kapitel 1 sahen.

Wenn die Narkose nachläßt, wird der Körper wieder bewohnbar, und sein eigentlicher Bewohner - der Patient - tritt wieder in ihn ein.

Ärzte, Krankenschwestern, Krankenhausangestellte, Sanitäter, Chiropraktiker, Leichenbestatter und Menschen, die auf Friedhöfen arbeiten, sind aufgrund der Art und des Ortes ihrer Tätigkeit Zielscheiben für erdgebundene Geister.

Könnten wir »sie« sehen, wären wir wahrscheinlich schockiert, wieviele Geister die Krankenhäuser bevölkern. Die Menschen dort sterben häufig betäubt oder in einem Zustand von Verwirrung und Angst und bleiben möglicherweise dort - erdgebunden. Die meisten - also diejenigen, die nicht erkennen, daß sie tot sind - erwarten von den Krankenschwestern und Ärzten, daß sie sich weiterhin um sie kümmern, und manchmal besetzen sie sogar ihre Helfer. Einer heftete sich an meinen Patienten, einen Krankenpfleger, während er eine Mund-zu-Mund-Beatmung durchführte, als der Körper des Geistes an einer Überdosis Drogen starb. Andere Geister ringen so verzweifelt darum zu »leben«, daß ihnen jedes Mittel und jedes Opfer recht ist, das ihren Zwecken entspricht.

John war solch eine Wesenheit. Er sprach zu mir durch den von mir hypnotisierten Patienten Glen. Er erzählte, er sei an einem massiven Herzanfall während eines Belastungstests in einem örtlichen Krankenhaus gestorben. Er war über das, was passiert war, fuchsteufelswild und hatte nur eins im Kopf: Ich will zurück in meinen Körper! Außerdem brauchte er dringend einen Drink! Dann entdeckte er Glen, der zur nächtlichen Überwachung in das Herzzentrum aufgenommen worden war, nachdem er Symptome eines Herzanfalls gezeigt hatte, die später als Verdauungsstörungen diagnostiziert wurden. Als er erkannte, daß es keinen Weg gab, seinen eigenen Körper zurückzugewinnen, schlüpfte John vorsätzlich in den von Glen, der innerhalb weniger Tage wieder zu trinken begann. Von da an trank Glen regelmäßig Wodka, den er früher nicht mochte, und war regelmäßig betrunken. In Kapitel 6 haben wir gesehen, wie dieses Wesen ihn fast tötete.

Die Geister, die sich in Krankenhäusern herumtreiben, heften sich leicht an Menschen, wenn ihre Aura offen ist. Da eine schwere Krankheit der Aura sehr schadet, sind die meisten Patienten anfällig. Das ist besonders bei kleinen Kindern der Fall, die ohne weiteres von erwachsenen Wesenheiten beherrscht werden können. Häufig werden diese Besetzer jedoch als Trost angesehen und willkommen geheißen. Sind sie erst einmal besessen, wird ihre Aura sogar noch weiter geschwächt, weil sie sich mit der Aura ihrer Besetzer vermischen, die aufgrund der Angst und Verwirrung immer negativ ist. Mit vermindertem Schutz sind sie nun ein gefundenes Fressen für weitere Geister, die sich nach einem physischen Körper sehnen. Je mehr Geister »an Bord« kommen, desto niedriger wird die Schwingung der Aura des Besessenen.

Gefährliche Verhaltensweisen sind der Mißbrauch von Drogen- und Alkohol. Selbst das arglose Experimentieren mit »Entspannungs«-Dogen hat zu jahrelanger Besessenheit geführt. Sämtliche Patienten, die ich behandelt habe und die Drogen- oder Alkoholmißbrauch trieben - es waren Hunderte -, waren besessen! In *allen* Fällen waren zahlreiche Wesen vorhanden, die meisten ehemalige Drogenabhängige, die ihrer Lust durch ihr Opfer frönten und sie dabei immer mehr schwächten und für weitere Besessenheit anfällig machten. Eine Alkoholpatientin, inzwischen trocken, die ich behandelt habe, hatte immer noch achtzehn alkoholabhängige Geister bei sich, obwohl sie seit vier Jahren vom Alkohol weg war!

Extrem negative Emotionen wie Wut, Depression und Kummer senken die Schwingung der Aura und schwächen sie zeitweilig. Auch Übermüdung, Erschöpfung und Krankheit mindern die Schutzfähigkeit der Aura. Geister, die in der Nähe darauf warten, in einen Körper einzudringen, heften sich sofort an ihn.

Der physische und emotionale Aufruhr, den die Hinterbliebenen durch den Tod von Angehörigen oder engen Freunden empfinden, macht sie anfällig. Zusätzlich zu ihren Problemen sind sie gewöhnlich den drei Orten ausgesetzt, an denen es von Geistern nur so wimmelt: Krankenhäuser (einschließlich Pflegeheimen und Sanatorien), Leichenhallen und Friedhöfe. Häufig wird nach der Bestattung Alkohol getrunken, und die Geister, die den Gästen und Familienangehörigen nach Hause folgen, können diese nun leicht besetzen.

Bande der Liebe und Zuneigung erzeugen manchmal eine Anziehungskraft, die über den Tod hinausgeht. Häufig werden die Verstorbenen davon abgehalten, ins Licht zu gehen, und magnetisch von der Aura einzelner Hinterbliebener angezogen.

Ich erinnere mich an solch einen Fall. Grace trauerte übermäßig, als ihr Freund starb; sie war College-Studentin, als er bei einem Autounfall getötet wurde. Sie schrieb ihm ein Gedicht nach dem anderen und führte »imaginäre« Gespräche mit ihm. Dann kam es zu Problemen, die, wie sie später in meiner Praxis herausfand, daher rührten, daß er sich damals bei ihr eingenistet hatte.

Viele meiner Patienten fanden heraus, daß ihre Eltern seit ihrem Tod bei ihnen als erdgebundene Seele geblieben waren. Paradoxerweise waren gerade sie häufig am schwersten davon zu überzeugen, ins Licht zu gehen. Sie glaubten zu wissen, was für ihre Kinder das beste sei, und wollten nicht hören, was ich, eine Fremde, dazu zu sagen hatte!

In den allermeisten Fällen waren die Opfer nicht bereit, sich besetzen zu lassen, und wußten auch nichts davon. Manche Menschen jedoch baten gezielt darum, besessen zu werden - ohne sich über die Konsequenzen im klaren zu sein!

Freiwillige Besessenheit

Populäre Schriftsteller einschließlich Shirley MacLaine, Jane Roberts und Ruth Montgomery haben in Millionen von Lesern Aufgeschlossenheit für die Reiche des Übersinnlichen geweckt. Sie haben sehr dazu beigetragen, das spirituelle Wachstum der Menschen voranzutreiben, die nun begierig sind, ihre eigenen medialen Erfahrungen zu machen. Eines der faszinierendsten Dinge ist es, etwas über das Jenseits und seine Wesen zu erfahren, deshalb versuchen viele Menschen, Botschaften von Geistern zu erhalten.

Aufgrund dieses wachsenden Interesses ist das Ouija-Brett seit Jahrzehnten beliebt. Das Spiel besteht aus einem Brett, auf dem das Alphabet, Zahlen, ein »Ja« und ein »Nein« abgedruckt sind, und einer Planchette, einer kleinen dreieckigen Platte mit kurzen Beinen und einem Zeiger. Mehrere Leute sitzen um das Brett herum, legen ihre Finger leicht auf die Planchette und stellen Fragen an Geister, die beantwortet werden, indem diese die Kontrolle über ihre Hände übernehmen. Das bringt die Planchette dazu, sich über das Brett zu bewegen, wobei die Antwort mühsam entziffert werden muß. Es kann interessant, aufregend, lustig - und verheerend sein!

Das automatische Schreiben ist eine andere Weise, auf die Menschen Geister einladen, sich zeitweilig ihrer zu bemächtigen. Die übliche Praxis besteht darin, Füller oder Bleistifte auf Papier zu halten und darauf zu warten, daß Wesenheiten die Arme und Hände benutzen, um Botschaften zu schreiben. Das kann gefährlich sein, weil es möglicherweise Geister anzieht, die den Körper der Lebenden nicht respektieren!

Eine Patientin erzählte mir von einem Erlebnis, das sie viele Jahre zuvor gehabt hatte. Sie erlernte gerade von einem Medium das automatische Schreiben und erhielt interessante Mitteilungen in verschiedenen Handschriften. Eines Nachts wachte sie auf und stellte fest, daß ihre Hand in der Luft »schrieb«. Obwohl sie all ihre Stärke und Willenskraft aufbot, konnte sie es nicht kontrollieren. Nach zehn Minuten schrecklicher Angst hörte es plötzlich auf. Sie gab ihr Training auf und hatte nie wieder ein ähnliches Erlebnis. Sie hatte in der Tat Glück. Ihre Lehrerin erhielt weiterhin Botschaften in fremden Sprachen, die sie nicht kannte, auch Musikpartituren. Ihr Schreiben beschleunigte sich - doch ihre körperlichen Abwehrkräfte ließen nach, und sie kam ins Krankenhaus!

Eine ähnliche Erfahrung machte eine beinahe-Patientin, die ich nie zu Gesicht bekam. Meine Sekretärin erhielt einen dringenden Anruf von einer Frau, die verzweifelt darauf bestand, mich noch am selben Tag zu sehen. Sie hatte Angst, ihren Verstand zu verlieren, und war erschöpft und voller Panik, weil Geister sie Tag und Nacht zwangen, Botschaften niederzuschreiben. Da ich völlig ausgebucht war, wurde sie an ein psychiatrisches Therapiezentrum verwiesen. Ich habe mich oft gefragt, was aus ihr geworden ist, und ich hoffe, daß sie die Hilfe bekommen hat, die sie brauchte.

Sich für Geister zu öffnen führt nicht notwendigerweise zu Besessenheit. Wenn dies nicht geschieht, kann es ein Segen sein - die Grenzen sind bewußt durchlässiger geworden.

Die Leute jammern: »Ich wollte doch nur, daß hoch entwickelte Geister durchkämen - gute.« »Damit habe ich nicht gerechnet!« Mit einer Blankoeinladung kann jede Sorte von Geist hereinkommen und sich einnisten.

Der Exorzist, ein Film über ein dämonisch besessenes Mädchen, basiert auf einer wahren Begebenheit - der Geschichte eines Jungen, dessen teuflische Besessenheit aus dem Spielen mit einem Ouija-Brett resultierte. Im Film wurde ein katholischer Priester, ein ausgebildeter und erfahrener Exorzist, während der Teufelsaustreibung getötet. Viele Exorzisten haben ihr Leben während oder nach einer solchen Austreibung verloren!

Jetzt, da Sie von den äußersten Konsequenzen, nämlich dämonischer Besessenheit wissen, werde ich Ihnen die weniger katastrophalen Folgen aufzeigen. Glücklicherweise waren die Wesen in Tinas Fall erdgebundene, aber dennoch verursachten sie beinahe eine permanente Geisteskrankheit.

Tina kam zu mir, weil ihre Mutter »sie geschickt« hatte. Bereits früh machte sie in unserer einzigen Sitzung klar, daß sie nicht glaube, meine Hilfe zu benötigen. Sie sagte: »Ich höre die Stimmen nicht mehr.«

Die kleine, übergewichtige, extrem sensitive junge Frau Anfang zwanzig kam völlig in Schwarz gekleidet. Sie erzählte ihre Geschichte, die mit einem Nervenzusammenbruch vor zwei Jahren begonnen habe. Nach einer intensiven Beschäftigung mit Ouija-Brett, Tarotkarten und automatischem Schreiben hörte sie plötzlich Stimmen in ihrem Kopf. Sie wiesen sich als dieselben aus, die ihr durch das Brett und ihr Schreiben Botschaften geschickt hatten. »Sie waren wirklich nett, höflich und freundlich. Sie redeten viel - den ganzen Tag lang.«

Tina erklärte, daß sie ihnen Fragen zur Schule und über ihre Freunde stellte, und sie gaben ihr Antworten und Ratschläge. Als ich sie fragte, ob sie hilfreich gewesen wären, wich sie aus und fuhr fort: »Sie waren meine Freunde. Sie sagten sogar ›Gute Nacht‹ und hörten auf zu reden, so daß ich schlafen konnte.« Sie ließ sich weiter über ihre Freundschaft zu ihnen aus und sagte dann stirnrunzelnd: »Dann wurden sie gemein und sagten schlimme Dinge wie ›Nigger‹ und: ›Du bist eine Mörderin‹.« Sie bemerkte eine Veränderung der Stimmen und vermutete, daß ihre ursprünglichen Freunde gegangen waren.

Die Stimmen wurden so beharrlich, daß keine Unterhaltung mehr mit anderen Menschen möglich war, und schließlich mußte sie erschöpft und verwirrt aus dem College ausscheiden. Sie forderte den neuen »Trupp« auf zu gehen - doch das führte dazu, daß sie sie nur noch ärger beschimpften. Inzwischen hatte sie eine Vielzahl von physischen Symptomen, das schlimmste war heftiges Erbrechen, das bereits seit zwanzig Tagen anhielt. Ihre besorgten Eltern brachten sie zu einem Psychiater, der bei ihr Schizophrenie diagnostizierte. Er setzte Therapie und Medikamente ein und arrangierte einen Aufenthalt in der Tagesklinik eines Psychiatrie-Centers; abends durfte sie nach Hause. Nach einem Jahr - immer noch unter Einsatz von Medikamenten - war sie in der Lage, in sehr begrenztem Maße aufs College zurückzukehren, wobei sie nur so einfache Dinge wie Singen tun konnte.

Als sie ihre Geschichte beendete, fügte sie hinzu, daß sie nicht verstehen könne, warum ihre Eltern ihr das Ouija-Brett weggenommen hätten. Selbst nachdem ich ihr meinen Verdacht - besessen zu sein - erklärt hatte, behauptete sie steif und fest, sie habe nicht die Absicht, ihr automatisches Schreiben aufzugeben, weil sie immer noch »Spaß« mit den drei ursprünglichen Geistern - ihren Freunden - habe, die zurückgekehrt seien.

Da sie ihren Psychiater regelmäßig aufsuchte, wollte sie die Behandlung bei mir nicht fortsetzen. Sie spürte, daß es für sie als auch für ihre »Freunde« besser wäre, wenn sie in die geistige Welt gingen, wo sie hingehörten.

Eine andere Möglichkeit, sich der Besessenheit zu öffnen, ist die Teilnahme an einer Séance. In solch einer Sitzung versucht eine Gruppe von Menschen Kontakt zu Geistern aufzunehmen. Häufig haben diese Menschen keine Ahnung davon, wie sich die Geistwesen manifestieren werden. Ich habe von jungen Leuten gehört, die halbherzig damit herumgespielt hatten und fürchterlich erschrocken waren, wenn tatsächlich etwas passierte. Wie gesagt, Ouija-Brett und automatisches Schreiben sind eine Einladung an Geister. Besonders sensitive, medial veranlagte Menschen oder solche mit geschwächten Auren können dadurch besetzt werden - und nicht nur für kurze Zeit.

Wir haben eine Reihe von Möglichkeiten gesehen - das Ouija-Brett, das automatische Schreiben und Séancen -, bei denen Menschen Geistern gezielt erlaubt haben, die Kontrolle über sie zu übernehmen, und auch, wie manch einer unfreiwillig besessen wurde. Die Grenzen zwischen diesen beiden Ursachen sind häufig verschwommen. Auf der »Grenze« zwischen den beiden Fällen gibt es eine Zone, in der Menschen Geistern die Hände entgegenstrecken, weil sie Hilfe suchen oder Einsamkeit oder Verlust überwinden wollen. Weil sie sich Kontakt wünschen, öffnen sie sich auf unvorhersehbare Weise. Manchmal bekommen sie weit mehr, als sie erwartet hatten.

Da fällt mir ein amüsantes Beispiel ein. Zu Beginn ihrer Behandlung entließ Marilyn ein paar erdgebundene Wesen: ihre dominante Mutter und andere Verwandte. In einer späteren Sitzung gestand sie schüchtern, daß sie mit einer wichtigen Entscheidung gerungen und Geister angerufen hätte, ihr zu helfen, obwohl sie sich der potentiellen Gefahr bewußt gewesen sei. Sie lachte und sagte: »So viele mischten sich mit ihren Meinungen ein - ich hatte ein ganzes Komitee -, aber das witzigste war: sie waren sich untereinander nicht einig!« Wir entdeckten, daß ein paar bei ihr geblieben waren, wie sie vermutet hatte.

Ein Phänomen, das die meisten Menschen nicht verstehen, ist der unsichtbare oder eingebildete Gefährte. Unter Hypnose wurde es meinen Patienten klar, daß auch dies Geister waren. Enge Freundschaftsbande und Abhängigkeit in einem bestimmten Punkt führten zu einer Verschmelzung des Geistes mit dem Kind. Von da an bewohnten die beiden den Körper gemeinsam, und der Besessene wußte nichts von der Besessenheit.

Ich glaube, die meisten meiner Patienten, die von vielen Geistern besessen waren und zwischen den Therapiesitzungen regelmäßig neue aufgabelten, waren Medien oder Sensitive, die diese Fähigkeit nicht unter Kontrolle hatten. Dies war besonders dann der Fall, wenn sie *keinen* Drogen- oder Alkoholmißbrauch trieben. Die kleinsten Dinge schwächten ihre Aura:

Eine Mahlzeit, die Glutamat beinhaltete, oder die Einnahme einer Schmerztablette. Selbst an einem Friedhof vorbeizufahren oder einen Freund im Krankenhaus zu besuchen führte zu einer neuen Besetzung.

Ich glaube, einer der Gründe, warum manche Leute medialer sind als andere, ist der, daß sie die Fähigkeit haben, ihr eigenes Unterbewußtsein anzuzapfen. Und: daß wir unterbewußt alle Zugang zum Unterbewußtsein des anderen haben, aber das, was wir dabei aufnehmen, nicht in unser Bewußtsein durchsickert, wo wir die Daten nutzen könnten. Manchmal, wenn es doch durchbricht, haben wir eine »Eingebung«, eine Vorahnung oder Intuition.

Medien haben eine besondere Verbindung zu ihrer inneren Stimme. Leider ist diese Sensitivität ein zweischneidiges Schwert, weil ich aus meiner Behandlung solcher Menschen den Eindruck gewonnen habe, daß sie besonders anfällig für Besessenheit sind. Offenbar ist bei manchen die Schwelle oder der Schutzwall zwischen ihrem Bewußtsein und ihrem Unterbewußtsein nicht intakt. Dadurch können negative Energien (Ängste, traumatische Erinnerungen etc.) aus dem Unterbewußtsein hochkommen, was zu emotionaler Instabilität führt und natürlich die Schwingungen der Aura senkt. Dies, gepaart mit dem Wunsch, Menschen, ja selbst Geistern zu helfen, führt zu Besessenheit, die gewöhnlich in der Kindheit beginnt. Das ist besonders bei Hellsichtigen der Fall, die als Kinder Geister sahen.

Einige meiner Patienten, die sich für Übersinnliches interessierten, verfolgten trotz meiner Warnungen ihren Weg als Medien unnachgiebig weiter und lasen ständig neue Geister auf. Wir erlösten diese, und ich versuchte ihre innere Negativität so weit wie möglich zu reduzieren, um die Vollständigkeit ihrer Aura zu stärken. Es war, wie Löcher in einem Damm zu stopfen.

Bei meinen Gesprächen mit *geschulten* Medien in Brasilien und England habe ich erfahren, daß auch sie diese Erfahrungen gemacht hatten, sehr zu ihrem eigenen Verdruß und dem ihrer Familien, bis sie ihre Medialität schließlich unter Kontrolle hatten. Manchmal bedurfte es dazu ein paar Jahre intensiven Trainings und Hilfe von anderen Medien. Dann setzten sie ihre Sensitivität auf eine vernünftige und vorteilhafte Weise ein - um anderen zu helfen. Leider gibt es in den Vereinigten Staaten nur wenige Zentren, in denen man diese Art von Schulung erhalten kann. Ich sehe meine therapeutische Rolle bei diesen Menschen darin, ihre Tätigkeit als Medium zu unterbrechen - außer in seltenen Fällen - und dem einzelnen zu helfen, geerdeter, zentrierter und ausgeglichener zu werden.

Ich habe zuvor die Aura mit dem Immunsystem verglichen - beide schützen sie uns. Ich habe Ihnen gezeigt, wie Menschen die Schwingungen ihrer Aura freiwillig und unfreiwillig gesenkt haben, mit Besessenheit als Folge. Nun möchte ich Sie an einer verwirrenden Erkenntnis teilhaben lassen, die viel mehr Fragen aufwirft, als sie beantwortet.

Eine Reihe meiner Patienten hat den Ursprung ihrer Besessenheit auf einen bestimmten Zeitpunkt zurückgeführt - Geburt, Kindheit oder zu einem Ereignis als Erwachsener -, als sie glücklich und gesund waren. Sie »fingen sich« Geister einfach ein. Sie taten nichts, um eine Anfälligkeit zu erzeugen. Ich konnte keinen Grund dafür finden - und doch wurden sie besessen.

Um bei der Analogie mit dem Immunsystem zu bleiben: Vielleicht haben manche Menschen eine ererbte Empfänglichkeit, vergleichbar mit genetischer Schwäche im physischen Körper.

Vielleicht liegt die Erklärung in früheren Leben. Vielleicht ist Besessenheit ihr Karma. Es könnte sein, daß es während früherer Leben Bindungen zwischen den Besessenen und ihren Geistern gab. In vielen komplizierten Fällen von Besessenheit, besonders wenn diese bei Anwendung all meiner Strategien nicht wich, fand ich Gründe für solche Verbindungen und für die Besessenheit in einem früheren Leben. Bei Anne haben Sie die starke Bindung zwischen ihr und ihrem Geist gesehen - das Ergebnis einer Liebesbeziehung in einem früheren Leben.

Jetzt, da Sie wissen, wie Geister Zugang zur Aura und zum Körper eines Menschen erlangen, lassen Sie uns einen positiveren Aspekt betrachten, nämlich, wie Sie etwas gegen Besessenheit tun können. Ist erst einmal eine Diagnose gestellt oder besteht der Verdacht auf Besessenheit, können Schritte unternommen werden, den Zustand zu beseitigen. In den nächsten beiden Kapiteln werde ich Ihnen Techniken aufzeigen, wie dies geschehen kann.

13

Geistige Besessenheit entdecken

Nun, da Sie an den Fallstudien gesehen haben, wie fünf Menschen ihre Besessenheit erlebten, haben Sie vielleicht bestimmte Symptome bemerkt, die viele gemeinsam hatten, als auch Symptome, die in jedem Fall einzigartig waren. In Kapitel 6 habe ich Ihnen außerdem aufgezeigt, wie unterschiedlich Besessenheit die einzelnen Menschen beeinträchtigen kann.

Um Ihnen dabei zu helfen zu beurteilen, ob Sie oder jemand, um den Sie sich Sorgen machen, fremdbesetzt ist, werde ich die Anzeichen und Symptome beschreiben, die die deutlichsten Indikatoren sind. Denken Sie daran, im allgemeinen ist es der Gesamteindruck, der wichtig ist, nicht ein oder zwei Symptome.

1. Ein typisches Merkmal, das jeder, der besetzt ist, an sich bemerkt, ist ein anhaltend niedriges Energieniveau. Eine besonders gute Zeit, Ihre Energie zu überprüfen, ist am Morgen. Bleiben Sie unmittelbar vor dem Aufstehen ruhig im Bett liegen und horchen Sie in Ihren Körper hinein. Prüfen Sie, ob Sie sich für den Tag bereit fühlen und genug Energie haben, sich um Ihre Belange zu kümmern. *Machen Sie von Ihrem gesunden Menschenverstand Gebrauch!* Es kann viele Gründe für Übermüdung geben: Schlechter Schlaf oder zu wenig Schlaf, Ihr Lebenswandel am Abend zuvor, Allergien, Probleme und Streß. Wenn all dies nicht zutrifft und es keinen logischen Grund für Ihre Müdigkeit gibt, ziehen Sie Besessenheit als Möglichkeit in Betracht.

2. Der deutliche Hinweis auf Besessenheit sind Veränderungen in Ihrer Persönlichkeit - manchmal schneller Stimmungswechsel. Benutzen Sie zum Beispiel gelegentlich eine Sprache oder verhalten sich auf eine Weise, die

Ihrem Charakter nicht entspricht? Denken Sie: »Das bin ich einfach nicht«? Vielleicht besonders dann, wenn Sie zuviel Alkohol getrunken oder unter dem Einfluß von Drogen gestanden haben? Haben Ihnen andere gelegentlich gesagt, daß Sie wie »ausgewechselt« wären?

Haben Sie eine plötzliche Veränderung an sich wahrgenommen? Wenn es nach dem Tod von Angehörigen oder engen Freunden aufgetreten ist, haben sich diese vielleicht an Sie geheftet. Beobachten Sie, ob Sie irgendeine von deren Gewohnheiten, Interessen, Eigenarten oder Charakterzügen an den Tag legen. Haben Sie Ihre verstorbenen Lieben herbeigerufen oder festgehalten? Schien die Veränderung nach einer Operation, während oder nach einem Krankenhausaufenthalt aufzutreten?

3. Viele von uns führen Selbstgespräche - laut oder im Geiste. Es kann tröstend und manchmal sogar lustig sein. Diese »Gespräche« können so zur Gewohnheit geworden sein, daß Sie sie gar nicht mehr bewußt wahrnehmen.

Wenn diese Dialoge zwischen Ihnen und einer Wesenheit stattfinden, können Sie eine Menge über die Persönlichkeit des Besetzers und Ihre »Beziehung« aufdecken: Wer Angst hat oder böse ist, und wer der ›Boss‹ ist.

Wenn Sie sich auf die Gedanken des Wesens einstimmen und sie als Ihre eigenen akzeptieren, ist es schwer zu unterscheiden, von wem sie stammen.

Viele meiner Patienten haben später erkannt, daß sie, wenn sie glaubten, sie sprächen mit sich selbst, in Wirklichkeit mit ihren Geistern sprachen, *die ihr Unterbewußtsein kannten!* Typische Bemerkungen waren: »Es gibt nichts, wovor du dich fürchten müßtest.« »Beruhige dich!« »Hör auf!« »Du solltest dich nicht so fühlen, du hast eine Menge zu geben.« Oft sprachen sie mit »sich selbst«, wie sie mit Kindern oder anderen Menschen mit einer eigenen Persönlichkeit sprechen würden.

Es wird leichter, wenn der Geist Sie in der zweiten Person »anredet« oder mit Ihnen »spricht«. Zum Beispiel: »Du willst Eis essen«, oder: »Du glaubst nicht an Geister« etc. In diesem Fall ist es wesentlich leichter zu unterscheiden, daß das nicht Sie sind.

Manchmal werden Ihnen diese Geister Kommandos und Befehle erteilen oder Sie sogar beschimpfen. Je nach der Persönlichkeit der Geister können sie Sie fürsorglich, streng oder fordernd behandeln: »Du mußt nicht so hart arbeiten.« »Laß dich nicht von ihm ausnutzen.« »Du Schlampe, keiner wird dich je lieben!« »Du fetter Trottel!«

In den meisten Fällen sind diese Unterhaltungen oder Bemerkungen Gedanken. In extremen Fällen haben Patienten davon berichtet, tatsächlich Stimmen in ihrem Kopf zu hören - und gelegentlich war es die Stimme von jemandem, den sie erkannten.

4. Wie Sie in »Besessenheit und Heilung« gesehen haben, spielt der Mißbrauch von Substanzen häufig eine wichtige Rolle bei Besessenheit. Wenn Sie Drogen- und/oder Alkoholmißbrauch treiben, können Sie fast sicher sein, daß Sie besessen sind. Wenn Sie beschließen, mit Drogen, Alkohol oder Tabak Schluß zu machen, verändern »Sie sich« dann völlig oder hören Sie innere Gespräche, wie die oben aufgeführten? Falls ja, haben Sie wahrscheinlich einen oder mehrere Geister mit einem ausgesprochenen Interesse an der Fortsetzung dieser Ihrer Gewohnheiten.

5. Sind Sie impulsiv und tun Dinge, ohne nachzudenken? Achten Sie auf Ihr Budget, kaufen aber dennoch in extravaganten Geschäften wie verrückt ein? Es könnten andere sein, die sich etwas gönnen. Geister haben ihren eigenen »Kopf«, und sie müssen nicht für die Konsequenzen - oder deren Rechnungen - aufkommen!

6. Wenn zwei oder mehr Wesen Ihren Körper bewohnen, vergessen Sie möglicherweise Dinge oder haben Aussetzer in Ihrem Bewußtsein. Das kann sehr ernst sein: Stunden oder sogar Tage können in Ihrem Gedächtnis gestrichen sein! Gehen Sie in einen Raum und erinnern sich nicht, warum Sie dort sind? Wenn Sie viel im Kopf haben, könnte Streß die Ursache sein, nicht jedoch, wenn Sie ganze Stunden, Tagen oder nur kurz zurückliegende Tätigkeiten vergessen. Wenn dies bei Ihnen auftritt, ist es ein positives Anzeichen für Besessenheit.

7. Konzentrationsschwierigkeiten sind eng mit Gedächtnisverlust verknüpft. Fällt es Ihnen bei geistigen Tätigkeiten schwer, bei der Sache zu bleiben? Ist es Ihnen unmöglich, Ihre Aufmerksamkeit auf das zu konzentrieren, was

Sie gerade lesen, oder fällt es Ihnen schwer, beim Thema zu bleiben? Haben Sie manchmal das Gefühl, sich in einem Nebel zu befinden? Vielleicht haben Sie eine benebelte Wesenheit oder einen älteren Geist bei sich.

8. Verspüren Sie ohne erkennbaren Grund Angst oder Depression? Überfällt Sie diese Stimmung aus heiterem Himmel, oder bleibt sie meistens im Hintergrund? Wie in Kapitel 8 beschrieben, ist das der Zustand mancher Geister, und sie manifestieren sich durch Sie!

9. Geister, die man in einem Krankenhaus aufgelesen hat, sind möglicherweise krank, benebelt oder unter Schmerzen gestorben, oder ihr Körper wurde nach ihrem Tod bei einem Unfall oder Herzanfall dorthin gebracht.

Dauerte Ihre Genesung besonders lange? Haben Sie neue Schmerzen oder Symptome seit Ihrem Krankenhausaufenthalt verspürt, die nicht mit Ihrem Zustand zusammenzuhängen schienen? Setzen Sie wieder Ihr Urteilsvermögen ein und ziehen Sie keine voreiligen Schlüsse!

10. Selbst Ihre Reaktionen auf dieses Buch können extrem aufschlußreich sein. Wenn es Ihnen schwerfiel, es zu lesen, oder Sie bestimmte Fälle oder Abschnitte aus Angst oder anderen emotionalen Reaktionen nicht beenden konnten, dann schwingen bei Ihnen wahrscheinlich fremde Geister mit.

Schreiben Sie Ihre Reaktionen und das, was sie auslöste, in einem Notizbuch auf, solange sie noch frisch sind. Sie müssen Ihr eigener Detektiv sein, suchen Sie also wachsam nach Indizien! Halten Sie jedes Verhalten fest, das Ihnen verdächtig vorkommt. Lesen Sie »Besessenheit und Heilung« mit dem Notizblock in der Nähe noch einmal und beobachten Sie Ihre Eindrücke. Achten Sie auf Ihre Körperreaktionen: Herzklopfen, Schwitzen, Atemprobleme, Zittern, Kribbeln. Das sind Anzeichen von Angst. Gibt es Gefühle wie Furcht oder Panik? Werden Sie sich Ihrer selbst bewußt!

Nun, da Sie die Beschreibungen der zehn gebräuchlichsten Anzeichen von Besessenheit durchgelesen haben, ist es an der Zeit, sich selbst oder jemanden, um den Sie sich Sorgen machen, einzuschätzen.

Es ist hilfreich, dabei so objektiv wie möglich zu sein. Gibt es Menschen in Ihrem Leben, die Sie gerne an Ihren Anliegen teilhaben lassen? Falls ja, bitten Sie sie, Sie nach der folgenden Checkliste einzuschätzen, und besprechen Sie mit Ihnen alle zusätzlichen Indizien, die Sie bemerkt haben.

Die folgenden Punkte habe ich aus dem obigen Material zusammengestellt, um eine Checkliste für die Einschätzung der Möglichkeit von Besessenheit bei sich oder anderen aufzustellen. Da die meisten Punkte auf der Liste auch das Ergebnis von anderen Zuständen sein können, gehen Sie nicht davon aus, daß Sie »Besucher« bei sich haben, wenn nur ein oder zwei Punkte auf Sie zutreffen. Das Gesamtbild ist wichtig. Der Vorteil einer Checkliste ist der, daß sie Ihnen zu besserem Scharfblick verhilft, und dieses fein abgestimmte Unterscheidungsvermögen wird Ihnen helfen, Besessenheit zu erkennen. Wenn Sie erst einmal den Grund Ihres Zustands kennen oder erahnen, können Sie anfangen, etwas zu unternehmen, um sich und Ihrem Besetzer zu helfen.

Auswertung

Kein Problem, trifft nicht zu - 0 Punkte
Manchmal, kein großes Problem - 1 Punkt
Jetzt immer, die meiste Zeit, oder ja - 2 Punkte

Checkliste

1. Niedriges Energieniveau
2. Charakterveränderungen oder Stimmungsschwankungen
3. Man hört eine oder mehrere innere Stimme(n)
4. Mißbrauch von Drogen (einschließlich Alkohol)
5. Impulsives Verhalten
6. Gedächtnisprobleme
7. Konzentrationstörungen
8. Plötzliches Auftreten von Angst oder Depression
9. Plötzliches Auftreten physischer Probleme ohne ersichtlichen Grund
10. Gefühlsmäßige und/oder physische Reaktionen auf die Lektüre von »Besessenheit und Heilung«

Bei einer Gesamtpunktzahl von 10 oder mehr liegt eine Besessenheit nahe. (Eine 2 bei den Punkten 2, 3, 4 oder 10 deutet stark darauf hin!) Wenn Sie eine Punktzahl von weniger als 10 haben, setzen Sie Ihren Verstand ein; es heißt nicht, daß Sie eindeutig nicht besessen sind. Das bloße »Hören« von inneren Stimmen selbst könnte anzeigen, daß Sie Geister bei sich beherbergen.

Besessenheit ist kein »Todesurteil« oder eine unheilbare Krankheit. Es ist ein Zustand, der im allgemeinen geheilt werden kann. Wenn Sie nicht in der Lage sind, das Problem selbst zu lösen, sind Sie immer noch weit besser dran als vorher, weil Sie jetzt Ihre Symptome verstehen und Hilfe bekommen können. Die Techniken sowohl für die Selbstheilung von Besessenheit als auch die Heilung von jemand anderem wird in Kapitel 14 beschrieben. Um es für Sie leichter zu machen, habe ich die Abschrift einer Clearingsitzung beigefügt, wie ich Sie bei meinen Patienten anwende, und ich werde Ihnen im nächsten Kapitel dazu weitere Ratschläge geben.

14

Wie man ein Clearing durchführt

Es ist möglich, sich selbst oder andere von Geistern zu befreien, indem man die in diesem Kapitel beschriebene Technik anwendet. Viele meiner Patienten haben dieses Verfahren zwischen ihren Therapiesitzungen selbst angewandt.

Aus einer Geistbefreiung kann kein Schaden entstehen. Im besten Fall gehen die Wesenheiten, und im schlimmsten sind sie vielleicht eine Weile etwas durcheinander und bleiben. Das Ritual zieht keine weiteren Geister an, die einen »Wohnsitz« suchen; in Wirklichkeit hat es den gegenteiligen Effekt - es stößt sie ab.

Es ist sehr wichtig, sich bestimmter Schlüsselpunkte bewußt zu sein, wenn man eine Befreiung bei sich oder jemand anderem durchführt. Die erdgebundenen Geister sind verirrte Seelen, wörtlich und im übertragenen Sinn. Denken Sie daran, daß sie leiden, selbst wenn sie es selbst bestreiten. Ich halte sie für die eigentlichen Patienten, nicht diejenigen, die sie beherbergen. Anstatt diese Prozedur als ein »Loswerden« oder »Rauswerfen« der Wesen anzusehen, betrachten Sie sie als Gelegenheit, ihnen auf die größtmögliche Weise zu helfen. Sie gehen von völlig hoffnungslosen und armseligen Zuständen über in solche, in denen sie endlich Frieden finden und all ihre weltlichen Sorgen und Ängste zurücklassen können. Sie sollten sich hauptsächlich darauf konzentrieren, die Geister von dieser Wahrheit zu überzeugen. Wenn man dies erst einmal geschafft hat, ist es ein einfacher Prozeß, ihnen zum Gehen zu verhelfen.

Ich erkläre meinen Patienten, daß, wenn ich die Geister mit Zwang von ihnen entfernen würde, ohne ihnen zu versichern, daß sie in die höheren Welten geleitet werden, für diese Wesenheiten und höchstwahrscheinlich für andere lebende Menschen, an die sie sich später heften würden, das ein schreckliches Problem bedeuten würde. Es ist unwahrscheinlich, daß ihre neuen Wirte qualifizierte Hilfe aufsuchen werden, und deshalb könnten diese mit ihrer Besessenheit für den Rest ihres Lebens beladen sein.

Die wichtigste Haltung, die man während einer Geistbefreiung einnehmen muß, ist Sorge um die Besetzer. Das ist sehr schwierig, wenn sie einen arg strapazieren. In Fällen von drohendem Selbstmord ist man besonders versucht zu vergessen, wessen Bedürfnisse an erster Stelle stehen. In diesen Fällen ist die Hilfe eines professionellen Psychiaters ein Muß, auch dann, wenn physische Gewalt im Spiel ist. Wenn der Therapeut nicht bereit ist, den Zustand als Besessenheit zu behandeln, dann kann Ihre eigene Arbeit mit den Geistern gleichzeitig mit der professionellen Hilfe, die Sie bekommen, einhergehen. Natürlich wäre die ideale Situation die, wenn Ihr Therapeut Ihnen bei diesen Wesen helfen würde; dann wäre es das weiseste, die Geistbefreiung völlig seinen oder ihren kompetenten Händen zu überlassen.

Normalerweise werden Sie die Identität der Geister nicht erfahren. Manchmal jedoch ist es sehr deutlich, wer bei Ihnen ist. Das ist vor allem bei nahestehenden Menschen der Fall: Eltern, Großeltern, Ehepartnern, Kindern oder engen Freunden.

Im letztgenannten Fall ist es nötig, daß Sie zuvor die *feste* Abmachung treffen, die Seele des geliebten Menschen emotional loszulassen. Manchmal war der Faktor, der die Besessenheit überhaupt erst ermöglichte, ja gerade der, daß Sie emotional von ihm abhängig waren, was sich vielleicht nach dem Tod fortgesetzt hat.

Manche Menschen haben ihre verstorbenen Angehörigen regelrecht angefleht, bei ihnen zu bleiben. Patienten haben mir stolz erzählt, daß sie ihre Eltern oder Ehepartner seit Jahren bei sich hätten. Sie haben die vielen Weisen aufgezählt, auf denen die Besetzer ihnen geholfen haben und eine ständige Quelle von Trost und Unterstützung waren. Da jedoch die Angehörigen erdgebundene Geister waren, begingen beide Seiten einen schrecklichen Fehler.

Gelegentlich gibt es einige geringfügige Vorteile durch die Besessenheit, wie besondere Fähigkeiten der Geister, deren Begleitung etc., doch es ist *nie* eine gesunde Lösung und verhindert das geistige Wachstum beider Beteiligten. Ist sich jemand erst einmal der Situation bewußt, sollte sie nicht fortgesetzt werden, *egal wie eng die Bindung ist!*

Anleitungen für ein Clearing

Die wirksamste Weise, ein solches Ritual durchzuführen, ist, das Clearing auf Kassette aufzunehmen, wobei man die nachfolgende Abschrift verwenden oder sich einen eigenen Text zurechtlegen kann, der auf den Prinzipien basieren sollte, die ich kurz ausführen werde.

Wenn man die Kassette ein oder falls nötig mehrere Male am Tag abspielt, ist dies eine Art wiederholte Lektion für die Geister und lenkt ihre Aufmerksamkeit auf ihre Lieben, die seit dem ersten Kontakt bei ihnen geblieben sind. Manchmal brauchen die Wesenheiten eine Weile, bis sie wirklich zu hören bereit sind, um dann ihren Zustand und ihre Wahlmöglichkeiten zu erkennen.

Wenn man die Kassette abspielt, gibt man sich oder dem Menschen, dem man hilft, auch die Möglichkeit, Indizien zu erkennen, die die Diagnose der Besessenheit vielleicht bestätigen, denn manchmal »verstecken« sich Geister. Alle Reaktionen, die über ein neutrales Interesse hinausgehen, legen die Gegenwart von Geistern nahe. Die Reaktionen, auf die man achten muß, sind Gedanken, die einem in den Kopf kommen, wie: »Ich will nichts mehr hören«, »Ich will der Kassette nicht zuhören«, oder noch verräterischer: »*Du* willst ihr nicht zuhören!«

Emotionale Reaktionen während der Sitzung wie Angst, Furcht, Erleichterung, Freude und Haß sind die der reagierenden Wesenheit.

Physische Empfindungen sind für den Geist sehr schwer zu verbergen: Übelkeit, Zittern und Schmerzen sind deutliche Hinweise.

Ein Tagebuch mit Daten und Eindrücken kann Ihnen eine Vorstellung davon vermitteln, wann die Wesenheit geht. Wenn Sie zum Beispiel vier Mal hintereinander Übelkeit verspüren und anschließend nicht mehr, könnte es sein, daß der Geist verschwunden ist.

Eine andere sehr gute Weise, eine solche Befreiung durchzuführen, besteht darin, daß der Ehemann oder die Ehefrau, der Partner oder ein Freund Ihnen den Text vorliest. Oder, wenn Sie die Zeremonie bei jemand anderem durchführen, lesen Sie ihn ihm oder ihr vor. Wenn es Ihnen lieber ist, können Sie es mit Ihren eigenen Worten sagen. Das ist besonders angebracht, wenn Sie wissen, wer die Besetzer sind, speziell dann, wenn es sich um Familienangehörige handelt.

Sie können mehrere Menschen zusammenrufen, sich oder demjenigen, von dem man annimmt, daß er besessen ist, zu helfen. Einer übernimmt die Rolle des Therapeuten, die anderen senden dem Körper des Besessenen Energie, indem sie ihre Handflächen auf seinen oder ihren Körper richten oder ihre Hände sehr nahe an den Körper halten, ohne ihn jedoch zu berühren. Beten Sie vorher zusammen, und bitten Sie um Hilfe dabei, die Wesenheit zum Gehen zu überreden. Jeder von Ihnen sollte sich mit Weißem Licht umgeben. (Stellen Sie sich ein strahlendes weißes Licht vor.)

Wenn Sie eine Geistbefreiung für jemand anders durchführen, sorgen Sie dafür, daß sich die besessene Person entspannt, ihre Augen schließt und sich vorstellt, von Weißem Licht umgeben zu sein (siehe Kapitel 15). Dann bitten Sie gemeinsam um geistige Hilfe, und/oder sprechen Sie ein Gebet. Sprechen Sie die Wesenheit direkt an, wobei Sie sich an die weiter unten beschriebenen Punkte halten. Wenn Sie wissen, wer der Geist ist, nennen Sie ihn beim Namen. Anderenfalls reden Sie ihn allgemein an oder lesen Sie den nachfolgenden Text vor.

Wenn Sie glauben, daß der Geist nur eine andere Sprache versteht, sprechen Sie ihn in dieser Sprache an.

Wenn Sie die Wesen und ihre Todesumstände kennen, ist es wesentlich leichter, ihnen zu helfen. Sie können Sie dann viel besser von ihrem Zustand überzeugen, wenn Sie ihnen erklären, wie sie gestorben sind. Handelt es sich um die Geister von geliebten Menschen, appellieren Sie an ihre Liebe zu Ihnen, indem Sie ihnen erklären, daß ihre Anwesenheit Ihnen großen Schaden zufügt. Versichern Sie ihnen, daß Menschen, die sich lieben, nie getrennt sind, nicht einmal im Tod, und daß Sie »nur einen Gedanken entfernt« sein werden, wenn sie gegangen sind. Machen Sie ihnen klar, daß sie aus der geistigen Welt zurückkehren können, um Sie zu besuchen. Sobald sie einmal davon überzeugt sind, daß sie Ihnen tatsächlich schaden und daß Sie nicht für immer von ihnen getrennt sind, werden diese Wesen gewöhnlich sofort gehen.

Falls es nötig ist, die Besetzer davon zu überzeugen, daß sie besessen sind, können Sie einen Spiegel verwenden, sie hineinschauen und das Gesicht des Besessenen sehen lassen. Sie können darauf hinweisen, wie verschieden es von ihrem eigenen ist.

Um den Wesenheiten zu helfen, die weit verbreitete Angst vor der Hölle zu überwinden, machen Sie ihnen klar, daß ein Berater aus der geistigen Welt, der sich mit diesen Fragen auskennt, da ist, um ihnen zu helfen: ein Priester, eine Nonne, ein Geistlicher, Rabbi etc.

Wenn Sie den Verdacht haben, daß der Geist krank und/oder alt ist, weisen Sie darauf hin, daß er in der geistigen Welt in der Lage sein werde, in bequemen Betten zu schlafen und in einem Krankenhaus oder an einem Ort erwachen wird, an dem freundliche Pfleger und Ärzte sich um ihn kümmern werden.

Wenn man den Verdacht hegt, daß die Geister Alkoholiker, Drogensüchtige oder starke Raucher sind, sagen Sie ihnen, daß sie in der geistigen Welt soviel Alkohol, Drogen oder Zigaretten haben können, wie sie brauchen. Ihre Angehörigen werden ihnen diese Substanzen sogar zeigen. Aus Rückführungen, die ich durchgeführt habe, weiß ich, daß die Wesen in der geistigen Welt diese Drogen erhalten und dann gemeinsam mit geistigen Heilern und Ärzten allmählich eine Entziehungskur machen.

Bei Suchtproblemen ist es äußerst hilfreich, wenn der Besessene sich den Genuß der jeweiligen Substanz versagt, nach der die Wesenheit verlangt. Das mag für ein paar Tage ziemlich anstrengend sein, der Geist wird lernen, daß er das, was er haben möchte, in der geistigen Welt viel einfacher bekommen kann. Ein Wesen, das einen Patienten vierzig Jahre lang besetzt hatte, ging ins Licht, weil es dem Patienten glaubte, als dieser drohte, nie wieder einen Tropfen Alkohol anzurühren.

Eine häufige Angst dieser Geister besteht darin, nicht mehr zu existieren, wenn sie ihren Wirt verlassen. Es ist absolut wichtig, sie davon zu überzeugen, daß das nicht stimmt. Weisen Sie darauf hin, daß ihre verstorbenen Angehörigen sehr lebendig sind. Lassen Sie sie ihre Hände ergreifen, um zu fühlen, wie real sie sind. Setzen Sie Ihre Erfindungsgabe ein. Aber überzeugen Sie sie davon, daß ihr Leben weitergehen wird!

Sie können beliebige Geister herbeirufen, die Sie als zusätzliche Helfer brauchen. Zum Beispiel geht ein widerspenstiges junger Mann vielleicht, wenn ihn der Geist eines hübschen Mädchens abholen kommt. Erscheint ein Geist, den der Besetzer nicht mag, rufen Sie einen anderen herbei. Ein männlicher Geist verabscheute seine Frau. Als er sie sah, weigerte er sich, mit ihr zu gehen. Ich lenkte seine Aufmerksamkeit auf jemand anderen, und er ging bereitwillig mit. Sie können geistige Ärzte oder Pfleger bitten, Beruhigungsspritzen zu setzen, und Sie können den Erzengel Michael oder Gabriel bitten zu kommen und nicht zuletzt Jesus!

Allgemeine Hinweise

1. Führen Sie die Geistbefreiung zu einer Zeit durch, in der Sie nicht gestört werden. Setzen Sie eine halbe Stunde an, obwohl Sie in den meisten Fällen nicht soviel Zeit brauchen werden. Versuchen Sie selbst, ausgeruht und so ruhig wie möglich zu sein. Vor der Sitzung sollten Sie weder Drogen noch Alkohol zu sich genommen haben.

2. Beginnen Sie, indem Sie sich für ein paar Minuten auf einem bequemen Stuhl oder einer Couch entspannen. Schließen Sie die Augen, und nehmen Sie drei oder vier langsame, tiefe Atemzüge, indem Sie durch die Nase ein- und ausatmen. Sprechen Sie Ihre Lieblingsgebete - das Vaterunser ist besonders geeignet. Wenn Sie an Jesus Christus, Buddha, Engel etc. glauben, rufen Sie diese herbei, damit sie Ihnen helfen. Wenn Sie spirituell sind, rufen Sie geistige Heiler zur Hilfe. Dies alles kann im Geiste oder laut getan werden, aber vielleicht ist es leichter für Sie, wenn Sie laut sprechen.

3. Um sich vor allen möglichen negativen Kräften oder Wesenheiten zu schützen, ist es wichtig, einen geistigen Schutzmantel zu bilden. Wenden Sie die Technik mit dem Weißen Licht an (siehe Kapitel 15), indem Sie sich vorstellen, daß Sie eine Miniatursonne in Ihrem Solarplexus haben (eine kreisförmige Zone überhalb und unterhalb Ihres Nabels). Stellen Sie sich vor, daß diese Sonne ein helles weißes Licht ausstrahlt, das Sie mit einer strahlend schönen Aura umgibt wie eine strahlende Hülle, die Sie vor jeglicher Negativität und allem Übel schützt.

4. Reden Sie den Geist in einer freundlichen und liebevollen Weise an, entweder in Gedanken oder laut, wie es für Sie angenehmer ist. Wenn Sie ihn kennen, nennen Sie ihn beim Namen und erklären Sie ihm, daß Sie nun wissen, daß er bei Ihnen ist.

160

Prägen Sie ihm ein, daß er ein Geist ist, der mit Ihnen in Ihrem Körper wohnt, da sein eigener Körper gestorben ist, und erinnern Sie ihn an die Umstände seines Todes. Machen Sie ihm klar, daß wir alle Geist sind und niemals sterben - daß nur der physische Körper stirbt. Erklären Sie ihm, daß er sich bei seinem physischen Tod außerhalb seines Körpers wiedergefunden habe, völlig bewußt, und daß er zu dieser Zeit direkt in die geistige Welt hätte gehen sollen, in der seine Angehörigen auf ihn warteten. Statt dessen habe er sich an Sie geheftet und Ihnen unendlich geschadet, indem er Ihnen Ihre Energie entzogen und Sie verwirrt habe, da Sie seine Gedanken und Gefühle nicht von den Ihren trennen können.

Lenken Sie an dieser Stelle seine Aufmerksamkeit auf seine Angehörigen im Jenseits, die gekommen sind, um ihn mit sich nach Hause zu nehmen und mit ihm zu leben. Wenn Sie den Eindruck haben, daß eine bestimmte Person (seine Mutter, seine Frau etc.) da ist, sagen Sie ihm, er solle sich nach ihr umschauen. Weisen Sie ihn an, die Hand seines Begleiters oder seiner Begleiterin zu fassen, und drängen Sie ihn, mit ihm oder ihr zu gehen. Erklären Sie ihm, daß ein wunderbares Leben vor ihm liegt, daß er sich in einem perfekten Körper befinden wird und daß es für Sie und ihn wichtig ist, *jetzt* zu gehen. Machen Sie ihm deutlich, daß die Hölle nicht existiert und Lehrer aus der geistigen Welt ihm helfen werden, das alles zu lernen.

Segnen Sie ihn, wenn er geht, und entlassen Sie ihn in Liebe. Ich mache häufig das Kreuzzeichen und sage dabei: »Gehe jetzt im Namen des Vaters und des Sohnes, Jesus Christus, und des Heiligen Geistes; gehe in Frieden, Licht und Liebe mit meinem Segen.« Vielleicht möchten Sie in Ihrer rechten Hand ein Kreuz halten, oder Sie zeichnen mit der rechten Hand ein Kreuz in die Luft. Nichtchristen können ein Gebet oder eine Affirmation sprechen, die ihnen geeignet erscheint.

5. Bleiben Sie weiterhin entspannt. Danken Sie Ihren geistigen Helfern, und bringen Sie ein paar Minuten in einem Zustand der Ruhe und Dankbarkeit zu.

Zusammenfassung

1. Du bist nicht (Name des Besessenen).
2. Dein Körper ist tot.
3. Du hast dich an (Name des Besessenen) geheftet.
4. Du schadest dir und (Name des Besessenen).
5. Deine Angehörigen sind hier.
6. Du wirst dich in einem perfekten Körper befinden.
7. Die Hölle gibt es nicht.
8. Du wirst ein wunderbares, friedvolles Leben haben.
9. Gehe in Frieden mit meinem Segen.

Text

Das folgende ist die wörtliche Abschrift eines typischen Clearings, wie ich es in meiner Praxis einsetze. Manchmal variiere ich den Text, je nachdem, was ich über die Wesenheit weiß. Ich werde diese Abwandlungen später beschreiben. Um es anschaulicher zu machen, habe ich einen beliebigen Namen gewählt, nämlich Mary. Ersetzen Sie diesen durch den Namen des Besessenen oder Ihren eigenen.

Lesen Sie langsam, und legen Sie regelmäßig Pausen ein.

Technik eines Clearing-Rituals

Du bist hier bei Mary, doch du bist nicht Mary, oder? Du bist jemand anders, völlig verschieden von ihr. Du hast einen anderen Namen, eine andere Persönlichkeit, andere Bedürfnisse, Vorstellungen und Einstellungen. Es gab eine Zeit, als du in deinem eigenen Körper lebtest, lange bevor du dich an Mary geheftet hast. (Pause.) Schau mal, ob du dich an diese Zeit erinnern kannst. Denk an ein angenehmes Ereignis aus der Zeit, als du noch in deinem *eigenen* Körper warst. (Lange Pause.)

Und dann ist diesem Körper etwas zugestoßen, und er ist gestorben. (Pause.) Als dein Körper starb, warst du selbst noch genauso lebendig wie

Augenblicke zuvor, jedoch außerhalb deines toten Körpers. In diesem Augenblick hättest du direkt ins Licht, in die geistige Welt gehen sollen. Helfer waren da, Angehörige, aus der geistigen Welt, um dich in dein neues Leben zu begleiten.

Doch statt dessen bist du ohne deinen physischen Körper in der physischen Welt geblieben. (Pause.) Vielleicht warst du verwirrt und hast nicht gemerkt, daß dein Körper gestorben ist, und nicht verstanden, was mit dir geschah. (Pause.) Du hast dabei einen *sehr schweren* Fehler gemacht, weil du in diesem Augenblick zu einer verirrten Seele wurdest. (Lange Pause.)

Erinnerst du dich, wie du versucht hast, mit Menschen zu sprechen, und sie haben nicht geantwortet? Oder daß sie, wenn du sie berührtest, deine Berührung nicht zu bemerken schienen? Und sie haben direkt durch dich hindurchgeschaut, als ob sie nicht einmal wüßten, daß du da wärst? Vielleicht warst du sehr verwirrt - durcheinander und einsam - und frustriert, und vielleicht warst du ihnen sogar böse.

Der Grund, warum sie nicht auf dich reagiert haben, ist der, daß du ein unsichtbarer Geist bist. Du warst nicht in einem Körper, und darum konnten sie dich auch nicht sehen. Die anderen wußten nicht, daß du da warst. Es war nicht so, daß sie dich ignoriert hätten, sie haben einfach nicht gemerkt, daß du da warst. (Lange Pause.)

Und dann, ab einem bestimmten Punkt, hast du dich an Mary geheftet, und an dieser Stelle hast du einen weiteren, noch schlimmeren Fehler gemacht. Denn sieh, bis zu dem Punkt hattest du dir nur selbst geschadet, indem du dich von dem wunderbaren Leben ausgeschlossen hast, das du in der geistigen Welt bei deinen Lieben hättest haben können, in der auch all deine Bedürfnisse gestillt worden wären. Doch als du dich an Mary geheftet hast, von da an hast du ihr geschadet. Auf jeden Fall hast du ihre Energie benutzt, ihr Energie entzogen, wodurch sie müde und erschöpft wurde. Und du verwirrst sie, weil sie deine Gedanken, Wünsche und Bedürfnisse nicht von ihren eigenen unterscheiden kann.

Nun, du würdest sicher auch nicht wollen, daß das gleiche mit dir geschieht. Vielleicht hast du nicht erkannt, daß du Mary geschadet hast.

Zum Glück können wir dein Problem jetzt sofort lösen, weil Menschen hier sind, die du sehr sehr liebst und die aus der geistigen Welt gekommen sind, um dir zu helfen. (Pause.)

Das sind Menschen, von denen du dachtest, daß du sie nie wieder sehen würdest, als sie starben. Hier sind sie und sehen absolut wunderschön aus ..., sie sehen sogar besser aus, als beim letzten Mal, bei dem du sie getroffen hast ..., und sie haben ein fröhliches Lachen in ihren Gesichtern.

Sie sind so glücklich, dich zu sehen, weil sie sich große Sorgen um dich gemacht haben. Sie haben Ausschau nach dir gehalten, dich gesucht, sich nach dir gesehnt. Jetzt haben sie dich gefunden und sind überglücklich darüber. (Pause.) Und jetzt legen sie ihre Arme um dich und drücken dich ganz warm und herzlich an sich. Sie halten dich fest. Spür nur, wie wundervoll sich das anfühlt. (Lange Pause.)

Jetzt halten sie deine Hand. (Pause.) Ich möchte, daß du wahrnimmst, wie real und fest ihre Hände sind. Wenn du sie ein bißchen drückst, kannst du sogar die Knochen unter der Haut fühlen. Sie befinden sich nämlich in ihrem geistigen Körper. Und der geistige Körper ist genauso real und fest wie ein physischer Körper. (Lange Pause.)

In wenigen Augenblicken wirst du Mary verlassen, und wenn du es tust, wirst du dich in deinem höchsteigenen geistigen Körper befinden. (Pause.) Das ist dein rechtmäßiger Körper, den du so lange benutzen kannst, wie du ihn brauchst. (Pause.) Und es ist ein perfekter Körper im wahrsten Sinne des Wortes. Es ist ein jungendlicher und attraktiver Körper - ein Körper, der nie altern, Falten bekommen, krank werden oder irgendwelche Schwächen haben wird. Wenn du ein Mann bist, wirst du dich in einem männlichen Körper wiederfinden, der stark und gesund ist. Wenn du eine Frau bist, wirst du in einem wunderschönen, gesunden, jugendlichen, weiblichen Körper sein. (Lange Pause.)

Nun, für den Fall, daß du Angst hast, in die Hölle zu kommen, möchte ich dir folgendes sagen: Hier ist jemand aus der geistigen Welt - ein Lehrer für religiöse Erziehung - der dir erklären wird, daß es nichts gibt, wovor du dich fürchten mußt, weil es so etwas wie die Hölle nicht gibt. Wenn du katholisch erzogen wurdest, ist dieser Lehrer eine Nonne oder ein Priester. Wenn du Protestant bist, ist dieser Lehrer ein Pfarrer deiner eigenen Konfession. Wenn du ein Jude bist, ist dieses Wesen ein Rabbi. Wen auch immer du brauchst, er ist hier, um dir zu erklären, daß du absolut nichts zu befürchten hast! (Lange Pause.)

Und jetzt ist es an der Zeit, daß du in dein wunderbares neues Leben gehst. Wenn du die Hand deines Angehörigen und, wenn du magst, den Arm deines Helfers ergreifst, wirst du in wenigen Augenblicken in dieses Licht dort drüben gehen. (Pause.) Vielleicht kannst du es in der Ferne sehen, oder vielleicht kommt es auf dich zu. Es ist nur Sekunden entfernt. Und du wirst dort hineingehen, Hand in Hand mit deinem Angehörigen. Und im selben Moment, in dem du das tust, wirst du in deinem neuen, perfekten Körper sein. Wenn du in dieses Licht hineingehst, wirst du etwas erfahren, was jenseits aller Worte ist, so wunderschön und großartig ist es. Unbeschreiblich wunderbar! Du wirst dich geliebt und angenommen fühlen. (Lange Pause.) Ein wunderschönes Leben wartet auf dich. Du wirst mit vielen geliebten Menschen zusammen sein, mit Familienangehörigen und Freunden. Und nie mehr allein. Das Schlimmste ist vorbei. Es geht dir schon jetzt gut - aber das Beste steht dir noch bevor.

(Lange Pause.) Jetzt ist es Zeit zu gehen. Ich bitte Mary, dir mental all das zu verzeihen, was du ihr angetan hast. (Pause.) Und nun geh mit unserem Segen und unserer Liebe. Geh im Namen des Vaters, des Sohnes, Jesus Christus, und des Heiligen Geistes. Geh in Frieden und Licht und Liebe. (Machen Sie das Kreuzzeichen in der Luft. Nichtchristen können irgendein Gebet oder eine Bekräftigung sprechen, die angemessen ist.)

Während dieser Sitzung spüren Sie oder die Person, der Sie helfen, vielleicht eine Vielzahl von intensiven Gefühlen einschließlich Gram, Haß oder Furcht, doch wenn der Besetzer endlich geht, kommt es fast immer zu einem tiefen Wohlgefühl. Manchmal entspannt sich der verkrampfte Körper des Besessenen mit einem Seufzer der Erleichterung und einem freudigen Lächeln. Wenn Sie dies sehen oder es an sich verspüren, können Sie einigermaßen sicher sein, daß eine erfolgreiches Clearing stattgefunden hat.

Viele Leute berichteten von einem Gefühl, als ob aus ihnen heraus »etwas« in wellenartigen Bewegungen durch den Körper gerieselt und »nach oben geschwebt« und durch den Kopf, die Brust oder andere Zonen ausgetreten sei. Manche können tatsächlich »sehen«, wie die Geister Hand in Hand mit ihren verstorbenen Angehörigen in das Weiße Licht gehen. Manchmal gibt es solch ein eindeutiges Erleben nicht, sondern nur ein Gefühl - die Betroffenen fühlten sich leichter, entspannt oder veränderten sich auf positive Weise. Die meisten behaupten, einfach zu »wissen«, daß sie endlich von ihrer Besessenheit geheilt seien. In anderen Fällen gibt es zu dem betreffenden Zeitpunkt kein Anzeichen, doch die anschließende Veränderung ist bemerkenswert.

Nach solch einer Sitzung ist es wichtig, die Geister für die nächsten Tage so weit wie möglich aus den Gedanken zu verbannen. Indem man ihnen nachhängt, ist es möglich, sie zurückzuholen, wenn sie noch nicht vollständig ins Licht gegangen sind. Jedesmal, wenn Sie an sie denken, segnen Sie sie und bestärken Sie sich in der Überzeugung, daß sie gegangen sind, und denken Sie dann bewußt an etwas anderes. Das ist wichtig, wenn die Geister Menschen waren, die Sie zutiefst geliebt haben. Vor allem, wenn es sich um verstorbene Familienangehörige handelt, habe ich erlebt, wie ehemalige Besessene die Geister unbeabsichtigt zurückriefen.

Die Chancen dafür, ob Ihre Befreiung funktioniert, hängen davor ab, ob die Wesenheit bereit ist zu gehen. In den *meisten* Fällen wird sie sofort Erfolg haben, egal wie lange die Besessenheit bestanden hat.

Häufig bedarf es vieler Wiederholungen, um den Geist - ob Angehöriger oder Fremder - zum Gehen zu bewegen.

Manchmal ist die Geistbefreiung nur zum Teil erfolgreich - der Geist läßt von einem ab, geht aber nicht in die geistige Welt oder ins Licht. Er oder sie gleitet aus dem Körper und der Aura heraus und bleibt bei der zuvor besessenen Person oder verweilt im Umfeld der Aura - nur, um später zurückzukehren. Dann bedarf es einer weiteren Sitzung, bei der man versucht, den Geist mit seinen oder ihren Angehörigen zu verbinden.

In solchen Fällen ist es nötig, die Geister darauf hinzuweisen, daß sie sich noch immer in der physischen Welt befinden und nicht ins Licht gegangen sind. Manchmal kommen Wesenheiten nach einem dieser Ausflüge stark verängstigt zurück! Wenn dies geschieht, habe ich erlebt, sind sie jetzt an dem Punkt zu gehen.

Ein besonders faszinierender Fall veranschaulicht dieses Phänomen: Ich betrachte es als ein Syndrom der »letzten Chance«, Sie werden sehen, warum:

Roger kam zu mir wegen extremer Gefühle von Unzulänglichkeit, einer Unfähigkeit, sein Leben ins Lot zu bringen. Er hatte ein sehr reales und hartnäckiges Problem, nämlich den Drang, mindestens einmal täglich eine Prostituierte in einem örtlichen »Massage«-Salon aufzusuchen!

In einer Sitzung fanden wir den Grund dafür: einen sexbesessenen Geist namens Bill. Ein Clearing wurde durchgeführt, und er ging mit seiner Frau, die aus der geistigen Welt gekommen war, um ihn abzuholen.

Bei unserer nächsten Sitzung, am Dienstagmorgen, sah Roger niedergeschlagen aus. »Fünfeinhalb Tage hatte ich Ruhe - nicht den leichtesten Drang nach einer Prostituierten. Ich konnte es nicht glauben! Am Wochenende fuhr ich mit meiner Freundin weg. Der Sex mit ihr war schön und normal, nur zweimal. Doch nachdem ich sie Sonntag nacht zu Hause abgesetzt hatte, traf es mich wie ein Schlag! Ich ging direkt in den nächsten Massagesalon. Seit Sonntag habe ich vierzehn Orgasmen gehabt, mit Prostituierten und durch Masturbation. Es ist schlimmer als je zuvor! Es [die Geistbefreiung] hat nicht funktioniert.«

Ich versicherte ihm, daß sie funktioniert hätte, jedoch nicht ganz, sondern daß »unser Freund« Bill zurückgekommen sein müsse. Tatsächlich bekannte Bill unter Hypnose schüchtern, daß er seiner Frau absichtlich entwischt sei, weil er glaubte, er würde nie wieder Sex haben. Er sei in San Jose herumgewandert und habe sich gefragt, was er tun solle. Da habe er beschlossen, sich wieder an Roger zu heften und sich noch einmal auszutoben, da er befürchtete, das nächste Mal würde ich ihn überreden, endgültig zu gehen! Und das tat er dann. (Ich nenne es deshalb das Syndrom der »letzten Chance«, weil ich Geister - Raucher, Trinker und Freßsüchtige - erlebt habe, die alle noch einmal kräftig zulangten, weil sie wußten, daß sie bald gehen würden.)

Bill ging freiwillig mit seiner Frau, als sie ihm erzählte, sie wolle mit ihm schlafen, wobei sie sagte: »Qualität ist wichtiger als Quantität.«

Die Trumpfkarte, die ich *bis zum Schluß* aufbewahre, ist die, den Geistern zu versprechen, daß sie aus dem Weißen Licht zurückkehren können, wenn sie wollen. Ich betone, daß sie ins Licht gehen müssen und es als Urlaub betrachten können - mit einer Rückfahrkarte. Ich betone, daß sie es für zehn Minuten versuchen und dann zurückkommen können. Dazu hole ich die Erlaubnis des Patienten ein. Es ist häufig der Fall, daß sie - die Geister - ihre Angst zu gehen überwinden müssen. Ich setze diesen Trumpf sparsam ein - und es funktioniert! Wenn sie wirklich zurückkehren, überzeuge ich sie, da sie *nicht* in das Weiße Licht gegangen sind, es noch einmal zu versuchen, zumal sie ja jetzt wüßten, daß sie zurückkehren könnten. Das zweite Mal ist ungefähr einhundert Prozent effektiver.

Manchmal wird jemand zurückbleiben und sich verstecken. Häufig ist es ein Eltern- oder Großelternteil: ein Familienangehöriger, der das Gefühl hat, ein besonderer Fall zu sein. Dann wende ich mich direkt an den Geist und arbeite mit ihm, und schließlich geht auch er mit seinen Angehörigen ins Jenseits.

Besonders halsstarrige Wesenheiten erfordern manchmal professionelle Hilfe durch ein Medium oder einen Geistlichen. Falls Ihr eigener Pfarrer oder Priester sich auskennt und bereit ist, Ihnen zu assistieren, kann er oder sie eine enorme Hilfe sein, weil der Geist vielleicht auf seine oder ihre Autorität als Mann oder Frau Gottes reagiert.

Es ist während des ganzen Prozesses sehr wichtig, daß Sie so tun, als ob sie die Sache ernst nähmen - selbst wenn Sie nicht daran glauben, tun Sie so als ob. Später, wenn der Vorgang beendet ist, können Sie wieder so skeptisch oder analytisch sein, wie Sie wollen. Selbst wenn Sie nicht davon überzeugt sind, daß Sie oder die Person, die Sie von Besessenheit heilen wollen, eine Wesenheit bei sich hat, sollten Sie die Heilungszeremonie entschlossen durchführen. Es kann nichts schaden, und Besessenheitsgeister können durchaus unabhängig von Ihrer Meinung gehen.

Nehmen Sie nie die Geister von jemand anderem als ein Selbstopfer auf sich, weil Sie sich tatsächlich selbst opfern würden - die Besessenheit könnte Ihr Leben lang anhalten! Sie können helfen, ohne sich selbst Schaden zuzufügen. Wenn Sie damit kein Glück haben, suchen Sie bei der Besessenheit *professionelle* Hilfe auf.

Bitte bedenken Sie, daß selbst ich nach Tausenden von Befreiungen noch immer nicht hundertprozentig von der Existenz von Geistern überzeugt bin. Aber es *funktioniert!*

15

Schutz

Ich bin sicher, daß Sie sich gefragt haben, wie man sich vor Besessenheit schützt - vielleicht von der ersten Seite dieses Buches an.

Zum Glück können Sie eine Menge tun, um Geister davon abzuhalten, sich an Sie zu heften. In Kapitel 14 haben Sie gesehen, wie man das Problem löst, wenn man sich dessen erst einmal bewußt ist. Nun werde ich Ihnen einige Hinweise geben, wie man Besessenheit vermeiden kann.

Besessenheit läßt sich mit einer physischen Krankheit, wie etwa einer Grippe, vergleichen. Es gibt immer Menschen, die sich nicht anstecken, obwohl alle anderen um sie herum husten und schnupfen. Ihr Immunsystem ist stark genug, den Virus davon abzuhalten, Fuß zu fassen.

In Kapitel 12 habe ich die Hypothese aufgestellt, daß die Aura für den geistigen Körper das ist, was das Immunsystem für den physischen Körper ist. Der *Schlüssel* zum Schutz vor dem Eindringen von Geistern besteht darin, die Aura »stark« zu erhalten. Genauso wie es überall Viren gibt, scheint unsere Welt ebenso von körperlosen Seelen wie von lebenden Menschen bevölkert zu sein. Ersteren kann man den Zugang verwehren, indem man dafür sorgt, daß die Aura stets auf einer schnellen Frequenz schwingt.

Manche Menschen, Hellsichtige, sind sowohl in der Lage, Geister in der Aura zu sehen als auch den Zustand Ihrer Gesundheit, Ihrer Gefühle und vieles mehr aus der Form und Farbe der Aura »abzulesen«. Manche Bücher gehen über die üblichen Erklärungen dessen, was die Farben bedeuten, hinaus und enthüllen viele faszinierende Facetten der Aura: zum Beispiel wie Zorn trübe rote »Pfeile« aussendet, um die Aura eines anderen zu durchdringen. In der Bibliographie sind mehrere Bücher zu diesem Thema aufgelistet. Je besser Sie die Aura verstehen, desto eher können Sie sich schützen, indem Sie sie gesund erhalten.

Sie können Ihre Aura durch die Technik des Weißen Lichts stärken. Am besten wenden Sie diese routinemäßig zweimal am Tag an, nämlich ehe Sie morgens aus dem Bett aufstehen und unmittelbar, bevor Sie nachts schlafen gehen. Je häufiger Sie sie anwenden, desto stärker wird Ihre Aura.

Für die Technik des Weißen Lichts brauchen Sie nur ein paar Sekunden. Sie kann überall ohne irgendwelche Vorbereitung angewendet werden. Die folgende wörtliche Abschrift ist exakt das, was ich meinen Patienten bei der ersten Sitzung beibringe.

Technik des Weißen Lichts

Setzen Sie Ihre kreative Vorstellungskraft ein und stellen Sie sich vor, daß Sie tief in Ihrem Solarplexus eine Miniatur-Sonne wie die Sonne in unserem Sonnensystem haben. Diese Sonne strahlt durch jedes Atom und jede Zelle Ihres Seins hindurch. Sie erfüllt Sie vom höchsten Punkt Ihres Kopfes über die Fingerspitzen bis in die Fußsohlen mit Weißem Licht. Dieses Licht scheint durch Sie hindurch und strömt in jeder Richtung - über Ihrem Kopf, unter Ihren Füßen, zu den Seiten heraus - und erzeugt eine Hülle aus strahlendem Weißen Licht, das Sie voll und ganz umgibt und Sie vor allem Negativem oder Schädlichem schützt.

Wenn Sie mit der Technik des Weißen Lichts erst einmal vertraut sind, können Sie sie mit einem bloßen Gedanken - einem Vorsatz - anwenden, und Sie sind augenblicklich geschützt. Stellen Sie sich vor, wie Sie ein Licht einschalten, indem Sie einen Schalter drücken; genauso leicht und schnell können Sie die innere Sonne einschalten und sie durch Sie scheinen lassen wie durch eine Glühbirne. Es ist extrem wichtig, völlig davon überzeugt zu sein, daß Sie durch Ihre Aura aus Weißem Licht geschützt sind. Ihre Gedanken, ob negativ oder positiv, sind eine starke Kraft.

Die Schwingungen Ihrer Aura verändern sich ständig. Sie spiegeln Ihren allgemeinen Seinszustand wieder - Ihre physische, mentale, emotionale und spirituelle Gesundheit. Immer wenn Sie glauben, daß es nötig ist, sollten Sie die Technik des Weißen Lichts anwenden. Wenn Sie mit irgendeiner Situation oder einer Person konfrontiert werden, die mit Negativität verbunden

170

ist, hüllen Sie sich in Weißes Licht. Wenn jemand wütend auf Sie ist, Sie anschreit und Sie beschimpft, legen Sie sich Ihren Schutzmantel aus Weißem Licht um. Sie schaffen so eine Barriere gegen wütende und negative Schwingungen und schützen Ihre Aura davor, dünner zu werden. Je stärker die negativen Emotionen, desto schwächer ist Ihr Schutz!

Es ist ganz wichtig, daß Sie einen möglichst positiven Zustand bewahren, indem Sie Ihr Leben in Hinblick auf Arbeit, Spiel und Erholung ausgeglichen machen. Geister dringen in eine geschwächte Aura so leicht ein, wie jemand durch eine offene Tür hereinspaziert.

Ein ausgezeichneter Weg, sich selbst zu schützen, besteht darin, »Entspannungs«-Drogen und Alkohol zu vermeiden. Das Ausmaß, das die Aura schwächt, ist von Mensch zu Mensch verschieden und hängt auch vom Energieniveau ab. Einige meiner Patienten haben ihre Widerstandskraft durch nur zwei Glas Wein geschwächt. Nur einmal »blau« oder betrunken sein, kann zu einer Besessenheit führen, die man ein Leben lang nicht mehr los wird!

Glauben Sie nicht, daß Sie sich mit Weißem Licht schützen können, während Sie Alkohol oder Drogen zu sich nehmen! Es mag zwar Ihre Aura ein wenig stärken, doch sicherlich nicht genug, um Besessenheit zu verhindern; die Schwingungen Ihrer Aura werden sofort niedriger.

Wie Sie in diesem Buch gelesen haben, kann Besessenheit nach einer Operation oder während eines Krankenhausaufenthaltes auftreten. Um sich davor zu schützen, sollten Sie folgendes tun: Wenden Sie die Technik des Weißen Lichts ab der ersten Minute im Krankenhaus an und behalten Sie sie während Ihres Aufenthalts bei. Setzen Sie sie unmittelbar vor der Narkose ein und unmittelbar danach, wenn Sie wieder wach werden. Bleiben Sie so entspannt und positiv wie möglich! Dann, wenn Sie Ihre Kraft wiedererlangt haben, führen Sie eine Geistbefreiung durch oder lassen es jemanden anderen tun, nur für den Fall, daß Sie sich einen oder mehrere Geister eingefangen haben. Dies wird den verwirrten Wesenheiten helfen, ehe sie sich »festsetzen«, und es wird außerdem schädliche Auswirkungen auf die Schutzfähigkeit Ihrer Aura verhindern und somit weitere Besessenheit vermeiden. Das kann bereits im Krankenhaus geschehen.

Bei Beerdigungen und allen entsprechenden Anlässen brauchen Sie einen zusätzlichen Schutz um sich herum. Während der Beerdigung und wenn Sie den Körper sehen, weisen Sie im Geiste den Verstorbenen an, nach Angehörigen in der geistigen Welt Ausschau zu halten und ins Licht zu gehen. Stimmen Sie sich auf den Raum oder Ort ein, und wenn Sie Geister spüren oder entdecken, drängen Sie sie, in die geistige Welt zu gehen.

Manchmal ist es hilfreich, den Verstorbenen über die Umstände seines Todes zu informieren, ehe man fortfährt, ihn aufzuklären, daß er in das Licht gehen muß etc. Dies hilft ihm, sich auf sein neues Dasein vorzubereiten.

Gebete sind eine große Hilfe. Sie zapfen mächtige Hilfsquellen an - die höchsten. Sie können sogar geistige Heiler, Ärzte und Spezialisten zur Mitarbeit gewinnen. Denken Sie daran: »Bitte, so wird dir gegeben.« Das Vaterunser ist ein machtvolles Schutzmittel. Auch der dreiundzwanzigste Psalm eignet sich für diesen Zweck ausgezeichnet. Sprechen Sie diese beiden Gebete, und Sie werden die Schwingungen Ihrer Aura erhöhen und gleichzeitig Hilfe herbeirufen. Wenn Sie kein Christ sind, sprechen Sie irgendein Gebet oder eine Affirmation, die Sie für geeignet halten.

Da es sich hier nicht um dämonische Besessenheit handelt, werden Sie widerspenstige erdgebunde Geister nicht durch ein Kreuz, Weihwasser oder religiöse Reliquien verscheuchen können. Stellen Sie sich vor, ein Fremder säße in Ihrem Wohnzimmer und würde partout nicht gehen wollen, dann würde es rein gar nichts bringen, ihm ein Kreuz vor die Nase zu halten oder ihn mit Weihwasser zu besprengen. Sie müßten ihn davon *überzeugen* zu gehen. Da dieses Buch nicht auf die Behandlung von dämonischen Geistern eingeht, werde ich micht nicht über den Nutzen von Kreuzen, Weihwasser etc. bei diesen »Schwergewichtlern« auslassen. Die Bibliographie listet Bücher zu diesem Thema auf.

Zusammenfassung der wichtigsten Schutzmittel

1. Wenden Sie die Technik des Weißen Lichts zweimal täglich an.
2. Bewahren Sie eine positve Einstellung.
3. Halten Sie sich von Drogen und Alkohol fern.

16

Wie man Geister in seinem Haus entdeckt, sich von ihnen befreit und vor ihnen schützt

Seit jeher haben Geschichten von Gespenstern, die in Schlössern oder in Häusern spuken, die Menschen fasziniert. Ganze Bibliotheken füllen Bücher über Geister und zeugen von der beständigen Hoffnung darauf, daß die Persönlichkeit des Menschen den Tod überlebt.

Wir alle kennen, zumindest vom Hörensagen, Berichte von Menschen, die Geister gesehen und mit ihnen gesprochen haben oder denen seltsame Dinge zu Hause passiert sind - Dinge, die einen wie »einen Keulenschlag treffen«!

Warum verweilen Geister an einem Ort? Warum kommen sie ungebeten? Die Antworten sind so vielfältig wie die Gründe von Lebenden, sich dort aufzuhalten.

Manche bleiben dort, weil es früher viele Jahre lang ihr Zuhause war und sie sich darin wohlfühlten. Sie streifen umher und fühlen sich zu Dingen hingezogen, an die sie gewöhnt waren, wobei sie in der Regel nicht wissen, daß sie tot sind.

Einer meiner Patienten, ein besonders sensitiver Mensch, sprach davon, ein altes viktorianisches Haus in San Francisco zu kaufen, in dem es spuken sollte. Er konnte wahrnehmen, daß es sechs Geister waren - die früheren Bewohner -, und es gefiel ihm, sie dort zu haben. »Sie tun niemandem etwas zuleide - und sie haben ihren Spaß.«

Andere bleiben an einem Ort, weil dort das neue Gebäude auf der Stelle gebaut wurde, wo sie einst in einem Haus oder Zelt lebten oder begraben waren. Viele spazieren herein wie Landstreicher auf der Suche nach einem Dach über dem Kopf. Manche sind verängstigt und froh, einen Ort zu haben, an dem sie sich verstecken können, während sie herausfinden versuchen, was mit ihnen geschehen ist.

Wandergeister ziehen von Ort zu Ort und beschließen manchmal zu bleiben, weil sie die lebenden Bewohner mögen!

Ohne es zu merken, bringen Menschen Geister mit, und dann machen diese sich zu Hause breit!

Manche Orte sind von Scharen körperloser Wesen bevölkert. Andere werden von Gebieten angezogen, weil sie sich denen anschließen wollen, die bereits dort sind. Zwei Patienten, die in der Nähe von Canyons leben, berichteten von vielen Mißgeschicken, Feuersbrünsten, Unfällen, Geistersichtungen und verhängnisvollen Todesfällen in diesen Gebieten. Ein hellsichtiger Patient stimmte sich auf einen Canyon ein und sah Hunderte von Geistern, von denen die meisten Kriminelle gewesen zu sein schienen, die sich in einer Schlucht versammelt hatten. Wir führten zusammen ein Clearing »in Abwesenheit« durch und hatten offenbar Erfolg.

Friedhöfe sind ein Sammelplatz für solche Wesenheiten und sollten nur im Schutz des Weißen Lichts betreten werden.

Kleine Kinder sind viel eher in der Lage als Erwachsene, Geister zu sehen, wahrscheinlich, weil sie keine Glaubenssätze haben, die ihnen in die Quere kommen. Häufig werden Geistwesen zu ihren imaginären oder unsichtbaren Spielgefährten, die sie aus dem Krankenhaus mitgebracht oder sonstwo aufgelesen haben. Manchmal sind sie im Haus gestorben und jahrelang dort geblieben. Gelegentlich lassen Eltern ihren Kindern den Willen, indem sie tatsächlich den Tisch für sie decken und zum Schein Gespräche mit diesen kleinen »Gästen« führen wie mit den anderen Personen im Haushalt. Unter Hypnose verfolgen viele Patienten die Ursprünge ihrer Besessenheit auf solche Geisterfreunde zurück.

Manche Hinterbliebenen sorgen mit Liebe und Fürsorge absichtlich dafür, daß sich die Verstorbenen in ihrer Nähe aufhalten. Ein Patient gestand: »Ich habe Mutter nie gehen lassen - sie ist jeden Tag bei mir. Ich kann ihre Gegenwart im Wohnzimmer spüren - und es ist sehr tröstlich.«

Wie man Geister im Haus aufspürt

Im Laufe der Jahre habe ich eine Reihe aufschlußreicher Anzeichen entdeckt, die auf die Anwesenheit von Geistern in den Häusern meiner Patienten schließen lassen.

SELTSAMES VERHALTEN VON TIEREN

Haustiere können erdgebundene Wesenheiten besonders gut wahrnehmen
und reagieren auf sie. Vielleicht bemerken Sie, daß sie eine drohende
Haltung einnehmen und auf etwas starren, das Sie nicht sehen. Ihr Hund
mag knurren, die Zähne fletschen, bellen oder den Schwanz einziehen.
Ihre Katze faucht vielleicht und stellt mit steil erhobenem Schwanz die
Haare auf. Wenn Geister im Haus sind, können Tiere sich weigern, einen Raum zu betreten, oder sie schnüffeln in den Ecken herum.

OBJEKTE, DIE SICH BEWEGEN,
UND ANDERE UNGEWÖHNLICHE VORKOMMNISSE

Normalerweise ist es Geistern nicht möglich, schwere Gegenstände zu
bewegen, doch manchmal sind sie in der Lage, es mit kleinen zu tun. Einer meiner Patienten erwähnte, daß er dieselbe Teetasse nebst Löffel jeden Morgen neben der Spüle fand. Hatte ein Hausgeist nachts eine Tasse Tee getrunken? Erschrecken Sie sich nicht, wenn Sie sehen, wie etwas
sich bewegt. Es kann eine Wesenheit sein, die versucht, Ihre Aufmerksamkeit auf sich zu lenken. Manche suchen verzweifelt nach Hilfe. Sie
wollen, daß Ihnen ihre Anwesenheit bewußt wird.

Eine Freundin erzählte mir von einem Schrecken in einer Halloween-
nacht. Sie kehrte spät abends nach dem Besuch einer Séance, die einmal
im Jahr von Bühnenmagiern abgehalten wird, in ihre Wohnung zurück.
Als sie ihr Makeup entfernte, begann ihr Lippenstift wie wild auf dem Fri-
siertisch zu tanzen. Zuerst dachte sie, es wäre ein Erdbeben, doch sie
merkte sofort, daß sich sonst nichts bewegte. Dann spürte sie die Anwesenheit eines ungebetenen Gastes. Ein Anruf bei ihrem Magierfreund half
ihr, als dieser erklärte, daß der Geist harmlos sei und erlöst werden müsse. Nachdem sie aufgehängt hatte, betete sie um Hilfe und wurde nie
wieder gestört.

Eine meiner medial begabtesten Patientinnen, die von verstörten Geistern besessen war, erzählte mir von einem schrecklichen Erlebnis, das sie nach unserer letzten Therapiesitzung gehabt hatte. Als sie beim Ausladen von Lebensmitteln aus dem Auto das zweite Mal in ihre Küche kam, rutschte sie auf zerbrochenem Glas aus. Als sie hinunterschaute, sah sie Teile einer großen Lampe, die von der Decke heruntergefallen und auf dem Küchentisch neben ihrer Tüte mit Lebensmitteln zerbrochen war - in Hunderte von Splittern. Offenbar hat die Wesenheit die Aufmerksamkeit auf sich ziehen, meiner Patientin aber nicht schaden wollen, sonst hätte sie einen anderen Zeitpunkt gewählt.

Dieser Geist war eine ehemalige Prostituierte, die in einem Motelzimmer erstochen worden war, als sie vor dem Sex Bezahlung verlangte. Weitere Gespräche mit ihr und ein wenig Detektivarbeit seitens meiner Patientin enthüllten die Übereinstimmung ihrer Geschichte mit einer kurz zuvor veröffentlichen Titelgeschichte einer Zeitung. Diese Wesenheit war eine von vielen Prostituierten gewesen, die von einem ehemaligen Polizisten ermordet worden war, der ihre Körper in Öltonnen versteckt hatte. Sie wollte Rache! Wir überredeten sie schließlich, mit ihren herbeigerufenen Angehörigen zu gehen.

Dieselbe Patientin berichtete, wie andere Male Blumenvasen von einem Wohnzimmertisch gestoßen sowie Lampen und der Fernseher an- und ausgeschaltet wurden.

In einem anderen interessanten Fall ging es um den boshaften männlichen Geist eines Jungen, der bei den Kindern einer Familie gelebt, sie in das Haus ihrer jungen Freunde begleitet und dann beschlossen hatte, dort zu bleiben. Er ging am nächsten Tag mit dem Vater zur Arbeit und verursachte dort ein Chaos, indem er Schalter umlegte und Leben in Gefahr brachte! Dies ging mehrere Tage so, bis der Angestellte von seinem Chef aufgefordert wurde, seine «Spukgeister» wieder mitzunehmen! Glücklicherweise kam die Nachricht bei dem Geist an!

Daß Wesen auf Lampen, Fernseher und Radios einwirken, um auf sich selbst aufmerksam zu machen oder andere absichtlich zu erschrecken, ist eine bekannte Tatsache.

KLOPFEN UND POCHEN

Geister klopfen gegen Wände und andere Gegenstände, um Sie wissen zu lassen, daß sie da sind. Manchmal buchstabieren sie Botschaften, häufig ihre Namen, indem sie einen Code verwenden: einmal Klopfen steht für «A», zweimal für «B», dreimal für «C» und so weiter; oder ein Pochen für »Ja«, zwei für »Nein« und drei für »weiß nicht« oder »unsicher«. Gewöhnlich handelt es sich dabei um Hilferufe, doch gelegentlich sind es spielerische oder sogar bösartige Versuche, die Bewohner des gemeinsamen Hauses zu verängstigen.

ANDERE UNGEWÖHNLICHE VORKOMMNISSE

Die Ergebnisse von geistigen Besuchern sind vielfältig: Bücher, Schlüssel und andere Gegenstände verschwinden, um später wieder aufzutauchen. Der folgende Bericht ist einer der seltsamsten, den ich je gehört habe:

Eine meiner Patientinnen schilderte einen Vorfall, der sie, wenn sie nicht von Geistern gewußt hätte, veranlaßt hätte, ihren Geisteszustand in Frage zu stellen.

Als sie die Elf-Uhr-Nachrichten sah, hörte sie eine laute Explosion im Haus und verspürte einige leichte Erschütterungen. Schnell eilte sie von Zimmer zu Zimmer, um nach der Quelle des Lärms zu suchen. Da alles war, wie es sein sollte, wurde sie äußerst wachsam. Dann hörte sie Wasser »tröpfeln«. Sie vermutete, daß eine Wasserleitung geplatzt sei, erinnerte sich dann jedoch, daß die Explosion nicht geklungen hatte, als ob sie aus der Wand gekommen sei. Sie überprüfte die Spüle in der Küche und ihr Badezimmer, konnte aber nichts Ungewöhnliches finden. Dann kam sie auf die Idee, im selten benutzten Gästebadezimmer nachzusehen.

Zu ihrem Entsetzen sah sie, wie die gläserne Duschtür in Stücke zerbrach! Vierzig Minuten lang! Das Geräusch, das sie für Wassertröpfeln gehalten hatte, stammte von der zerbrechenden Duschtür. Da sie erkannte, daß die Ursache nicht »normal« sein konnte, dachte sie sofort an Geister. Dann wurde sie ruhig - all die Angst verschwand sofort. Sie hüllte sich in Weißes Licht und ging in ihr Schlafzimmer, spielte die Clearingkassette ab, die ich für sie aufgenommen hatte, und schlief friedlich ein.

Am nächsten Tag sah ich sie zu unserem regulär vereinbarten Termin. Nachdem ich eine Kassette für sie aufgenommen hatte (siehe Abschrift im nächsten Abschnitt), die sie im Badezimmer und, falls nötig, anderswo abspielen sollte, versetzte ich sie in Hypnose und befragte sie nach dem Geist.

Sie beschrieb ihn als einen rotblonden, freundlichen, vierunddreißigjährigen Mann. Er zerschmetterte ihre Duschtür, weil es das einzige war, was er tun konnte, das sich nicht erklären ließ. Sie kam zu dem Schluß, daß er ihre Aufmerksamkeit erregen und um Hilfe bitten wollte. Offenbar war er mit ihrem Ex-Mann gekommen, der sie am Nachmittag zuvor besucht hatte. Da dieser sich nicht wohl fühlte, spielte sie ihm ihre Entspannungskassette vor. Da verließ ihn die Wesenheit und wurde zu einem ungebeten Gast in ihrem Haus.

KALTE STELLEN

Kalte Stellen in Ihrer Wohnung können Anzeichen von Geistern sein. Einige verharren am selben Ort, andere scheinen umherzuwandern.

GEISTER SEHEN

Patienten berichteten, Schatten gesehen zu haben, die sich bewegten, oder Gestalten, die sehr real erschienen. Manchmal passierte dies nur, wenn sie allein waren, doch bei anderen Gelegenheiten wurden die Geister von mehreren Leuten gesichtet. Andere erzählten, sie seien aus tiefem Schlaf geweckt worden und hätten eine Gestalt am Fuß ihres Bettes gesehen. Selbst wenn sie verstorbene Angehörige erkannten, waren viele zutiefst erschrocken und befahlen ihnen unsanft, sofort zu verschwinden. Sah der Eindringling bedrohlich aus, war es für sie besonders furchterregend.

Eine Patientin erwähnte, sie sei aufgewacht und habe einen Mann mit einem schwarzen verkohlten Gesicht gesehen, der sie anstarrte. Sie geriet in Panik und schrie - und er verschwand. Später fanden sie und ihre Schwester heraus, daß sich der Geist beim Besuch ihres sterbenden Vaters im Krankenhaus an sie geheftet hatte. Sie hatten die Familie eines jungen Mannes getröstet, der bei einem Motorradunfall tödlich verletzt worden war und schlimm verbrannt im Koma lag. Nach seinem Tod begleitete er meine Patientin offenbar nach Hause. Als sie erkannt hatte, wer er war, verstand sie, wie ungerechtfertigt ihre Panik gewesen war. Sie sprach mit ihm, und er verschwand.

BERÜHRUNG VON GEISTERN

Geister können Menschen berühren. Haben Sie schon einmal so etwas wie Spinnweben über Ihrem Gesicht gespürt? Oder ein kaltes Streicheln? Manchmal ist es stark genug, um für einen Stoß oder einen leichten Schlag gehalten zu werden. Regen Sie sich nicht auf. Denken Sie daran, diese Wesen können Ihnen nichts antun. Es könnte ein Angehöriger sein, der versucht, Sie wissen zu lassen, daß er oder sie da ist. Bedenken Sie, wie oft lebende Menschen sich gegenseitig berühren und sich gelegentlich sogar einen freundlichen Stoß versetzen.

GEISTER HÖREN

Vor Jahren wachte ich aus tiefem Schlaf auf und hörte, wie mein Name gerufen wurde. Es klang wie eine Stimme im Raum und war definitiv kein Gedanke in meinem Kopf. Seitdem haben Patienten und Freunde mir oft erzählt, Stimmen zu hören, die sie gelegentlich beim Namen nannten und Botschaften übermittelten oder um Hilfe baten.

Wenn Sie den Verdacht haben, daß Sie einen Geist in Ihrem Haus beherbergen, können Sie ein wenig Detektivarbeit leisten, indem Sie Ihren Kassettenrekorder mit einer leeren Kassette darin einschalten und ihn mit einem Timer auf spät nachts programmieren; vielleicht finden Sie am nächsten Morgen eine Nachricht vor. Ist es ein Gerät, das erst durch Stimmen aktiviert wird, umso besser. Es gibt Aufnahmen von Geistern - siehe dazu die Quellenangaben in der Bibliographie.

GEISTER RIECHEN

Manchmal können Geister durch Gerüche ausgemacht werden - Parfüm, After-Shave-Lotion, Zigaretten, Zigarren und Pfeifentabak. Diese Gerüche helfen den Leuten oft, ihre »Gäste« zu erkennen. Wenn sich zum Beispiel Ihre Mutter auf der »anderen Seite« befindet, und Sie nehmen ihr Lieblinsparfüm wahr, kann es sein, daß sie Sie entweder besucht oder ohne einen Körper in der physischen Welt gefangen ist. Wesenheiten, die nicht erdgebunden sind, sondern nur einen Besuch abstatten, bringen möglicherweise absichtlich ihren typischen Duft mit, damit Sie sie erkennen.

Jedoch auch Körperlose, die die Erdebene nicht verlassen haben, sind oft von Gerüchen begleitet. Patienten haben zum Beispiel von medizinischen

Gerüchen berichtet, die sie an das Krankenhauszimmer ihrer Eltern erinnerten. Andere berichteten, den Lieblingstabak ihres Vaters oder das Eau de Cologne ihrer Mutter gerochen zu haben.

REINIGUNG DES HAUSES VON GEISTERN

Wenn Sie wissen, wer die Geister sind, sprechen Sie liebevoll mit ihnen, erklären Sie ihnen, daß ihre Körper tot sind, und informieren Sie sie, wie sie starben; sagen Sie ihnen, daß ihre Angehörigen hier seien, um sie mit in die geistige Welt zu nehmen. Segnen Sie sie dann, und fordern Sie sie auf zu gehen. Machen Sie es genauso, wie in Kapitel 14 beschrieben.

Eine freundliche Patientin erklärte einem kurz zuvor aufgetauchten Besuch aus der Geisterwelt, dies sei nicht seine, sondern ihre Wohnung. Sie erklärte ihm, daß nichts im Zimmer für ihn vertraut aussehe, zeigte auf verschiedene Gegenstände, um ihm die Realität der Situation klar zu machen. Er ging sehr schnell.

Nehmen Sie die folgende Abschrift auf, oder formulieren Sie dieselben Gedanken in Ihren eigenen Worten. Der von mir entworfene Text ist für den allgemeinen Gebrauch bestimmt. Wenn Sie wissen oder vermuten, wer der Geist ist, legen Sie sich für die Aufnahme Ihren eigenen Text zurecht. Wenn Sie zum Beispiel wissen, wie die Person gestorben ist, fügen Sie das Ihrer »Ansprache« an ihn oder sie ein. Wenn Sie eine Ahnung haben, wer aus der geistigen Welt zu Hilfe kommen wird - ein Elternteil, Ehepartner, Geschwisterteil etc. - lenken Sie die Aufmerksamkeit auf diesen Angehörigen.

Allgemeiner Text zur Reinigung einer Wohnung

Du bist hier in diesem Haus als ein erdgebundener Geist. Erinnerst du dich an die Zeit, als du in deinem eigenen Körper warst? (Pause.) Nun, er ist gestorben. Doch *du* bist nicht gestorben, nur dein Körper. Du wirst niemals sterben.

Als dein Körper gestorben ist, hättest du sofort in die geistige Welt gehen sollen. Damals kamen deine Angehörigen, um dir zu helfen. Wenn du mit ihnen gegangen wärst, hättest du die ganze Zeit ein wunderbares, glückliches Leben geführt. Du wärst bei deinen Angehörigen, deiner Familie und deinen Freunden gewesen - und nie allein.

Statt dessen bist du hier in der physischen Welt *ohne einen Körper gefangen!* Aus diesem Grund sehen oder hören dich die Menschen nicht. Du bist ein unsichtbarer Geist. Es muß in all dieser Zeit sehr verwirrend und einsam für dich gewesen sein.

Jetzt kann dir geholfen werden. Sieh, wer hier ist! Deine Angehörigen. (Pause.) Sie sind überglücklich, dich zu sehen, weil sie sich Sorgen um dich gemacht haben. Als sie über die Schwelle des Todes schritten, glaubtest du, du würdest sie nie wiedersehen. Doch sind sie hier, sehr *lebendig!* Sie sind gekommen, um dir zu helfen. Sie lächeln dich an. Jetzt legen sie ihre Arme um dich, halten dich fest. (Pause.) Du kannst ihre Liebe spüren. (Pause.) Sie halten deine Hand - und sie werden bei dir bleiben. Du wirst nicht mehr allein sein.

Sieh, wie warm und echt ihre Hände sind. Sie befinden sich in ihren geistigen Körpern. Und auch du wirst in nur wenigen Minuten in deinem eigenen geistigen Körper sein - ein in jeder Hinsicht perfekter Körper. Er wird nicht altern oder krank werden. Er wird keine Schmerzen haben. Es wird ein jungendlicher, attraktiver Körper sein.

Deine Angehörigen werden dich in dieses wunderschöne Licht dort mitnehmen. (Pause.) In dem Moment, in dem du in das Licht gehst, wirst du in deinem perfekten, jugendlichen Körper sein. Dann werdet ihr alle zusammen in die geistige Welt gehen.

Du kannst in deinem neuen Leben alles haben, was du willst - Liebe, Glück, Essen, Trinken, Sex. Du kannst Spaß haben, wenn du willst. *Es ist eine sehr wirkliche Welt!* Deine Angehörigen werden dir jetzt davon erzählen. (Lange Pause.)

Viele Menschen fürchten sich, in die Hölle zu kommen. Doch *so etwas wie die Hölle gibt es nicht!* Du brauchst meinen Worten nicht zu vertrauen. Aus der geistigen Welt ist ein Lehrer für religiöse Erziehung hier, um dir verstehen zu helfen, daß es keine Hölle gibt und du nichts zu befürchten hast. (Lange Pause.)

Das Schlimmste liegt hinter dir, und ein wunderbares, friedliches schönes Leben vor dir.

Jetzt sind weitere Angehörige und Helfer gekommen. Sie werden dir zeigen, wie du zum Licht kommst. Sie werden mit dir gehen. Sie werden bei dir bleiben. Du wirst nicht allein sein.

Ich (wir) vergebe dir alles Böse, das du hier in diesem Haus angerichtet hast. Ich (wir) schicke dich mit meinem (unserem) Segen und in Liebe in dein neues Leben.

Geh jetzt! Im Namen des Vaters, des Sohnes, Jesus Christus, und des Heiligen Geistes, geh in Frieden und Licht und Liebe. *Geh jetzt!*

Ich spreche am Ende den Segen, doch wenn Sie nicht möchten - notwendig ist er nicht. Ich glaube, daß der Segen die Schwingungen anhebt und verbessert. Sie können jeden Segensspruch verwenden, der Ihnen geeignet erscheint.

Die Aufnahme kann zu jeder Zeit abgespielt werden oder so häufig, wie Sie es für notwendig halten. Wie bei einem Clearing braucht der Geist manchmal eine Weile, um die Botschaft zu verstehen oder Furcht oder Untentschlossenheit zu überwinden.

Vielleicht ziehen Sie es vor, Ihren Kassettenrekorder an einen Timer anzuschließen und ihn laufen zu lassen, wenn Sie nicht zu Hause sind. Wenn die Geister eher zu einer bestimmten Zeit des Tages oder der Nacht aktiv sind, spielen Sie den Rekorder dann ab. Und wenn Sie glauben, daß eine Wesenheit sich an einem besonderen Ort oder in einem bestimmten Raum aufhält, spielen Sie ihn dort ab.

Sollte ein ungebetener Gast nicht die Absicht haben zu gehen, müssen Sie vielleicht ein örtliches Medium oder einen Hellsichtigen finden, der in Ihr Haus kommt und Kontakt mit ihm aufnimmt. Er oder sie wird gewöhnlich in der Lage sein, die Geister davon zu überzeugen, ins Licht zu gehen. Wenn es beim ersten Mal nicht klappt, versuchen Sie es ein weiteres Mal mit einem anderen Medium.

Wünschelrutengänger können sich auch als sehr hilfreich erweisen, nicht nur, um zu bestätigen, ob Geister da sind, und falls ja, wieviele, sondern auch um herauszufinden, welche Absichten sie haben und warum sie da sind. Manche begabte Rutengänger behaupten, neben ihrer Fähigkeit, Haus und Grund zu reinigen, auch in der Lage zu sein, eine Schutzmauer um das zuvor betroffene Grundstück errichten zu können.

Manche Patienten berichten von guten Erfolgen bei der Befreiung von Geistern, wenn sie diese beim Aufwachen des Nachts am Fußende ihres Bettes vorfinden. Sie befehlen ihnen im Namen Jesu Christi ins Licht zu gehen und beruhigen sich selbst, indem sie das Vaterunser oder den dreiundzwanzigsten Psalm sprechen.

Wie zuvor schon erwähnt, funktioniert dies normalerweise nicht, wenn man bei sich selbst oder einem anderen ein Clearing vornimmt, doch manchmal hat man Glück: Vielleicht verschwinden die Geister, weil sie über die Reaktion des Betreffenden schockiert sind oder weil sie erkennen, daß sie jemanden böse erschreckt haben. Es mag das unmittelbare Problem lösen, doch es wird der Wesenheit nicht helfen, in die geistige Welt zu gehen, was letztendlich Ihr Ziel sein sollte.

Wie man sein Haus vor Geistern schützt

1. *Laden Sie keine Geister in Ihr Haus ein!* Veranstalten Sie also keine Séancen, verzichten Sie auf das Ouija-Brett und praktizieren Sie kein automatisches Schreiben. Das mögliche Unheil, das daraus folgen kann, überwiegt definitiv jeden möglichen Nutzen.

2. Nehmen Sie keine Drogen (Marihuana, Heroin, Kokain etc.), und verzichten Sie auf Alkoholexzesse zu Hause. Unerwünschte Geister könnten von Ihrer Wohnung und der Aura ihres alkoholumnebelten Körpers angezogen werden.

3. Umgeben Sie Ihr Zuhause täglich mit Weißem Licht. Stellen Sie sich eine Hülle oder eine Aura aus strahlendem Weißem Licht vor, die ihr Heim vollständig umgibt.

Seien Sie fest davon *überzeugt,* daß es vor Geistern oder jeglicher Art von Negativität oder Bösem voll und ganz geschützt ist.

4. Stellen Sie sich vor, daß jeder Raum mit Weißem Licht erfüllt ist. Es dauert nur eine Minute. Tun Sie es täglich.

5. Bitten Sie in Gedanken oder laut um den Schutz von höheren Wesen: z. B. Jesus Christus, Gott oder einen geistigen Führer.

6. Lassen Sie Ihr Heim glücklich und erfüllt von Liebe sein. Manche Geister ernähren sich von der Energie, die bei Streitereien und Feindseligkeiten entsteht. Für energiegeschwächte Wesen sind die heftigen Energieausbrüche von Zank und Streit ein »gefundenes Fressen«.

Die Geister, die ich hier beschrieben habe, sind lediglich Bewohner, keine Besetzer. Sie können jedoch aus der Aura und dem Körper eines lebenden Menschen heraus- und in sie hineinschlüpfen, wenn sich die Gelegenheit bietet, wie in Kapitel 11 beschrieben.

Es gibt auch Wesenheiten, die die Fähigkeit haben, zu kommen und zu gehen und verschiedene Menschen zu besetzen, immer wieder einen anderen, wenn sie es wollen. Ich habe einen Geist behandelt, der nach Novocain süchtig war und im Körper von zwei Mitgliedern derselben Familie zum Zahnarzt ging und sogar in dem des Nachbarn von der anderen Straßenseite!

Denken Sie daran: Es ist keine Katastrophe, Geister in Ihrer Wohnung zu haben. Es gibt Schlimmeres. Es ist eine Situation, die existiert, ein Problem, das gelöst werden muß. Und es gibt eine Lösung, wie Sie gesehen haben.

17

Weitere Gedanken zu den unruhigen Toten

Ist Geisterbesessenheit bloße Phantasie? Oder ist sie der weit verbreitete und potentiell verhängnisvolle Zustand, der in »Besessenheit und Heilung« beschrieben wird? Nach all den Jahren, in denen ich mit Geistern gearbeitet habe - wobei ich mich häufig mit solchen »abgemüht« habe, die stur, verwirrt, feinsedlig und verängstigt waren -, bin ich noch immer nicht hundert Prozent davon überzeugt, daß sie nicht Phantasieprodukte sind. Für mich als Therapeutin ist es eine strittige Frage - doch die Therapie funktioniert. Für mich als eine Privatperson ist sie ein wesentlicher Punkt, weil sie weitreichende Folgen in sich birgt.

Voraussetzung für die Theorie, daß Geister von lebenden Menschen Besitz ergreifen, ist der Glaube an ein *Leben nach dem Tod*. Erdgebundene Wesenheiten sind schlichtweg diejenigen, die den natürlichen Übergang in die höheren Daseinsebenen nicht vollzogen haben. Besessenheit ist der Beweis, daß nur der physische Körper stirbt und die Persönlichkeit überlebt - daß wir also unsterbliche Wesen sind.

Kritiker werfen den Verfechtern der These vor, Geistern alle Schuld am eigenen Fehlverhalten zu geben und auf persönliche Verantwortung zu verzichten. Wir sprechen uns frei von aller Schuld und vermeiden es, Maßnahmen zu ergreifen, um notwendige Veränderungen vorzunehmen.

Basiert das Konzept jedoch auf Realität, dann wird die Sache mit der Verantwortung schon schwieriger. Bis zu welchem Grad können wir für das, was wir tun, zur Rechenschaft herangezogen werden, wenn wir von Geistern beherrscht und in Wirklichkeit »hilflose« Marionetten sind? Unsere Gerichtsbarkeit erkennt an, daß wir von Verantwortung frei sind, wenn wir als geisteskrank eingestuft werden. Wird unsere Persönlichkeit von der unserer Besetzer überwältigt, sind wir dann unschuldig? Oder übernehmen wir nur für einige unserer Handlungen und Probleme die Verantwortung und für andere nicht, wenn wir nur »ein bißchen« besetzt sind?

Bevor ich mit dem Thema »Besessenheit« in Berührung kam, gab es mir immer zu denken, wenn ich von einem Mann hörte, der seine ganze Familie und sich selbst umgebracht hatte. Oft gab es kein offensichtliches Motiv für die Tragödie. Häufig war der Mörder ein rechtschaffener Bürger, sogar eine Stütze seiner Kirche, der von denen, die ihn gut kannten, geliebt und geachtet wurde. Wieviele Morde, Selbstmorde, Kindesmißbrauch und andere Verbrechen werden von Geistern verübt?

Angenommen, es gibt Besessenheit tatsächlich, wie verbreitet ist sie? Ist jeder besessen, zumindest in gewisser Hinsicht? Wieviel Prozent der Bevölkerung leiden daran? In jedem Leben gibt es vielfältige Situationen oder Zustände, die die Aura schwächen; *nur einmal* betrunken zu sein oder unter dem Einfluß von Drogen zu stehen kann zu Besessenheit führen.

Wie viele erdgebundene Seelen bevölkern unsere physische Welt? Warum sind so viele Geister hier geblieben? Sind sie der Abschaum der Menschheit, auf einem dichteren Schwingungsniveau geblieben? Interessanterweise hatte ich nie ein Gespräch mit einem spirituell entwickelten Wesen. Offenbar gehen diese nach ihrem Tod automatisch in die geistige Welt.

Wie bewegen sich erdgebundene Geister von einem Ort zum anderen? Diese verirrten Seelen scheinen in ihrer Fähigkeit zu reisen ebenso beschränkt zu sein wie wir. Sie scheinen mit denselben Hilfsmitteln wie wir von einem Ort zum anderen zu gelangen. Bei meiner Arbeit habe ich festgestellt, daß sie in Autos reisen, einige sind sogar mit dem Flugzeug geflogen!

Besessenheit kann uns helfen, abnorme Verhaltensweisen und Persönlichkeiten sowie mentale, emotionale und physische Probleme zu verstehen. Wie viele Patienten in der Psychiatrie sind nicht psychotisch, sondern besessen? Sind die Stimmen, die sie hören, real? Wieviel physisches Leid ist die Folge von Schmerzen und Symptomen, unter denen die Geister zum Zeitpunkt ihres Todes litten?

Rührt das unerklärbare, spontane Abklingen physischer und emotionaler Symptome daher, daß die Besetzer gegangen sind? Ich sprach mit einem Musiker, der mir von seiner Depression erzählte. Da er nach mehreren Jahren Therapie keine Ergebnisse sah, brach er schließlich seine Therapie ab.

Dann, zehn Jahre später, erwachte er eines Morgens befreit von seiner Depression und hatte seitdem keine Probleme mehr.

Ich frage mich, ob manche der Wunder-Heilungen großer Heiler nicht das Ergebnis von Clearings sind - ähnlich Carl Wicklands Elektroschock-Technik, die er in seinem Buch *Dreißig Jahre unter den Toten* beschreibt. Ich führte einen Patienten zurück, der tatsächlich Nutzen aus einer Heilung dieser Art zog - die Heilerin hatte ihre Hände auf seinen Kopf gelegt und gerufen: »Sie sind geheilt!« Als er in Ohnmacht fiel, wurde er von ihrer Assistentin aufgefangen und erwachte ein paar Minuten später auf dem Boden des Vorführungsraums. Unter Hypnose erinnerte er sich, daß mehrere Wesenheiten von ihm losließen und von Helfergeistern fortgetragen wurden, die mit der Heilerin zusammenarbeiteten.

Es ist an der Zeit, den Begriff der Besessenheit an unseren Colleges, Universitäten und medizinischen Schulen im Lehrmaterial (über abnorme Psychologie, Psychiatrie etc.) nicht länger zu ignorieren. Untersuchungen sollten durchgeführt werden, um herauszufinden, welche Rolle die Geister im menschlichen Leben spielen. Informationen über Besessenheit sollten publik gemacht werden, nicht nur, damit die Leute sich selbst besser schützen können, sondern auch, um zu verstehen, was mit ihnen passiert, und um Hilfe zu bekommen.

Clearing ist ein therapeutisches Werkzeug, das zunehmend an Bedeutung gewinnt. Ich habe in den Vereinigten Staaten über hundert und in Brasilien mehr als sechzig Menschen ausgebildet, die als Psychiater und Ärzte tätig sind. Diese wiederum bilden andere aus. Daneben praktizieren viele Professionelle und Laien - parapsychologische und spirituelle Helfer ebenso wie Ärzte, Medien und Schamanen - Abwandlungen dieser Techniken seit Jahrzehnten, Hunderten oder sogar Tausenden von Jahren.

Diese Therapie, wie auch immer sie genannt wird, breitet sich aus, weil sie extrem wirksam ist. Glücklicherweise muß weder der Therapeut noch der Patient an Geister oder Besessenheit glauben, damit sie funktioniert. Manche Heiler sind in der Lage, sie telepathisch anzuwenden, ohne daß der Besessene überhaupt bei ihnen ist - gewöhnlich wissen sie noch nicht einmal, daß sie durchgeführt wird.

Obwohl diese Therapie wahre »Wunder« vollbringen kann, ist sie *kein* Allheilmittel. Selbst wenn die Ursache des Zustands eindeutig Besessenheit ist, führt diese Therapie manchmal nicht zu einer Heilung. Im menschlichen Geist wirken mächtige Kräfte - die des Patienten und die seiner Besetzer. In manchen unglücklichen Fällen halten tiefsitzende Bedürfnisse die Besessenheit aufrecht. Natürlich werden diese behandelt, was aber nicht unbedingt zu einem Verschwinden des Zustands führen muß. Oft bricht der Patient die Behandlung ab, ehe er überhaupt in dieses Stadium der Therapie kommt - um der Heilung zu entgehen!

Eine der Fragen, die sich bei dieser Therapie stellt, ist die nach der Rolle der Suggestion - ob in Hypnose oder nicht. Ich hatte große Angst, einem Patienten möglicherweise eine Besessenheit zu suggerieren, ehe ich mir überhaupt sicher war, ob es diesen Zustand gibt. Bei manchen ist die Diagnose auch nicht eindeutig. Ich sage meinen Patienten, daß ich von der Existenz von Besessenheit nicht überzeugt bin, bitte sie aber, sie als Grundlage für unsere Arbeit zu benutzen, wie auch ich es mache. Dennoch, Hypnose ist ein mächtiges Werkzeug, und ich will keine Probleme schaffen, wo es keine gibt. Wie bei vielen psychotherapeutischen Entscheidungen spielt auch hier eine Mischung aus Erfahrung, Intuition und gesunden Menschenverstand eine Rolle.

Wenn Geister fälschlich für Probleme verantwortlich gemacht werden, kann es sein, daß der betreffende Mensch keine angemessene Hilfe aufsucht. Das wäre besonders fatal bei Fällen, in denen physische Symptome auf das Eingreifen von Geistern zurückzuführen sind.

Ich beobachte an Menschen, die diese Techniken anwenden, dramatische positive Veränderungen, jedoch *keinerlei* nachhaltige negative Auswirkungen. Die Befreiung von einem Geist kann problematisch werden, weil die zugrunde liegenden Ursachen, erdgebundene Seelen, entlarvt werden und diese sich vielleicht bedroht und durcheinander fühlen. Doch die Geister sind die ganze Zeit dagewesen, und ihre Reaktion ist nur vorübergehend.

Zieht sich die Therapie hin und gehen die Geister nach ein paar Sitzungen nicht, dann deutet diese Verbundenheit zwischen Besetzer und Besessenem meist auf ein früheres gemeinsames Leben hin! Der Grund für die Besessenheit kann von ihrer letzten Begegnung herrühren - vielleicht ist es ein brennendes Verlangen nach Rache des einen, oder der Besessene hält den Geist zur Strafe gefangen. Oder die starke Bindung zwischen den beiden beruht auf gegenseitiger Zuneigung und/oder Abhängigkeit. Zum Beispiel kann der Geist in einer anderen Inkarnation die Mutter des besetzten Menschen gewesen sein und sich in der Kindheit an ihn geheftet haben. In den meisten Fällen ist keinem von beiden der wahre Grund für die Besessenheit oder die unterbewußten Erinnerungen an frühere Leben bekannt, die sie miteinander geteilt haben.

In jedem Fall, den ich untersucht habe, hat der Besessene in einem früheren Leben einen anderen besessen gemacht - absichtlich oder unwissentlich.

Das führt uns zum Thema Karma. Zahlt jeder Mensch mit einer Besetzung eine karmische Schuld? Haben die beiden, der Besetzer und der Besessene, immer eine karmische Beziehung zueinander? Wenn nicht, hängt Besessenheit immer mit früheren Leben zusammen?

Manche Menschen scheinen, selbst nachdem die Diagnose klar gestellt wird , besessen zu bleiben - trotz aller Versuche, sich von den Geistern zu befreien, trotz der Suche nach Verbindungen in früheren Leben und Motiven für die Besessenheit und trotz der Hilfe von Heilern, die sich auf derartige Fernheilungen spezialisiert haben. Ich gehe immer davon aus, daß weitere Arbeit erforderlich ist, um diese Menschen zu erlösen. Aufzugeben, ohne ihnen geholfen zu haben, fällt mir schwer.

Die Frage des freien Willens muß bei einer Besessenheit in Betracht gezogen werden. Oberflächlich betrachtet sieht es aus, als ob wir Marionetten wären, die gegen unseren Willen von Geistern oder dem Schicksal manipuliert würden. Haben wir uns einverstanden erklärt, diese Erfahrung zu machen, als wir unser Leben in der Phase zwischen unserem letzten Tod und vor dieser Geburt geplant haben? »Begegnen« wir wirklich nur »uns selbst«? Haben wir immer früher jemand anderen besessen gemacht?

Viele der Fragen, die ich in diesem Kapitel aufgeworfen habe, lassen sich nicht beantworten. Dazu ist unser Verständnis und Wissen über Geister, Besessenheit, Reinkarnation und kosmische Gesetze zu begrenzt.

Ich habe Sie an meinen Erfahrungen teilhaben lassen und Ihnen Techniken vermittelt, die funktionieren. Wenn wir Verständnis für die spirituelle Dimension des Lebens entwickeln lernen, kann dies unsere Freiheit, unser Dasein voll auszuschöpfen, immens vergrößern. Mein tiefster Wunsch für

Sie und/oder Ihre Angehörigen ist Freiheit von Besessenheit. Selbst wenn Sie nur neue Hoffnung geschöpft oder eine andere Sichtweise im Hinblick auf menschliches Leiden gewonnen haben, hat dieses Buch seinen Zweck erfüllt.

18

Fragen und Antworten

Die nachstehenden Fragen sind die, die bei meinen Vorträgen über Besessenheit am häufigsten gestellt wurden.

1. Warum sind die Angehörigen aus der geistigen Welt nicht da, wenn Menschen sterben, um zu verhindern, daß sie erdgebunden bleiben?

Die geistigen Angehörigen sind da und versuchen die Aufmerksamkeit der erdgebundenen Geister zu erregen und tun dies auch später immer wieder und wieder. Aber die frisch Verstorbenen sind zu verwirrt, um ihre Verwandten zu sehen, oder sie lehnen die Hilfe ab, weil sie in der physischen Welt bleiben wollen. Manchmal sehen sie ihre Angehörigen, schämen sich aber zu sehr, mit ihnen in Verbindung zu treten. Das gilt vor allem für Selbstmörder.

2. Wie lange bleiben Geister erdgebunden, ohne von jemandem Besitz zu ergreifen, oder bis sie in die geistige Welt gehen?

Das ist sehr unterschiedlich. Offenbar werden die meisten von höheren Helfergeistern erlöst, wenn sie bereit sind, ihre Bindungen an die physische Welt loszulassen oder wenn sie sich ihres Zustandes bewußt werden, nämlich: daß ihr Körper gestorben ist. Die meisten bleiben zehn Jahre oder weniger, ehe sie jemanden besessen machen oder ins nächste Leben gehen. Ich habe einen Geist gefunden, der vierzig Jahre erdgebunden blieb, ehe er sich an meinen Patienten heftete. Diese Zeit verbrachte er damit, einfach »umherzuwandern«. Natürlich haben wir alle von Geistern gehört, die Hunderte von Jahren in Gebäuden herumspuken. Ich glaube, daß einige dieser Geschichten wahr sind.

3. *Wie erklären Sie »multiple Persönlichkeiten«, wie sie in dem Buch* The Three Faces of Eve *beschrieben werden?*

Meiner Meinung nach handelt es sich in diesen Fällen wahrscheinlich um unkontrollierte Medien, die mehrfach besetzt sind. Die »Persönlichkeiten« sind in Wirklichkeit andere Menschen - Geister. Der Grund, warum diese Patienten in der Regel nicht auf die Therapie reagieren - zumindest bei anhaltenden Heilverfahren -, ist in erster Linie der, daß die Hauptursache, Besessenheit, nicht behandelt wird. Wenn sie behandelt wird, verschwinden die »Persönlichkeiten«.

4. *Kann jemand bewußt Geister herbeirufen und dadurch eine Besessenheit oder die dauernde Anwesenheit von Wesen im Haus herbeiführen?*

Auf jeden Fall! Das geschieht oft nach dem Tod von Familienangehörigen oder von geliebten Menschen. Manchmal bitten einsame Menschen Geister absichtlich, sich zu ihnen zu gesellen. Andere suchen Rat oder Hilfe, ohne zu erkennen, daß auf eine solche Bitte jeder antworten kann. Ouija-Boards, automatisches Schreiben und Séancen sind ebenfalls Möglichkeiten, Geister willentlich anzuziehen.

5. *Was geschieht mit Selbstmördern?*

Manche bleiben als verlorene Seelen in der physischen Welt und tragen all die bedrückenden Gefühle mit sich herum, die sie kurz vor ihrem Tod verspürt haben. Solange sie erdgebunden sind, fühlen sie sich genauso wie vor ihrem Selbstmord.

Andere, die sich selbst umbringen, gehen direkt ins Licht und in die geistige Welt. In dem Moment, in dem sie aus ihren leblosen Körpern hochschweben, fühlen sie sich frei und erlöst von ihrer Depression, ihrem Schmerz oder ihrer Wut.

Aber - unabhängig davon, ob er sofort ins Licht geht oder in der physischen Welt bleibt - jeder Selbstmörder muß in einem späteren Leben noch einmal die Entscheidung treffen, sich umzubringen oder nicht. Wie bei einer Prüfung versagt er in einem anderen Leben entweder erneut oder er besteht, indem er nicht Hand an sich legt. Es gibt keine Bestrafung, nur Lernaufgaben und eine neue Chance, geistig zu wachsen.

6. *Haben Menschen, die Sie in frühere Leben zurückgeführt haben, sich nach ihrem Tod in der Hölle wiedergefunden?*

Ich habe zwischen zwanzig- und dreißigtausend einzelne Rückführungen in frühere Leben durchgeführt und bin nicht auf einen einzigen Fall gestoßen, in dem ein Geist sich in einer Situation befand, die auch nur annähernd der verbreiteten Vorstellung des Betriffs »Hölle« entsprach. Manche blieben in einer »Hölle«, weil sie weiterhin unter dem litten, was sie vor ihrem Tod erlebt hatten. Andere waren in den Körpern derjenigen gefangen, die sie besetzten, und meiner Meinung nach muß das die »Hölle« sein: Sie können kein eigenes Leben führen oder ihr eigener Herr sein - und das ist auch genau der Zustand, den sie ihren Besetzern aufbürden.

7. *Sind Schizophrene wirklich besessen und nicht psychotisch?*

Die Symptome bei der Mehrzahl der Patienten in der Phychiatrie ist meiner Meinung nach auf Besessenheit zurückzuführen. Die Stimmen, die sie hören, sind real; bei manchen der visuellen Halluzinationen handelt es sich um ein Durchschimmern der untersten Astralebene, einem Teil der geistigen Welt, die sehr dicht schwingt. Es gibt immer noch eine Menge über diese extremen Fälle geistiger Störungen zu lernen. Da es Besessenheit gibt, glaube ich nicht, daß alle Schizophrenen psychotisch sind, sondern daß sie zusätzlich zu ihrer Geisteskrankheit besessen sind, was eine zusätzliche Last für sie bedeutet.

8. *Wenn jemand bei der Technik des Weißen Lichts Schwierigkeiten hat, das Weiße Licht zu »sehen«, ist dieser Schutz dann unwirksam?*

Nein, viele meiner Patienten »sehen« das Weiße Licht nicht, wenn sie ihre Aura stärken. Doch die bloße Vorstellung oder das Wissen, daß es da ist, genügt.

9. *Woran kann ich den Unterschied zwischen einer Seele im Licht und einem Geist erkennen, der mich wahrscheinlich besessen macht? Mich interessiert der Unterschied vor allem im Hinblick auf einen lieben Menschen, der gestorben ist.*

Ein Geist, der ins Licht und ins Jenseits gegangen und für einen »Besuch« zurückgekehrt ist, würde *niemals* in Ihren Körper oder Ihre Aura eindringen, es sei denn, Sie wären ein ausgebildetes und erfahrenes Medium, das von hoch entwickelten Geistern »benutzt« wird.

Es ist schwierig herauszufinden, ob es sich zum Beispiel um ihre Mutter handelt, die aus der geistigen Welt kommt, um ihnen eine Botschaft zu übermitteln, oder ob sie als erdgebundenes Wesen in Ihrem Hause weilt.

Eine Möglichkeit, dies zu unterscheiden, wäre, auf das Gefühl oder die Stimmung bei ihrer Anwesenheit zu achten. Ist sie positiv, liebevoll und nicht einengend, dann ist sie wahrscheinlich nicht erdgebunden. Erscheint sie jedoch schwermütig, traurig, ängstlich oder böse, dann können Sie sicher sein, daß sie ein erdgebundener Geist ist.

Um sicherzugehen, erklären Sie ihr, daß sie gestorben ist, und sagen Sie ihr, sie solle mit den Angehörigen, die da sind, um ihr zu helfen, in ihr neues Leben gehen. Wenn sie aus der geistigen Welt kommt, um Ihnen einen Dienst zu erweisen oder um einfach nur »hallo« zu sagen, wird sie sich nicht beleidigt fühlen - und ihre Aufgabe erfüllen.

10. *Woran kann man den Unterschied zwischen einem Geistführer und einem erdgebunden Geist erkennen?*

In der Gegenwart eines Geistführers werden Sie immer eine Menge positiver Energie verspüren - Sie werden sich gut fühlen. Bei einer erdgebundenen Seele werden sie sich ausgelaugt, unruhig und verängstigt fühlen.

Aber nicht immer ist Ihre Reaktion ein Gradmesser, da viele Menschen sich auch vor Geistern fürchten, die nicht erdgebunden sind, selbst wenn es ein Geistführer oder ein geliebter Menschen ist. Sie bekommen es mit der Angst zu tun, nur weil sie etwas erleben, das sie nicht kennen.

11. *Was ist der Unterschied zwischen einem »Walk-in« und einem Besessenheitsgeist?*

Ruth Montgomery hat das »Walk-in«-Phänomen in mehreren ihrer letzten Bücher beschrieben. Dabei geschieht folgendes: Auf der Seelenebene (zwischen dem höheren Selbst und dem entwickelten Geist, der inkarnieren will) wird eine Vereinbarung getroffen zwischen lebenden Menschen, die ihren Körper verlassen wollen (oder in Kürze sterben werden), und hochentwickelten Seelen, die einen Beitrag zum Wohl unserer Welt leisten wollen und es vorziehen, nicht durch eine lange Kindheit und Reifung zu gehen. Erstere gehen, und letztere, die Walk-ins, übernehmen den physischen Körper.

Bei Besessenheit verlassen die ursprünglichen Bewohner ihre Körper nicht, und ihre Symbiose ist *niemals* eine positive Lösung. Die Besessenen und die Besetzer schaden sich durch diesen Zustand gegenseitig - unabhängig davon, was sie sagen!

12. *Was sind unsichtbare oder imaginäre Spielgefährten?*

Es sind die Seelen Verstorbener, die ihren Übergang ins Jenseits nicht vollzogen haben. Da Kinder ungewöhnlich hellsichtig und hellhörig sind - ähnlich wie Tiere -, »sehen« und »hören« sie diese Wesen. Sie halten sie für lebende Kinder, genauso wie die Geister, die ihre Situation nicht verstehen. Sie werden Freunde, besonders, da diese Wesen sehr einsam und verwirrt sind, weil sie auf der Erdebene steckengeblieben sind. Oft machen diese Geister später ihre Freunde besessen, manchmal unwissentlich. In diesen Fällen wollen die Besessenen häufig ihre Besetzer nicht freigeben. Natürlich liegt der Grund dafür im Unterbewußtsein. Wenn die Identität und Geschichte des Geistes dem Besessenen zu Bewußtsein kommt, läßt sich eine Geistbefreiung meistens leicht durchführen.

13. *Wie verhält sich Besessenheit zu der Vorstellung der Willensfreiheit?*

Darüber bin ich mir immer noch nicht ganz im klaren.

Es könnte sein, daß *jeder* Besessenheit eine unbewußte Zustimmung zugrunde liegt. Wenn dem so ist, wäre der freie Wille immer noch in Kraft. Nach meiner Erfahrung wurde offensichtlich in der Mehrzahl der Fälle der Besessenheit zugestimmt - meistens auf einer unbewußten Ebene, gelegentlich auf einer bewußten.

Eine andere Spekulation wäre die, daß die Besessenheit aus karmischen Gründen oder mit dem Ziel einer bestimmten Lernaufgabe in der Zwischenwelt vereinbart wird - der Ebene zwischen Tod und Wiedergeburt.

Die dritte Möglichkeit besteht darin, daß der Begriff des freien Willens nicht existiert - daß wir bloße Schachfiguren sind, die von Umständen manipuliert werden.

Und schließlich: Vielleicht ist die Besessenheit selbst nur ein Phantasiegebilde.

14. *Was geschieht mit diesen Geistern, wenn die Besessenen sterben?*

In den meisten Fällen bleiben sie als verlorene Seelen erdgebunden. Dann, nach einer gewissen Zeit, »schließen« sie sich jemandem »an«. Ich habe eine Reihe von Geistern behandelt, die insgesamt vier oder fünf Menschen nacheinander besessen gemacht haben.

Bei einigen wenigen Rückführungen habe ich gesehen, daß ihre »Wirte« sie, als sie sich von ihren Körpern lösten, ins Licht mitgenommen haben. Das geschieht vor allem dann, wenn sie die Seelen kennen - Eltern,

Ehepartner, Freunde etc. Manchmal nehmen die Angehörigen der Besessenen diese Wesen mit sich. Dann gehen sie alle zusammen in die geistige Welt.

15. *Werden Kinder, die gestorben sind, in der geistigen Welt erwachsen?*

Ja, aus Rückführungen wissen wir, daß sie tatsächlich im Jenseits aufwachsen, wenn sie den Übergang richtig vollzogen haben. Leider bleiben manche als verlorene Seelen oder als Geister erdgebunden. Dann werden sie nicht erwachsen. Das erklärt manches kindische Verhalten, die Interessen, Beschränkungen und Reaktionen von Menschen, die von der erdgebundenen Seele eines Kindes besessen sind. Sie haben häufig Angst davor, ein Auto zu steuern, oder vor anderen Dingen des Erwachsenenlebens.

Danksagung

Ich möchte folgenden Menschen danken:

Meinen fünf Patienten, die mir gestatteten, über ihre Fallstudien zu berichten;

Meinen Patienten, deren Mut und Erfahrungen zu einem Verständnis von »Besessenheit und Heilung« beitrugen und zu meinem eigenen spirituellen Wachstum:

Jeffrey Mishlove, Ph. D., für seine aufmerksame Kritik an Kapitel 3;

Margaret Jane Kephart für ihre sachdienlichen Beiträge zu Kapitel 3;

Ormond McGill für seine Freundschaft, Erkenntnisse und Ermutigung;

Ted Chichak für sein begeistertes Interesse an meiner Arbeit, das seinen Verantwortungsbereich als mein Literaturagent übersteigt;

Jim Fitzgerald, meinem Herausgeber, der dieses Buch hat wirklich werden lassen;

Emma Darknell, meiner Schreibkraft, für ihre Geduld, ihr Können, ihre Freundschaft und ihr Interesse;

Jon Kennedy, meinem schriftstellerischen Mentor, für sein Lektorat und die Überarbeitung des Manuskripts;

Chris Carney, Harriet Handler, Kathy Iverson, Barbara Jones und Barbara Shipley für ihre hilfreiche Kritik;

Reginald Fitz für den Titel dieses Buches und seinen Beitrag zum Manuskript.

Glossar

Astralebene oder -welt: Die nächste Dimension über der physischen Ebene. Sie ist von Geistern bevölkert und scheint für diese ein Ebenbild der physischen Welt zu sein. Es gibt verschiedene Abstufungen der Astralebene: die wichtigsten sind die niedere und die höhere Astralebene.

Astralkörper: Ein Körper, der in einer höheren Frequenz als der physische Körper schwingt. Man glaubt, daß ein lebender Mensch sowohl einen Astralkörper als auch einen physischen Körper hat. Manchmal wird er auch als »Emotionalkörper« bezeichnet.

Aura: Ein unsichtbares elektromagnetisches Kraftfeld, das von lebenden Menschen, Tieren und Pflanzen ausgeht. Die Aura spiegelt Gesundheit, Gedanken, Emotionen und andere Informationen wider. Eine ihrer Hauptaufgaben besteht darin, das Individuum vor negativen äußeren Einflüssen zu schützen, einschließlich körperlosen Wesen.

Außerkörperliche Erfahrung: Der geistige Körper tritt aus dem physischen Körper aus, während er mit diesem über die »Silberschnur« verbunden ist. Wird häufig auch als Astralprojektion oder Seelenreise bezeichnet.

Außersinnliche Wahrnehmung (ASW): Das Wissen um Tatsachen, Ereignisse oder Anwesenheiten durch andere Sinne als die fünf bekannten des physischen Körpers.

Automatisches Schreiben: Schreiben, das über Kräfte erfolgt, die die Hand einer lebenden Person benutzen und beherrschen. Dies kann mit einem Füllhalter, einem Bleistift, einer Schreibmaschine oder einem Schreibprogramm erfolgen.

Channeling: Einem Geist aus den höheren Ebenen die Erlaubnis erteilen, sich im physischen Körper eines Mediums zu manifestieren; am verbreitetsten in Form von Sprechen, Schreiben, Malen, ein Musikinstrument spielen oder heilen. Sogar »Operationen« werden auf diesem Weg durchgeführt.

Dämon: Ein bösartiges Wesen aus einer anderen Dimension.

Erdgebunden: Ein Zustand des Verhaftetseins in der physischen Welt als Geist nach dem Tod des Körpers, weil der Übergang in die höheren Welten nicht erfolgreich vollzogen wurde. Der esoterischen Theorie zufolge ist eine erdgebunde Wesenheit in Wirklichkeit in der niederen Astralebene gefangen.

Esoterik: Die Lehre, die sich auf metaphysische Vorstellungen bezieht. Sie befaßt sich mit dem, was jenseits der Welt des Physischen (der physischen Erfahrung) liegt; manchmal als »das Okkulte« angesehen. Zu den Themen dieser Lehre gehören Reinkarnation, Besessenheit, Bewußtseinsebenen, Aura, Geistführer, Medialität, Kristall- und Pyramidenkraft, Astrologie etc.

Exorzismus: Ein Ritual, um Geister, vor allem satanischer oder dämonischer Herkunft, aus einem lebenden Menschen oder einem Gegenstand, einschließlich einem Haus, auszutreiben.

Exorzist: Ein hoch ausgebildeter Spezialist, gewöhnlich ein katholischer Priester, der ein vorgeschriebenes Ritual ausübt, um eine satanische oder dämonische Macht, die einen Menschen besetzt hat, zu zwingen, den Besessenen zu verlassen.

Fingerzeichen: Ein Kommunikationssystem, das zwischen einem Hypnotiseur und dem Unterbewußtsein eines Patienten hergestellt wird. Das höhere Selbst kontrolliert zeitweilig die Hände und wählt Finger aus, um »ja«, »nein« und »ich will nicht antworten« auszudrücken.

Geist: Der unsterbliche Teil eines Menschen. Der Begriff wird in diesem Buch allgemein und abwechselnd mit »verlorener Seele« und »Wesen« verwendet.

Geistige Führer: Hoch entwickelte Seelen aus der geistigen Welt, die beschlossen haben, lebenden Menschen zu helfen. Das können auch verstorbene Angehörige oder Freunde sein, die den erfolgreichen Übergang ins Jenseits vollzogen haben und zurückkehren, um von Zeit zu Zeit Hilfe und Führung zu leisten. Sie dringen nicht in die Aura oder den Körper der Individuen ein, denen sie helfen.

Geistige Welt: Die Ebene, die von Geistern bevölkert ist, die ins Licht gegangen sind und einen erfolgreichen Übergang von der physischen Welt vollzogen haben. Sie ist eine Seinsebene, von der man allgemein annimmt, daß sie in einer höheren Frequenz als die physische Welt schwingt.

Hellhörigkeit: Die Fähigkeit, innerlich zu hören, was jenseits des physischen Hörens liegt.

Hellsichtigkeit: Die Fähigkeit, innerlich zu sehen, was jenseits des normalen Sehens liegt.

Hypnose: Ein Geisteszustand, der stark auf Suggestion reagiert, die eingesetzt wird, um geistige Aktivitäten - und von daher auch Verhaltensweisen und Emotionen - neu auszurichten und zu beeinflussen.

Hypnoserückführung: Eine Hypnosetechnik, die Erinnern und Durchleben eines vergangenen Erlebnisses aus dem jetzigen oder einem früheren Leben hervorruft, das im Unterbewußtsein vergraben ist.

Hypnotische Suggestion: Idee, die dem Unterbewußtsein im Zustand der Hypnose eingegeben wird.

Induktion: Ein Prozeß, um den Zustand der Hypnose herbeizuführen; gewöhnlich ist es eine verbale Technik, die tiefe Entspannung und Reaktionsbereitschaft auf Suggestionen hervorruft.

Karma: Ein altes Konzept, das das Prinzip verkörpert: Man erntet, was man gesät hat; das Gesetz von Ursache und Wirkung; es bedeutet, daß man sich immer selbst begegnet. Karma kann sowohl positiv als auch negativ sein.

Klopfen: Geräusche von Geistern, wobei diese psychische Energie verwenden, mit denen sie auf einen physischen Gegenstand »klopfen«.

Levitieren: Physische Objekte durch übersinnliche Kräfte hochheben.

Mediale Chirurgie: Chirurgische Operationen, die durch ein Medium am menschlichen Körper durchgeführt werden.

Medium: Ein Mensch, der im psychischen Sinne sensitiv und in der Lage ist, mit Geistern zu kommunizieren und paranormale Phänomene hervorzurufen.

Nahtoderlebnis: Das Erlebnis, »gestorben« zu sein; den »klinischen« Tod erlebt haben; der Verlust aller Lebenszeichen wie Herzschlag und Atmung.

Niederer Astralkörper: Das »Fahrzeug«, in dem man nach dem Tod des physischen Körpers existiert, wenn der Geist in der materiellen Welt bleibt, d. h. nicht erfolgreich in die geistige Welt übergegangen ist. Er entspricht den niederen Bewußtseinsebenen: der unteren Astralebene.

Ouija-Board: Ein Brett, bedruckt mit den Buchstaben des Alphabets, mit »ja«, »nein« sowie mit Zahlen, und eine Planchette (siehe unten), die sich auf dem Brett bewegt und Botschaften buchstabiert; wird benutzt, um mit Geistern in Kontakt zu treten.

Pendel: Ein Gegenstand, der benutzt wird, um Botschaften beim Kontakt mit Geistern in Sprache zu übertragen. Es besteht gewöhnlich aus einem kleinen runden oder spitzen Gegenstand, der an einer kurzen Kette oder Schnur hängt. Er bewegt sich durch die Steuerung des Unterbewußtseins.

Planchette: Eine Vorrichtung, die zusammen mit dem Ouija-Board benutzt wird - ein kleines dreieckiges oder herzförmiges Brettchen mit kurzen Beinen und einem Zeiger.

Reinkarnation: Die Rückkehr der Seele zum physischen Sein in immer neuen Leben.

Reinkarnationstherapie: Psychotherapie, die Rückführungen in frühere Leben beinhaltet, um Probleme in diesem Leben zu lösen.

Römisches Ritual: Das offizielle Ritual, das von katholischen Priestern während eines Exorzismus angewendet wird.

Schamane: »Medizinmann« oder »Zauberdoktor«. Jemand, der alte Techniken anwendet, um für sich selbst und Mitglieder seiner Gemeinschaft Wohlbefinden und Heilung zu erzielen und aufrechtzuerhalten.

Sensitive/r: Ein Mensch mit übersinnlichen Fähigkeiten.

Séance: Eine Sitzung, um Kontakt mit Geistern herzustellen oder übersinnliche Phänomene zu demonstrieren, bei der gewöhnlich ein Medium den Vorsitz hat.

Silberschnur: Eine Energieform, die die Seele mit dem physischen Körper verbindet. Von Hellsichtigen wird sie als eine silberne Schnur wahrgenommen, die Seele und Körper verbindet, wenn die Seele für eine »Seelenreise« den physischen Körper verläßt.

Somnambulismus: Ein sehr tiefer Zustand von Hypnose, der durch Amnesie (Verlust des Gedächtnisses) gekennzeichnet ist. Eine andere Form ist das nächtliche Schlafwandeln.

Tarotkarten: Ein Kartendeck, das dazu bestimmt ist, die Vergangenheit, Gegenwart und Zukunft des Teilnehmers zu enthüllen. Die verschiedenen Bilder werden von einem medial veranlagten Deuter interpretiert.

Telepathie: Mediales Übertragen und Empfangen von Gedanken.

Trance: Ein schlafähnlicher Zustand, in dem die Bewußtseinsebene herabgesetzt ist. Sie kann von leicht bis zu extrem tief reichen und mit oder ohne Hypnose eintreten.

Trancemedien: Sensitive, die das Bewußtsein verlieren und zeitweilig und willentlich von Geistern besetzt werden, die Kommunikation wünschen oder heilen wollen.

Unterbewußtsein: Der Teil des Geistes, der unterhalb der Schwelle des Bewußtseins arbeitet. Nach der Vorstellung der Autorin dieses Buches ist das Unterbewußtsein in der Lage, Erinnerungen an alles, was erlebt wurde, genauso zu speichern, wie es zu der betreffenden Zeit wahrgenommen wurde.

Verlorene Seele: Ein Geist, der in der physischen Welt ohne seinen oder ihren physischen Körper gefangen ist, d. h. sich nicht in den höheren Ebenen befindet. Wird in diesem Buch synonym mit »Geist«, »Wesen« und »Wesenheit« verwendet.

Verdrängung: Ein Abwehrmechanismus des Geistes, bei dem ein emotional oder physisch schmerzhaftes Erlebnis »vergessen« wird. Dieser Mechanismus geschieht automatisch und ist altersunabhängig; man kann eine Erinnerung in jedem Alter verdrängen. Es ist kein gewöhnliches Vergessen, sondern dient dem Zweck, sich zu schützen. Dieser Zustand kann durch verschiedene Methoden überwunden werden. In diesem Buch wird Hypnose verwendet, um verdrängte Erinnerungen aufzudecken.

Wesen: Die unsterbliche Essenz einer Person. Das Wort wird in diesem Buch synonym mit »Geist«, »Wesenheit« und »verlorene Seele» benutzt.

Wünschelrutengänger: Ein Mensch, der die Begabung hat, unsichtbare Dinge (unterirdische Wasserläufe, Öl, Minerallager, Gesundheit, Wesenheiten etc.) mit Hilfe eines Pendels, eines gegabelten Astes oder einer Metallrute durch Bewegung sichtbar zu machen.

Literaturverzeichnis

Cerminara, Gina: Erregende Zeugnisse von Karma und Wiedergeburt.
(Droemer Knaur)

Dethlefsen, Thorwald: Das Erlebnis der Wiedergeburt.
Heilung durch Reinkarnation.
(Goldmann Esoterik)

Dethlefsen, Thorwald: Das Leben nach dem Leben.
Gespräche mit Wiedergeborenen.
(Goldmann Esoterik)

Dethlefsen, Thorwald: Reinkarnationstherapie.
Grundlagen und Theorie. 1 Toncassette
(Hermetische Truhe)

Evans-Wentz (Hrsg.): Das Tibetanische Totenbuch.
Oder Die Nachtod-Erfahrungen auf der Bardo-Stufe.
(Walter Verlag)

Fortune, Dion: Durch die Tore des Todes ins Licht.
(Smaragd)

Fortune, Dion: Selbstverteidigung mit PSI.
Sicherheit und Schutz durch geistige Kraft.
(Ansata)

Harner, Michael: Der Weg des Schamanen.
Ein praktischer Führer zu innerer Heilkraft.
(Ariston)

Kardec, Allan: Das Buch der Geister.
Die Grundsätze der spiritistischen Lehre von der Unsterblichkeit der
Seele, der Natur der Geister, ihren Beziehungen zu den Menschen.
(Verlag H. Bauer)

Kübler-Ross, Elisabeth: Erfülltes Leben - würdiges Sterben.
(Gütersloher V.-H.)

Kübler-Ross, Elisabeth: Interviews mit Sterbenden.
(Kreuz Stgt)

Kübler-Ross, Elisabeth: Jedes Ende ist ein strahlender Beginn.
28 farb. Fotos v. Siebel.
(Die Silberschnur)

Kübler-Ross, Elisabeth: Leben bis wir Abschied nehmen. 80 Fotos.
(Gütersloher V.-H.)

Kübler-Ross, Elisabeth: Leben und Sterben.
Ein Vortrag. 1991. 1 Toncass., Laufzeit ca. 100 Min.
(Die Silberschnur)

Kübler-Ross, Elisabeth: Sterben lernen, Leben lernen. 1993.
64 S., 25 Abb. - 21 x 21 cm.
(Die Silberschnur)

Kübler-Ross, Elisabeth: Über den Tod und das Leben danach.
(Die Silberschnur)

Kübler-Ross, Elisabeth: Über den Tod und das Leben danach.
1996. ca. 100 S. - 14,8 x 21 cm.
(Die Silberschnur)

MacLaine, Shirley: Tanz im Licht. Neuaufl. 1988.
(Goldmann)

Moody, Raymond A: Leben nach dem Tod. Vorw. v. Kübler-Ross, Elisabeth.
(Rowohlt)

Moody, Raymond A /Perry, Paul: Leben vor dem Leben.
(Rowohlt)

Muldoon, Sylvan J /Carrington, Hereward: Die Aussendung des Astralköpers.
Ausführliche Darstellung der Astralwanderung in Theorie und Praxis.
(Verlag H. Bauer)

Netherton, Morris /Shiffrin, Nancy: Bericht vom Leben vor dem Leben.
Reinkarnations-Therapie.
(Ullstein)

Osis, Karlis /Haraldsson, Erlendur: Der Tod - ein neuer Anfang.
Visionen und Erfahrungen an der Schwelle des Seins.
Einl. v. Kübler-Ross, Elisabeth.
(Verlag H. Bauer)

Raudive, Konstantin: Der Fall Wellensittich.
Untersuchungsbericht zur Frage der Medialität bei sprechenden
Vögeln. (Reichl)

Ritchie, George G /Sherrill, Elizabeth: Rückkehr von morgen.
(Francke)

Roberts, Jane: Das Seth-Material. Das Standardwerk.
(Goldmann)

Roberts, Jane: Gespräche mit Seth.
Von der ewigen Gültigkeit der Seele. 1995. 448 S.
(Goldmann)

Roberts, Jane: Die Natur der persönlichen Realität.
Ein neues Bewusstsein als Quelle der Kreativität. Ein Seth-Buch.
(Ariston)

Roberts, Jane: Die Natur der Psyche.
Ihr menschlicher Ausdruck in Kreativität, Liebe und Sexualität.
Ein Seth-Buch.
(Ariston)

Roberts, Jane: Seth und die Wirklichkeit der Psyche.
Bd I: Die multidimensionale Existenz.
Bd II: Reinkarnation und Reisen des Selbst.
(Goldmann)

Stevenson, Ian: Reinkarnation - Der Mensch im Wandel von Tod und
Wiedergeburt.
20 überzeugende und wissenschaftliche bewiesene Fälle.
(Aurum)

Sutphen, Dick: Das Orakel in Dir.
(Die Silberschnur)

Swann, Ingo: Der sechste Sinn. Entdecken Sie Ihre aussersinnlichen
Fähigkeiten. Vorw. v. Ferguson, Marilyn.
(Verlag H. Bauer)

Vallieres, Ingrid: Praxis der Reinkarnationstherapie.
(Nagelschmid)

Wickland, Carl: Dreissig Jahre unter den Toten.
(Reichl)

Über den Autorin

Dr. Edith Fiore studierte Psychologie in Maryland und Miami. Über die Erfahrungen mit der Hypnosetherapie entdeckte sie die Wirksamkeit der Reinkarnationstherapie. Zu diesem Thema veröffentlichte sie 1978 ihr erstes Buch »You have been here before«. Sie entdeckte das Phänomen der Besessenheit bei Patienten, denen mit der Reinkarnationstherapie nicht geholfen werden konnte.

Helga Schaub

Befreiung von Dunkelmächten

Engel als Boten Gottes auf Erden sind seit jeher fester Bestandteil der Mythen, Erzählungen und Kunstwerke nahezu aller Kulturkreise. Dennoch leben wir in einer polaren Welt, in der gilt: wo Licht ist, da ist auch Schatten. Dieses Buch widmet sich daher bewusst der häufig vernachlässigten „anderen Seite", den Dunkelmächten. Mit Hilfe dieses Buches lernen wir nicht nur die verschiedenen Erscheinungsformen des Bösen zu erkennen, sondern es bietet daneben ganz konkrete Hilfestellungen für Betroffene, damit diese – wie auch ihre Besetzer – den Weg zurück ins Licht finden.

208 Seiten, broschiert
€ [D] 7,95 / sFr 14,70
ISBN 3-89845-096-1

Ingrid Auer

Heilende Engelsymbole

49 Schlüssel zur Engelwelt

Ein Geschenk aus der Engelwelt! Einfühlsam und leicht verständlich ermöglicht Ingrid Auer mit ihren 49 Engelkarten und dem sehr ansprechend gestalteten Begleitbuch einen natürlichen, unbefangenen Zugang zur Engelwelt.

Die im Buch vorgestellten Engelsymbole verhelfen dazu, Blockaden im seelischen und körperlichen Bereich zu lösen und die Chakren sowie Wasser, Nahrungsmittel und vieles mehr zu energetisieren. Auch die verschiedenen Legesysteme bergen eine Fülle von Anwendungsmöglichkeiten. So lassen sich mit Hilfe der kraftvollen Symbolkarten Fragen zu den Themen Selbsterkenntnis, Lebensweg, Lernaufgabe, Vergangenheit - Gegenwart - Zukunft etc. beantworten.

Handbuch 156 Seiten
49 vierf. Symbolkarten
karton. in Stülpschachtel
€ [D] 29,00 / sFr 50,70
ISBN 3-89845-007-4

Jean-Marie Paffenhoff

Die Engel Deines Lebens

Wie Du mit ihnen Kontakt aufnimmst

Ein Buch über unsere drei unterschiedlichen Schutzengel und darüber, wie wir mit ihnen in Verbindung treten können.

Es werden die Zusammenhänge der Schutzengel mit der Bibel, der Kabbala und dem hebräischen Alphabet erläutert.

Der Autor gibt außerdem eine Einführung in das System der Kabbala mit Meditationstechniken.

304 Seiten, gebunden
€ [D] 16,90 / sFr 30,10
ISBN 3-931 652-17-3

Gabriele Köstinger

Umgang mit Poltergeistern

und wie man sich davon befreit

In Ihrem Haus oder um Sie herum passieren manchmal Dinge, die Sie nicht so recht einordnen können? Oft sind die Ursachen ganz normaler physikalischer Natur, nicht selten jedoch stehen Poltergeister oder andere Wesen dahinter, die den Spuk auslösen. Gabriele Köstinger, Schamanin und Expertin auf dem Gebiet der Geisteraustreibung, zeigt Ihnen anhand von neuen, spannenden Beispielen aus der Praxis, welche Wesen es gibt und wie man sich davon befreien kann. Dabei kann auch das Ra 7 eine große Hilfe sein.

168 Seiten, broschiert
€ [D] 12,90 / sFr 23,50
ISBN 3-932781-67-9

Gabriele Köstinger

Poltergeister

Ein Buch für Gläubige und Ungläubige

Sind Sie schon einmal mit unerklärlichen Phänomenen konfrontiert worden? Oder sind vielleicht auf rätselhafte Weise Dinge in Ihrer Wohnung verschwunden? Dann haben Sie sicher unbewusst Bekanntschaft mit einem Poltergeist oder Kobold gemacht. Wie die kleinen oder großen Quälgeister wieder zu vertreiben sind, verrät die Autorin hier in diesem Buch.

120 Seiten, broschiert
€ [D] 9,90 / sFr 18,10
ISBN 3-89845-036-8

Kurt Tepperwein

Dein Zahlenschlüssel

Der Autor macht uns mit der Essenz des uralten numerologischen Wissens vertraut. Durch einen Zahlenschlüssel erfahren wir Entscheidendes über unsere Fähigkeiten und Eigenschaften, die wir aus früheren Leben mitgebracht haben und über unseren »geheimen Persönlichkeitskern«, den wir normalerweise nicht preisgeben. Wir erkennen den Sinn unseres Lebens und unsere Hauptcharaktereigenschaften. Wir haben die Möglichkeit, durch unseren Zahlenschlüssel unser Schicksal selbst zu gestalten und unsere Lebenssituation aktiv zu verbessern.

136 Seiten, broschiert
€ [D] 10,90 / sFr 19,70
ISBN 3-931652-19-X

Der Klassiker: 89 Seiten, broschiert
€ [D] 11,90 / sFr 21,30 I ISBN 3-3-923781-02-4

Elisabeth Kübler-Ross
Über den Tod und das Leben danach
Sonderausgabe

Der Innenteil dieser hochwertigen Leinenausgabe wurde durch 11 ganzseitige, farbige, meditative Illustrationen des Künstlers Peter Dorn ergänzt.

Das weltweit bekannte Buch mit seinen überzeugenden Beweisen für ein Leben nach dem Tod gilt mittlerweile als Klassiker zu diesem Thema.

112 Seiten, gebunden
m. vielen meditat. Illustrationen
€ [D] 19,90 / sFr 34,90
ISBN 3-931625-10-6

Elisabeth Kübler-Ross
In Liebe leben

»In Liebe leben« ist die Essenz der Erfahrungen und Erkenntnisse der weltberühmten Ärztin und Sterbeforscherin Elisabeth Kübler-Ross. Durch ihr eigenes außerkörperliches Erlebnis und die Begleitung vieler Sterbender konnte sie Millionen Menschen die Angst vor dem Tod nehmen und die Bedeutung unseres Erdenlebens vermitteln.

Ein lichtvolles, liebevoll illustriertes Geschenkbüchlein, das uns daran erinnert, was das Wichtigste in unserem Erdendasein ist: »In Liebe leben«.

64 Seiten, durchg. farbig
gebunden, 15 x 15 cm
€ [D] 9,90 / sFr 18,10
ISBN 3-89845-024-4

Elisabeth Kübler-Ross
Warum wir hier sind

Antworten auf Fragen, die in ihren anderen Büchern noch nicht gestellt wurden, und uns alle bewegen:

Warum sind wir Menschen hier? Warum müssen wir immer wieder inkarnieren? Warum vergessen wir eigentlich, woher wir gekommen sind?

Was sollen wir in dieser Erdenschule lernen? Was können wir aus einer Partnerschaft lernen? Wie kann man mit dem Jenseits in Kontakt kommen? Wie bereiten wir uns auf ein erneutes Erdenleben vor? Hat denn alles, was einem im Leben widerfährt, einen Sinn?

60 Seiten, gebunden
11 ganzs. Farbfotos
€ [D] 14,90 / sFr 26,80
ISBN 3-931652-72-6

216 Seiten, broschiert
€ [D] 14,90 / sFr 26,80
ISBN 3-89845-115-1

Arne Hoffmann
Lexikon des Jenseits

Die ersten Parapsychologen erklären die Existenz eines Jenseits inzwischen öffentlich für erwiesen, die ersten Skeptiker ändern ihr Weltbild. Das „Lexikon des Jenseits" stellt den momentanen Stand dieser spannenden und faszinierenden Forschung auch für Laien überschaubar dar. Dabei widmet es sich nicht nur den verschiedenen Gebieten wie Nahtod-Erfahrungen, Sterbebettvisionen, Medien und Erscheinungen, sondern erklärt auch, was sich hinter den gängigen parapsychologischen Fachbegriffen wie Ektoplasma, Materialisationen etc. verbirgt.

220 Seiten, broschiert
€ [D] 14,90 / sFr 26,80
ISBN 3-89845-020-1

Takis Evdokas
Der Tod, die große Illusion

Was passiert in den letzten Augenblicken vor dem Tod? Und was erleben wir danach? Gibt es tatsächlich eine ›andere Welt‹? Wie sieht es dort aus? Vieles ist über paradiesische Erfahrungen geschrieben worden, über die große Leuchtkraft des Lichts und über Farben von unsagbarer Schönheit.
Man hört auch, viel seltener allerdings, von Erfahrungen mit der Hölle, von Feuerströmen, Schlangen und Ungeheuern. Gibt es nach dem Tod ein anderes Leben? Der Autor, Psychotherapeut, unternimmt hier den Versuch einer Antwort in dem wohl umfassendsten Überblick über wissenschaftliche Erkenntnisse aus der Psychologie und Psychiatrie. Faszinierende Nahtod- und Nachtoderlebnisse zeigen uns, was der Tod in Wirklichkeit ist: eine große Illusion.

380 Seiten, gebunden
€ [D] 17,90 / sFr 31,70
ISBN 3-89845-021-X

Lise Thouin
Die Reise zum Kristallplaneten
Kinder im Sterben begleiten

Im Sommer 1985 hängt der Autorin Leben am seidenen Faden. Die kanadische Schauspielerin und Sängerin wird von einem Virus befallen, der sie an den Rand des Todes bringt. Wie durch ein Wunder bleibt sie am Leben, nach einem kurzen Blick auf die andere Seite des Seins. Und von da an ist alles anders. In intensiven Worten beschreibt sie ihre neugefundene Lebensaufgabe: die liebevolle Begleitung sterbenskranker Kinder auf ihrer letzten Reise – und manchmal wieder ins Leben zurück.

Johannes von Butlar & Trutz Hardo

Supersurfing – Reisen durch Raum und Zeit

Dies ist das erste zusammenfassende Buch, das dem Leser die Technik vermittelt, wie man sowohl Reisen außerhalb seines Körpers in die Nähe und Ferne als auch Zeitreisen in die verschiedensten vergangenen und zukünftigen Leben erfolgreich durchführt. Reisen durch Raum und Zeit bedeutet Aufbruch ins holistische Zeitalter. Erweitern Sie Ihre Erlebnisgrenzen. Dieses Buch gibt Ihnen die Praxis in die Hand, wie Sie die Grenzen von Zeit und Raum durchbrechen können, um die aufregendsten Abenteuer gefahrlos erleben zu können.

320 Seiten, gebunden
€ [D] 19,90 / sFr 34,90
ISBN 3-89845-113-5

Verena S. Trautwein

Die Kraft der Lichtspirale

Die Geburt in eine liebevolle und erfüllte Wirklichkeit
Mit praktischen Übungen

Mit unserem Körperbewusstsein befinden wir uns in der Welt der Trennung, während sich unsere Seele in der Welt der Einheit befindet. Wie können wir unser wahres Wesen, unsere Seelenessenz erkennen und in unser Alltagsbewusstsein integrieren? Die Antwort ist gechannelt aus den geistigen Welten, von geistigen und inneren Führern. Übungen verhelfen zur energetischen Neustrukturierung der Persönlichkeit.

336 Seiten, broschiert
€ [D] 17,90 / sFr 31,70
ISBN 3-931652-94-7

Pierre de Forêt

Die Geburt der Seele

Ihr Werden und ihr schöpferisches Potential

Ein Buch, das grundlegende Fragen des Menschen aus der Perspektive der »geistigen Welt« beleuchtet und darauf Antworten gibt, die überzeugen und tief beeindrucken. Das Eingebundensein des Menschen in das umfassende Ganze wird deutlich und vermittelt der Leserschaft ein völlig neues Selbstbildnis.

272 Seiten, gebunden
€ [D] 14,90 / sFr 26,80
ISBN 3-931652-67-X